和歌山県の教員採用試験過去問シリーズ❹

2025年度版

和歌山県の
社会科

過 去 問

協同教育研究会 編

協同出版

本書には，和歌山県の教員採用試験の過去問題を収録しています。各問題ごとに，以下のように5段階表記で，難易度，頻出度を示しています。

難 易 度

非常に難しい	☆☆☆☆☆
やや難しい	☆☆☆☆
普通の難易度	☆☆☆
やや易しい	☆☆
非常に易しい	☆

頻 出 度

◎	ほとんど出題されない
◎◎	あまり出題されない
◎◎◎	普通の頻出度
◎◎◎◎	よく出題される
◎◎◎◎◎	非常によく出題される

※本書の過去問題における資料，法令文等の取り扱いについて

　本書の過去問題で使用されている資料や法令文の表記や基準は，出題された当時の内容に準拠しているため，解答・解説も当時のものを使用しています。ご了承ください。

はじめに～「過去問」シリーズ利用に際して～

　教育を取り巻く環境は変化しつつあり，日本の公教育そのものも，教員免許更新制の廃止やGIGAスクール構想の実現などの改革が進められています。また，現行の学習指導要領では「主体的・対話的で深い学び」を実現するため，指導方法や指導体制の工夫改善により，「個に応じた指導」の充実を図るとともに，コンピュータや情報通信ネットワーク等の情報手段を活用するために必要な環境を整えることが示されています。

　一方で，いじめや体罰，不登校，暴力行為など，教育現場の問題もあいかわらず取り沙汰されており，教員に求められるスキルは，今後さらに高いものになっていくことが予想されます。

　本書の基本構成としては，出題傾向と対策，過去5年間の出題傾向分析表，過去問題，解答および解説を掲載しています。各自治体や教科によって掲載年数をはじめ，「チェックテスト」や「問題演習」を掲載するなど，内容が異なります。

　また原則的には一般受験を対象としております。特別選考等については対応していない場合があります。なお，実際に配布された問題の順番や構成を，編集の都合上，変更している場合があります。あらかじめご了承ください。

　最後に，この「過去問」シリーズは，「参考書」シリーズとの併用を前提に編集されております。参考書で要点整理を行い，過去問で実力試しを行う，セットでの活用をおすすめいたします。

　みなさまが，この書籍を徹底的に活用し，教員採用試験の合格を勝ち取って，教壇に立っていただければ，それはわたくしたちにとって最上の喜びです。

協同教育研究会

C O N T E N T S

第1部

和歌山県の
社会科
出題傾向分析

和歌山県の社会科　傾向と対策

　和歌山県では，2024年度も中学社会と高校地歴の募集が行われた。高校公民は少なくともここ9年以上募集が行われていないため，志願者は事前の確認が必要である。

　中学社会・高校地歴の試験は，試験時間90分，大問7題のパターンが長らく続いていたが，2021年度から，試験時間60分，大問4題でそのうちの3題が中高共通という構成になり，学習指導要領からの出題がなくなった。2024年度もそれが踏襲されており，中高ともに大問4題が出題され，そのうち3題が中高共通問題(大問2題が地理で配点は合わせて35点，大問1題は日本史で36点)，残りの1題が中高それぞれの独自問題(中学は公民的分野，高校地歴は世界史)で配点は29点という構成で，共通問題の割合が大変大きかった。中学社会も高校地歴も難易度はそれほど高くなく，問題数も少ない。楽なようだが，たまたま手薄なところが出題されると大きく失点してしまうので，取りこぼしのないよう準備したい。まずは中高の共通問題，次にそれぞれの独自問題という順に解説していく。

【中高共通問題】

　共通問題は，難易度はそれほど高くなく，出題形式は記述式の中に選択式が混じる形であった。記述式といっても一問一答が多く，文章で答えさせるものでもせいぜい50字程度のもので，長文の論述問題などはみられなかった。

　地理については，2024年度は，1つめの大問が正距方位図法をもとにした問い，2つめの大問がラテンアメリカの地誌で地図やグラフ統計などで，基本的な出題がほとんどだった。ただし，1つめの大問の問2の対蹠点(たいせきてん)を答える問題と，2つめの大問の問5のアタカマ砂漠のような大陸西岸に乾燥地域ができる理由については，地理をきちんと学習していないと解答が難しい。世界地誌はかつては2つ～3つの地域から出題されることが多かったが，2024年度はラテンアメリカ，2023年度は

4

アフリカ，2022年度は北アメリカのみだった。

　歴史は，2022年度から3年連続で史料からの問題である。2024年度は『続日本紀』に始まり『日本外交文書』(ワシントン海軍軍縮条約)までの5つの史料をもとに，古代から大正時代に至るまでの問題が出題された。特筆すべきことは，その全10問が日本史で世界史はゼロで3年連続で同様の形式である。世界史の準備もしておくにこしたことはないが，しかし，世界史は範囲が膨大であり，また，中学歴史は日本史中心である。ここ3年の傾向が踏襲されるならば，中学社会受験者は，世界史に関しては，日本史の背景として中学歴史で扱われる領域の基礎的知識の確認を中心に準備し，その分日本史の準備を確実にすることが得策である。また，学習指導要領の改訂を考慮するなら，歴史総合の範囲はきちんとおさえておいたほうがよいであろう。

【中学社会の独自問題】

　2024年度も2023年度に引き続き，中学社会の独自問題は公民的分野のみだった。政治分野については，2024年度の出題は国会と地球環境問題，予算と租税についてであった。毎年，民主政治の基本原理や日本国憲法，日本の政治機構，国際政治等について頻出しているため，そのあたりをしっかり押さえて得点源としたい。地球環境問題は諸会議や条約など各都道府県で頻出事項となっている。新学習指導要領下の公共や地理の教科書で正確に理解しておきたい。

　経済・社会分野では，現代の市場と企業，財政・租税問題，労働，現代社会の特質と課題などが多く出題されており，2024年度は租税について出題された。2020年度までは，障害者差別解消法，インターネット選挙，非正規労働など時事性の高い問題が目立ったが，2021年度からは，全体をコンパクト仕様にしたためか，時事問題はみられなかった。2024年度も時事問題は出題されていないが，過去に出題されたことに加え，社会科，地歴公民科の教師として，出題に関係なくアンテナを張っておくことは無駄でないであろう。

【高校地理歴史の独自問題】

　2024年度も2021年度から引き続き，高校地理歴史の独自問題は世界史

分野のみであった。一般に，世界史はまんべんなく出題されるか，市民革命以降を中心に出題されるかのいずれかのパターンが多いが，問題数の少ない和歌山県では，2022年度は中国史(秦〜宋)のみ，2023年度は東西冷戦時代のみ，2024年度はイスラム史と，非常に狭い範囲からの出題となっている。難易度は中程度で，選択問題と記述式問題が半々で出題され，長めの論述問題などは出されなかった。過去5年間の出題を見ても，地域や時代に偏りがなく傾向は見いだせないが，基本的で素直な問題が多い。幅広い出題ではないので，たまたま手薄なところが出題されると大きく点に響いてしまう。世界史の膨大な範囲を考えると，一つの領域に深入りすることなく，広く薄く，基本的知識を全範囲にわたって確認し，取りこぼしのないよう意識することが重要だろう。

過去5年間の出題傾向分析

大分類	中分類（小分類）	主な出題事項	2020年度	2021年度	2022年度	2023年度	2024年度
中学地理	地図	縮尺, 図法, 地図の種類・利用, 地域調査		●	●		●
	地形	山地, 平野, 海岸, 特殊な地形, 海水・陸水	●	●	●	●	●
	気候	気候区分, 植生, 土壌, 日本の気候	●			●	
	人口	人口分布, 人口構成, 人口問題, 過疎・過密					
	産業・資源(農牧業)	農牧業の発達・条件, 生産, 世界の農牧業地域	●	●	●		
	産業・資源(林業・水産業)	林産資源の分布, 水産業の発達・形態, 世界の主要漁場					
	産業・資源(鉱工業)	資源の種類・開発, エネルギーの種類・利用, 輸出入	●			●	
	産業・資源(第3次産業)	商業, サービス業など		●			
	貿易	貿易の動向, 貿易地域, 世界・日本の貿易				●	
	交通・通信	各交通の発達・状況, 情報・通信の発達					
	国家・民族	国家の領域, 国境問題, 人種, 民族, 宗教	●	●	●		
	村落・都市	村落・都市の立地・形態, 都市計画, 都市問題	●				
	世界の地誌(アジア)	自然・産業・資源などの地域的特徴			●		
	世界の地誌(アフリカ)	自然・産業・資源などの地域的特徴				●	
	世界の地誌(ヨーロッパ)	自然・産業・資源などの地域的特徴	●				
	世界の地誌(南北アメリカ)	自然・産業・資源などの地域的特徴	●		●		●
	世界の地誌(オセアニア・南極)	自然・産業・資源などの地域的特徴	●				
	世界の地誌(その他)	自然・産業・資源などの地域的特徴					
	日本の地誌	地形, 気候, 人口, 産業, 資源, 地域開発	●				
	環境問題	自然環境, 社会環境, 災害, 環境保護					
	その他	地域的経済統合, 世界のボーダレス化, 国際紛争	●		●	●	
	指導法	指導計画, 学習指導, 教科教育					
	学習指導要領	内容理解, 空欄補充, 正誤選択	●				
中学歴史	原始	縄文時代, 弥生時代, 奴国, 邪馬台国		●			
	古代	大和時代, 飛鳥時代, 奈良時代, 平安時代	●		●	●	●
	古代の文化	古墳文化, 飛鳥文化, 天平文化, 国風文化					
	中世	鎌倉時代, 室町時代, 戦国時代				●	
	中世の文化	鎌倉文化, 鎌倉新仏教, 室町文化		●			
	近世	安土桃山時代, 江戸時代	●	●	●	●	●
	近世の文化	桃山文化, 元禄文化, 化政文化	●				
	近代	明治時代, 大正時代, 昭和戦前期(～太平洋戦争)	●			●	●
	近代の文化	明治文化, 大正文化					

大分類	中分類（小分類）	主な出題事項	2020年度	2021年度	2022年度	2023年度	2024年度
中学歴史	現代	昭和戦後期, 平成時代, 昭和・平成の経済・文化		●	●		
	その他の日本の歴史	日本仏教史, 日本外交史, 日本の世界遺産				●	
	先史・四大文明	オリエント, インダス文明, 黄河文明					
	古代地中海世界	古代ギリシア, 古代ローマ, ヘレニズム世界					
	中国史	春秋戦国, 秦, 漢, 六朝, 隋, 唐, 宋, 元, 明, 清	●	●			
	中国以外のアジアの歴史	東南アジア, 南アジア, 西アジア, 中央アジア					
	ヨーロッパ史	古代・中世ヨーロッパ, 絶対主義, 市民革命			●		
	南北アメリカ史	アメリカ古文明, アメリカ独立革命, ラテンアメリカ諸国					
	二度の大戦	第一次世界大戦, 第二次世界大戦					
	現代史	冷戦, 中東問題, アジア・アフリカの独立, 軍縮問題	●				
	その他の世界の歴史	歴史上の人物, 民族史, 東西交渉史, 国際政治史	●				
	指導法	指導計画, 学習指導, 教科教育	●				
	学習指導要領	内容理解, 空欄補充, 正誤選択	●				
中学公民	政治の基本原理	民主政治の発達, 法の支配, 人権思想, 三権分立	●	●			
	日本国憲法	成立, 基本原理, 基本的人権, 平和主義, 新しい人権	●	●		●	
	日本の政治機構	立法, 行政, 司法, 地方自治	●			●	●
	日本の政治制度	選挙制度の仕組み・課題, 政党政治, 世論, 圧力団体	●	●			
	国際政治	国際法, 国際平和機構, 国際紛争, 戦後の国際政治	●	●	●		
	経済理論	経済学の学派・学説, 経済史, 資本主義経済	●		●		
	貨幣・金融	通貨制度, 中央銀行 (日本銀行), 金融政策	●				
	財政・租税	財政の仕組み, 租税の役割, 財政政策		●			●
	労働	労働法, 労働運動, 労働者の権利, 雇用問題	●				
	戦後の日本経済	高度経済成長, 石油危機, バブル景気, 産業構造の変化					
	国際経済	為替相場, 貿易, 国際収支, グローバル化, 日本の役割			●		
	現代社会の特質と課題	高度情報化社会, 少子高齢化, 社会保障, 食料問題	●	●		●	
	地球環境	温暖化問題, エネルギー・資源問題, 国際的な取り組み			●	●	
	哲学と宗教	ギリシア・西洋・中国・日本の諸思想, 三大宗教と民族宗教					
	その他	最近の出来事, 消費者問題, 地域的経済統合, 生命倫理	●				
	指導法	指導計画, 学習指導, 教科教育					
	学習指導要領	内容理解, 空欄補充, 正誤選択	●				
高校地理	地図	縮尺, 図法, 地図の種類・利用, 地域調査		●	●	●	
	地形	山地, 平野, 海岸, 特殊な地形, 海水・陸水	●	●	●	●	
	気候	気候区分, 植生, 土壌, 日本の気候	●				
	人口	人口分布, 人口構成, 人口問題, 過疎・過密					
	産業・資源（農牧業）	農牧業の発達・条件, 生産, 世界の農牧業地域	●	●	●		

大分類	中分類（小分類）	主な出題事項	2020年度	2021年度	2022年度	2023年度	2024年度
高校地理	産業・資源(林業・水産業)	林産資源の分布，水産業の発達・形態，世界の主要漁場					
	産業・資源（鉱工業）	資源の種類・開発，エネルギーの種類・利用，輸出入			●		
	産業・資源(第3次産業)	商業，サービス業など		●			
	貿易	貿易の動向，貿易地域，世界・日本の貿易					
	交通・通信	各交通の発達・状況，情報・通信の発達	●				
	国家・民族	国家の領域，国境問題，人種，民族，宗教		●	●	●	
	村落・都市	村落・都市の立地・形態，都市計画，都市問題	●				
	世界の地誌(アジア)	自然・産業・資源などの地域的特徴		●			
	世界の地誌(アフリカ)	自然・産業・資源などの地域的特徴				●	
	世界の地誌(ヨーロッパ)	自然・産業・資源などの地域的特徴	●				
	世界の地誌(南北アメリカ)	自然・産業・資源などの地域的特徴			●		
	世界の地誌(オセアニア・南極)	自然・産業・資源などの地域的特徴					
	世界の地誌(その他)	自然・産業・資源などの地域的特徴					
	日本の地誌	地形，気候，人口，産業，資源，地域開発					
	環境問題	自然環境，社会環境，災害，環境保護					
	その他	地域的経済統合，世界のボーダレス化，国際紛争	●		●	●	
	指導法	指導計画，学習指導，教科教育					
	学習指導要領	内容理解，空欄補充，正誤選択	●				
高校日本史	原始	縄文時代，弥生時代，奴国，邪馬台国	●	●			
	古代(大和時代)	大和政権，倭の五王，『宋書』倭国伝，氏姓制度		●			
	古代(飛鳥時代)	推古朝と聖徳太子，遣隋使，大化改新，皇親政治			●		
	古代(奈良時代)	平城京，聖武天皇，律令制度，土地制度	●			●	
	古代(平安時代)	平安京，摂関政治，国風文化，院政，武士台頭		●		●	
	古代の文化	古墳文化，飛鳥文化，白鳳文化，天平文化，国風文化	●				
	中世(鎌倉時代)	鎌倉幕府，御成敗式目，元寇，守護・地頭			●		
	中世(室町時代)	南北朝，室町幕府，勘合貿易，惣村，一揆					
	中世(戦国時代)	戦国大名，分国法，貫高制，指出検地，町の自治			●		
	中世の文化	鎌倉文化，鎌倉新仏教，室町文化，能		●			
	近世(安土桃山時代)	鉄砲伝来，織豊政権，楽市楽座，太閤検地，刀狩	●				
	近世(江戸時代)	江戸幕府，幕藩体制，鎖国，三大改革，尊王攘夷	●	●	●		
	近世の文化	桃山文化，元禄文化，化政文化	●				
	近代(明治時代)	明治維新，大日本帝国憲法，日清・日露戦争，条約改正				●	
	近代(大正時代)	大正デモクラシー，第一次世界大戦，米騒動，協調外交	●				
	近代(昭和戦前期)	恐慌，軍部台頭，満州事変，日中戦争，太平洋戦争	●				
	近代の経済	地租改正，殖産興業，産業革命，貿易，金本位制					

大分類	中分類（小分類）	主な出題事項	2020年度	2021年度	2022年度	2023年度	2024年度
高校日本史	近代の文化	明治文化, 大正文化					
	現代	昭和戦後期, 平成時代		●	●		
	現代の経済	高度経済成長, 為替相場, 石油危機, バブル景気					
	その他	地域史, 制度史, 仏教史, 外交史, 経済史				●	
	指導法	指導計画, 学習指導, 教科教育					
	学習指導要領	内容理解, 空欄補充, 正誤選択					
高校世界史	先史・四大文明	オリエント, インダス文明, 黄河文明					
	古代地中海世界	古代ギリシア, 古代ローマ, ヘレニズム世界					
	中国史(周～唐)	周, 春秋戦国, 諸子百家, 漢, 三国, 晋, 南北朝, 隋, 唐		●	●		
	中国史（五代～元）	五代, 宋, 北方諸民族, モンゴル帝国, 元			●		
	中国史(明・清・中華民国)	明, 清, 列強の進出, 辛亥革命, 中華民国	●				
	東南アジア史	ヴェトナム, インドネシア, カンボジア, タイ, ミャンマー					
	南アジア史	インド諸王朝, ムガル帝国, インド帝国, 独立運動					
	西アジア史	イスラム諸王朝, オスマン=トルコ, 列強の進出		●			●
	東西交渉史	シルクロード, モンゴル帝国, 大航海時代					
	ヨーロッパ史（中世・近世）	封建制度, 十字軍, 海外進出, 宗教改革, 絶対主義	●	●			
	ヨーロッパ史（近代）	市民革命, 産業革命, 帝国主義, ロシア革命					
	南北アメリカ史	アメリカ古文明, アメリカ独立革命, ラテンアメリカ諸国					
	二度の大戦	第一次世界大戦, 第二次世界大戦				●	
	その他の地域の歴史	内陸アジア, 朝鮮, オセアニア, 両極					
	現代史	冷戦, 中東問題, アジア・アフリカの独立, 軍縮問題					
	宗教史	インドの諸宗教, キリスト教, イスラム教					
	文化史	古代ギリシア・ローマ文化, ルネサンス, 近代ヨーロッパ文化					
	その他	時代または地域を横断的に扱う問題, 交易の歴史, 経済史					
	指導法	指導計画, 学習指導, 教科教育					
	学習指導要領	内容理解, 空欄補充, 正誤選択					

大分類	中分類（小分類）	主な出題事項	2020年度	2021年度	2022年度	2023年度	2024年度
高校政経	政治の基本原理	民主政治の発達，法の支配，人権思想，三権分立					
	日本国憲法	成立，基本原理，基本的人権，平和主義，新しい人権					
	立法	国会の仕組み・役割，議会政治，関係条文					
	行政	内閣の仕組み・役割，議院内閣制，関係条文					
	司法	裁判所の仕組み・役割，国民審査，裁判員制度，関係条文					
	地方自治	地方自治の意義，直接請求権，組織と権限，地方分権					
	日本の政治制度	選挙制度の仕組み・課題，政党政治，世論，圧力団体					
	国際政治	国際法，国際連盟と国際連合，核・軍縮問題，国際紛争					
	戦後政治史	戦後日本の政治・外交の動き					
	経済理論	経済学説，経済史，社会主義経済の特徴					
	資本主義経済	資本主義の仕組み，市場機構，企業活動					
	貨幣・金融	貨幣の役割，金融と資金循環の仕組み，金融政策					
	財政・租税	財政の仕組み，租税の役割，財政政策					
	労働	労働法，労働運動，労働者の権利，雇用問題					
	国民経済	国民所得の諸概念，経済成長，景気の循環					
	戦後の日本経済	高度経済成長，石油危機，バブル景気，産業構造の変化					
	国際経済	為替相場，貿易，国際収支，グローバル化，日本の役割					
	地域的経済統合	各地域での経済統合の動向とその特徴					
	その他	消費者問題，公害問題，環境問題					
	指導法	指導計画，学習指導，教科教育					
	学習指導要領	内容理解，空欄補充，正誤選択					
高校現社	青年期の意義と課題	青年期の特質，精神分析，自己実現					
	現代社会の特質	高度情報化社会，消費者問題					
	人口問題	人口構造の変化，少子高齢化とその対策					
	労働問題	労働運動，労使関係，労働問題の現状					
	福祉問題	社会保障の仕組みと課題，年金制度					
	食糧問題	農業の課題，食糧自給，食品汚染					
	環境問題	公害，地球環境，地球温暖化，日本の取り組み					
	その他	行政の民主化・効率化，男女共同参画社会，日本的経営					
	指導法	指導計画，学習指導，教科教育					
	学習指導要領	内容理解，空欄補充，正誤選択					

出題傾向分析

大分類	中分類（小分類）	主な出題事項	2020年度	2021年度	2022年度	2023年度	2024年度
高校倫理	哲学と宗教	三大宗教，ユダヤ教，宗教改革					
	古代ギリシアの思想	古代ギリシアの諸思想，ヘレニズム哲学					
	中国の思想	諸子百家，儒教，朱子学，陽明学					
	ヨーロッパの思想(〜近代)	ルネサンス，合理的精神，啓蒙思想，観念論					
	日本人の思考様式	日本の風土と文化，日本人の倫理観，神道					
	日本の仏教思想	奈良仏教，密教，末法思想，浄土信仰，鎌倉仏教					
	日本の思想（近世）	日本の儒学，国学，心学，民衆の思想，洋学					
	日本の思想（近代）	福沢諭吉，中江兆民，夏目漱石，内村鑑三，西田幾多郎					
	現代の思想	実存主義，プラグマティズム，構造主義，ロールズ					
	その他	青年期の特質と課題，現代社会における倫理					
	指導法	指導計画，学習指導，教科教育					
	学習指導要領	内容理解，空欄補充，正誤選択					
高校公共	青年期の意義と課題	青年期の特質，精神分析，自己実現					
	現代社会の特質	高度情報化社会，消費者問題					
	人口問題	人口構造の変化，少子高齢化とその対策					
	労働問題	労働運動，労使関係，労働問題の現状					
	福祉問題	社会保障の仕組みと課題，年金制度					
	食糧問題	農業の課題，食糧自給，食品汚染					
	環境問題	公害，地球環境，地球温暖化，日本の取り組み					
	その他	行政の民主化・効率化，男女共同参画社会，日本的経営					
	指導法	指導計画，学習指導，教科教育					
	学習指導要領	内容理解，空欄補充，正誤選択					

12

第2部

和歌山県の
教員採用試験
実施問題

2024年度　実施問題

中学社会・地理・歴史共通

【1】次の図を見て，以下の[問1]〜[問3]に答えよ。

図

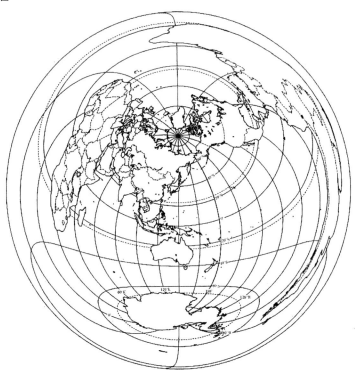

[問1]　東京を中心とした正距方位図法で描かれた，この図から読み取ることができる内容として，正しく述べられている文を，次のア〜エの中から1つ選び，その記号を書け。

ア　東京から見て，シンガポールは南南東に位置し，距離は約5千

14

kmである。

イ　東京から見て，ニューヨークは北北東に位置し，距離は約1万kmである。

ウ　東京から見て，ロンドンは北北西に位置し，距離は約2万kmである。

エ　東京から見て，サンパウロは東南東に位置し，距離は約3万kmである。

[問2]　この図で用いられている図法において，図中の中心となる地点を基準とした，外周(外円)で表されるものを何というか，書け。

[問3]　南アメリカの形に着目し，この図法の短所を簡潔に書け。

(☆☆☆○○○)

【2】次の文を読み，あとの[問1]〜[問5]に答えよ。

　次の図のように，ラテンアメリカは，メキシコ，中央アメリカ，西インド諸島，南アメリカから構成され，赤道をまたいで南北に広がる広大な地域である。人種や民族の混血が進んでおり，国によって⒜人口構成は多様である。

　19世紀前半にあいついで独立を果たしたラテンアメリカ諸国は，ヨーロッパから工業製品を輸入する一方で，農畜産物や鉱産資源などの供給地として発展し，大土地所有制のもとで輸出用の商品作物が栽培された。20世紀半ば以降，特定の一次産品の生産や⒝輸出に依存する経済は脆弱であることから，多くの国では政府の主導によって工業品の輸入を制限しつつ国内市場に向けた工業化を図る[　　]型の工業化が進められた。しかし工業化のための資本財を海外から受け入れた結果，財政赤字が拡大し，1980年代以降，深刻な累積債務に悩まされることになった。日本は，⒞政府開発援助等によって，ラテンアメリカ諸国の経済発展と国民福祉の向上のため，支援を行っている。

15

図

[問1]　文中の[　　　]にあてはまる語句を書け。

[問2]　下線ⓐに関し，次の①～③の円グラフは，図中のア～ウの各国における人種・民族構成を表したものである。①～③の円グラフはそれぞれどの国の人種・民族構成を表したものか，図中のア～ウの中から1つずつ選び，その記号を書け。

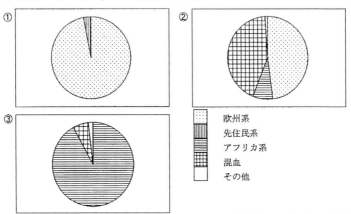

①
②
③

欧州系
先住民系
アフリカ系
混血
その他

（外務省ホームページより作成）

16

[問3] 下線ⓑに関し，次の表は，アルゼンチン，チリ，ベネズエラ，ブラジルの輸出品上位4品目および輸出総額における割合と輸出総額を示している。表中のA〜Dにあてはまる国名を，以下のア〜エの中から1つずつ選び，その記号を書け。

表

国	各国の輸出品上位4品目および輸出総額における割合（％）	輸出総額
A	食料・飲料・農作物原料(50.1％)，輸送機械(5.9％)　化学工業製品(5.1％)，鉱物燃料(2.6％)	549億ドル
B	鉱物・非鉄金属製品(62.3％)，食料・飲料・農作物原料(20.2％)　化学工業製品(4.5％)，輸送機械(1.1％)	699億ドル
C	食料・飲料・農作物原料(20.9％)，鉱物・非鉄金属製品(19.8％)　鉱物燃料(13.7％)，鉄鋼・金属製品(5.8％)	2099億ドル
D	鉱物燃料(97.7％)，化学工業製品(1.1％)　鉱物・非鉄金属製品(0.4％)，鉄鋼・金属製品(0.4％)	372億ドル

（『2023Data Book of The WORLD-世界各国要覧と最新統計-』より作成）

　ア　アルゼンチン　　イ　チリ　　ウ　ベネズエラ
　エ　ブラジル

[問4] 下線ⓒの略称を，アルファベットで書け。

[問5] 図中の◯の地域にはアタカマ砂漠がある。このように，中・低緯度の大陸西岸に乾燥する地域ができる理由を，次の2つの語句を用いて簡潔に書け。

　　上昇気流　　寒流

(☆☆☆◎◎◎)

【3】次のA〜Eの史料を読み，以下の[問1]〜[問6]に答えよ。

A　(和銅四年冬十月甲子)詔して曰く，「夫れ銭の用なるは，財を通して有無を貿易する所以なり。当今，百姓なお習俗に迷ひて未だ其の理を解せず。僅に売買すと雖も，猶ほ銭を蓄ふる者無し。其の多少に随ひて節級して位を授けよ。」

『続日本紀』

B　諸国平均に@守護・地頭を補任し，権門勢家庄公を論ぜず，兵粮米[　1　]を宛て課すべきの由，今夜北条殿，藤中納言経房卿に謁し

17

申すと云々。

『吾妻鏡』

C　第3条　下田・箱館港の外，次にいふ所の場所を，左の期限より開くへし。神奈川(期限省略)長崎(期限省略)[　2　](期限省略)兵庫(期限省略)。

　　第5条　ⓑ外国の諸貨幣は，日本貨幣同種類の同量を以て，通用すへし。

『幕末外国関係文書』

D　歳ハ庚子に在り八月某夜，金風淅瀝として露白く天高きの時，一星忽焉として墜ちて声あり，嗚呼自由党死す矣，而して其光栄ある歴史ハ全く抹殺されぬ。(中略)見よ今や諸君ハⓒ退去令発布の総理伊藤侯，退去令発布の内相山県侯の忠実なる政友として，汝自由党の死を視る路人の如く，吾人ハ独り朝報の孤塁に拠って尚ほ自由平等文明進歩の為めに奮闘しつゝあることを。

『万朝報』

E　第1条　ⓓ締約国ハ本条約ノ規定ニ従ヒ各自ノ海軍軍備ヲ制限スヘキコトヲ約定ス

　　第5条　基準排水量三万五千噸ヲ超ユル[　3　]ハ何レノ締約国モ之ヲ取得シ又ハ之ヲ建造シ，建造セシメ若ハ其ノ法域内ニ於テ之カ建造ヲ許スコトヲ得ス

『日本外交文書』

[問1]　史料中の[　1　]～[　3　]にあてはまる語句を，それぞれ書け。

[問2]　史料Aは，銭貨の流通を活性化させるために宣布された詔の一部である。次の(1)，(2)に答えよ。

(1)　この法令を発布した天皇を，次のア～エの中から1つ選び，その記号を書け。

　　ア　天智天皇　　イ　天武天皇　　ウ　元明天皇

　　エ　聖武天皇

(2)　この法令が発布された時期から10世紀中頃までに律令国家が鋳造した12種類の銅銭を総称して何というか，書け。

[問3]　下線@に関し，次のア～エは，守護・地頭が設置される前後の
時期に起こった出来事である。これらの出来事が起こった年代の古
いものから順に並べ，その記号を書け。

ア　源頼朝が侍所を設置する。

イ　源頼朝が征夷大将軍に任命される。

ウ　朝廷が源頼朝の東国支配権を認める。

エ　源頼朝が公文所・問注所を設置する。

[問4]　史料Cの条約調印後，日本は下線⑥の条件で欧米諸国と貿易を
始めた。貿易の開始に伴い，日本でははげしいインフレーションが
起こったが，その原因について，金に着目して簡潔に説明せよ。

[問5]　史料Dは，万朝報に掲載された記事の一部である。次の(1)，(2)
に答えよ。

(1)　下線©に関し，この法令を何というか，書け。

(2)　史料Dに関する文として誤っているものを，次のア～エの中か
ら1つ選び，その記号を書け。

ア　この記事を掲載した万朝報を創刊したのは，黒岩涙香である。

イ　この記事が掲載された後，憲政党が設立された。

ウ　この記事の筆者は，日露戦争開戦時において非戦論を主張し
た。

エ　この記事が掲載された時の内閣総理大臣は，山縣有朋であっ
た。

[問6]　下線@に関し，日本以外の締約国として誤っているものを，次
のア～エの中から1つ選び，その記号を書け。

ア　ロシア　　　イ　アメリカ　　　ウ　イギリス

エ　イタリア

(☆☆☆◎◎◎)

中　学　社　会

【１】次のⅠ～Ⅲの文を読み，以下の[問1]～[問6]に答えよ。

Ⅰ

> 　日本の国会は二院制が採られ，衆議院と参議院の二つの議院で構成されている。国会の種類には，毎年1月中に召集され，150日間を会期とする[　１　]，必要に応じて開かれる臨時会，衆議院議員の総選挙が行われた後に開かれる特別会がある。国会の議決は，原則として両議院の一致の議決によって成立するが，法律案の議決などでは⒜衆議院の優越が認められている。

Ⅱ

> 　現在，私たちは地球温暖化，酸性雨，オゾン層の破壊，熱帯林の減少，砂漠化，海洋汚染，野生生物の種の減少など，さまざまな地球環境問題に直面している。二酸化炭素やメタン，フロンなどは，⒝地球温暖化をもたらす原因となっている。これらの⒞地球環境問題の解決には，国際協力が不可欠である。

Ⅲ

> 　国の予算は，政府の一般行政にともなう財政活動の予算である[　２　]と，国が特定の事業を行ったり，特定の資金を運用・管理したりするための予算である特別会計予算に分かれる。国の収入は，おもに⒟税金でまかなわれ，社会保障や公共事業などに支出する。国民は，生活に必要なさまざまな仕事を政府に任せる代わりに，その費用として税金を負担している。⒠課税にあたっては公平性が保たれることが大切である。

[問1]　文中の[　１　]，[　２　]にあてはまる語句を，それぞれ書け。

[問2]　下線⒜に関する記述として正しいものを，次のア～エの中から

1つ選び，その記号を書け。

ア　国政調査権は，衆議院のみに付与されている。

イ　法律案の審議において，両議院の議決が異なる場合，衆議院で出席議員の過半数の賛成で再度可決されれば法律となる。

ウ　内閣総理大臣は，衆議院議員の中から国会で指名されなければならない。

エ　予算は，先に衆議院で審議しなければならない。

[問3]　下線ⓑに関し，二酸化炭素やメタン，フロンなど地球温暖化をもたらす原因となっている気体の総称を何というか，書け。

[問4]　下線ⓒに関し，次の文中の[　　]にあてはまるスローガンを書け。

> 1972年にスウェーデンのストックホルムで開催された国連人間環境会議では，「[　　　　　　]」というスローガンの下，人間環境宣言が採択された

[問5]　下線ⓓに関し，日本の消費税について述べた文として正しいものを，次のア～エの中から1つ選び，その記号を書け。

ア　消費税の使途については，法律では特に明記されていない。

イ　消費税は関税や酒税などと同じく，直接税に分類される。

ウ　消費税は平成元年に3％の税率で導入され，令和元年には税率が10％になった。

エ　消費税導入後，国税収入は間接税の割合が直接税の割合を上回っている。

[問6]　下線ⓔに関し，課税に際しては，垂直的公平と水平的公平という二つの観点が考慮される必要がある。垂直的公平とはどのような考え方か，簡潔に説明せよ。

(☆☆☆☆◎◎◎)

地 理・歴 史

【世界史】

【１】次の文を読み，以下の[問1]〜[問6]に答えよ。

　アラビア半島は大部分が砂漠でおおわれ，アラブ人は各地に点在するオアシスを中心に古くから遊牧や農業生活を営み，隊商による商業活動を行っていた。こうした環境の中でクライシュ族の商人[　　]が，610年頃に神のことばを授かり，ⓐイスラーム教は生まれた。しかし，[　　]は，メッカで迫害を受け，ⓑ622年に少数の信者を率いてメディナに移住した。メディナではイスラーム教徒の共同体(ウンマ)を建設し，630年には無血のうちにメッカを征服した。以後，アラブ人は「後継者」を意味するカリフの指導のもと各地を征服し，ⓒイスラーム勢力を拡大した。こうして成立した帝国ではアラブ人は支配者集団であり，他民族とは異なる特権を持った。一方で新改宗者を中心にこうした排他的な支配に批判が高まり，その後押しを受けてアッバース朝が成立した。この王朝はⓓ民族による差別を廃止し，イスラーム法に基づく政治を行ったことにより，「イスラーム帝国」とも呼ばれた。イスラームの勢力はこの後も拡大を続け，ⓔイベリア半島やインドにも王朝を建設するなど，繁栄した。

[問1]　文中の[　　]にあてはまる人物名を書け。

[問2]　下線ⓐに関し，正しく述べられている文を，次のア〜エの中から1つ選び，その記号を書け。

　　ア　唯一神ヤハウェを崇拝する厳格な一神教である。

　　イ　アラブ人は全能の神により選ばれた民で，特別の恩恵が与えられていると考える。

　　ウ　聖典『コーラン』は神によりくだされたことばの集成であるが，『旧約聖書』や『新約聖書』も啓示の書とみなした。

　　エ　ムスリムの信仰と行為の内容を，信仰告白や礼拝などの六信と神や来世などの五行として簡潔にまとめた。

[問3]　下線ⓑに関し，この出来事を何というか，書け。

[問4]　下線ⓒに関し，イスラーム教の成立から10世紀までに起こった出来事として，正しく述べられている文を，次のア〜エの中から1つ選び，その記号を書け。

ア　ウマイヤ朝は，西ゴート王国を滅ぼしたが，フランク王国のカール大帝にトゥール・ポワティエ間の戦いで敗れた。

イ　アッバース朝は，タラス河畔の戦いで中国の明王朝に勝利し，この時の中国人捕虜からイスラーム世界に製紙法は伝わったとされる。

ウ　正統カリフ時代には，ササン朝はニハーヴァンドの戦いでアラブ人に敗北し，事実上ササン朝は崩壊した。

エ　アイユーブ朝のサラディンは，聖地イェルサレムを奪回し，十字軍とも抗争を繰り広げた。

[問5]　下線ⓓに関し，この政策を反映したアッバース朝時代のイスラーム教徒の税負担の内容を，主な税であった地租と人頭税に分けて簡潔に書け。

[問6]　下線ⓔに関し，次の(1)，(2)に答えよ。

(1)　8世紀初めから15世紀末までのイベリア半島における，キリスト教徒の勢力によるイスラーム教徒の勢力に対する戦いを何というか，書け。

(2)　イベリア半島のグラナダに残された宮殿は，高度なイスラーム文化の繊細な美しさを現代に伝えている。この宮殿の名称を，次のア〜エの中から1つ選び，その記号を書け。

ア　シェーンブルン宮殿　　イ　トプカプ宮殿

ウ　サンスーシ宮殿　　　　エ　アルハンブラ宮殿

(☆☆☆◎◎◎)

解答・解説

中学社会・地理・歴史共通

【1】問1 イ　　問2 対蹠点　　問3 図の中心から離れるほど形が歪み，面積も正しくない。

〈解説〉問1　東京から見てシンガポールは南南西に位置し，距離は約5千km。ロンドンは北北西に位置し，距離は約1万km。右上にある北米大陸と南米大陸は見分けにくいが，ハドソン湾やメキシコ湾を手がかりとしたとき，ニューヨークは東京から見て北北東に位置し，距離は半径のおよそ半分であることから，約1万kmである。サンパウロはその延長線状の北北東に位置し，距離は約2万kmである。　問2　正距方位図法では，中心からの方位が正しく，中心から円周までの距離は約2万km。地球上のある点から2万kmというのは最も遠い位置となり，地球の反対側であることから，対蹠点と称する。東京の対蹠点はリオデジャネイロ沖に位置する。　問3　上述の通り，アメリカ大陸は中心点から遠くなるほど大きく描かれており，その形はゆがみ，面積も正しくない。インドなど，中心点に近いところでは大きなゆがみはない。正距方位図法は，形や面積を放棄した一方で，中心点からの最短距離が直線で表せるために航空路線を表すのに適しており，また，実際の方位を容易に知ることができるという大きなメリットがある。

【2】問1 輸入代替　　問2 ① ウ　② イ　③ ア
問3 A ア　B イ　C エ　D ウ　　問4 ODA
問5　沖合を流れる寒流の影響で低温になるため，上昇気流が発生せず，雨が降らないから。

〈解説〉問1　発展途上国の工業化は，初期は先進国から機械類を輸入して一次産品を輸出するが，しだいに輸入していた工業製品の輸入を減らして自国で生産するようになる。これを輸入代替型工業という。十

分製品化が進んだら，今度は安価な人件費と豊富な資源を元に，先進国へ工業製品を輸出するようになり，これを輸出指向型工業という。
問2　アはカリブ海のジャマイカ。カリブ海諸国は西アフリカからの奴隷の子孫が多いことから，③。イのブラジルは，旧宗主国ポルトガルと先住民やアフリカ系との混血が多く，②。ウのアルゼンチンは旧宗主国スペインで，緯度が高くアフリカ系や先住民が少なかったことからラテン系ヨーロッパ人が多く，①。　問3　鉱物・非鉄金属製品の割合が62.3％を占めるBは，銅鉱の産出が世界1位のチリ。高緯度地域ではブドウの生産とワイン醸造，輸出も多い。最も輸出総額の多いCはブラジル。最大の輸出相手国は中国で，大豆や鉄鉱石を輸出。原油の輸出のほかに肉類ではブロイラーの鶏肉，牛肉，豚肉も多い。鉱物燃料の割合が97.7％であるDは，原油を産出するベネズエラ。豊富な埋蔵があるが，政情不安で貿易が滞っている。残るAがアルゼンチン。とうもろこし，大豆のほか自動車の生産もある。　問4　政府開発援助は，Official Development Assistanceという。いわゆる先進国が発展途上国に対し無償で，あるいは資金を低利で貸し付ける。日本はアジア諸国への支出が多く，中南米には旧宗主国からの援助が多い。2021年現在，援助総額はアメリカ，ドイツについで日本は3位。
問5　南米大陸西岸は，南極から寒流のペルー海流(フンボルト海流)が北上している。寒流はその上の大気が低温であるため，上昇気流が生まれず大気が安定して，雨が降らず沿岸部に砂漠が形成される。アフリカ南西部においても同様にベンゲラ海流によるナミブ砂漠が形成されている。

【3】問1　1　段別五升　　2　新潟　　3　主力艦　　問2　(1)　ウ
(2)　本朝(皇朝)十二銭　　問3　ア→ウ→エ→イ　　問4　日本と海外で金と銀の相場が違うことで日本の金が大量に海外に流出し，その対応として幕府が質の低い金貨を大量に鋳造，発行したため。
問5　(1)　保安条例　　(2)　イ　　問6　ア
〈解説〉問1　1　史料B中に「守護・地頭」「北条殿」とあり，鎌倉時代

に関するものであることが分かる。鎌倉時代に地頭は田畑1段あたり5升の兵粮米の徴収が認められた。　２　史料Cからは下田・箱館以外の開港が読み取れる。これは日米修好通商条約に関するものであり，この条約では神奈川・長崎・新潟・兵庫の開港が決められた。　３　史料Eから海軍軍備の制限に関する内容であること分かる。1艦あたりの基準排水量が3万5000トンは主力艦を指す。　問2　(1)　和同開珎は708年に鋳造された銭貨で元明天皇の在位時期(707〜715)と重なる。アの天智天皇の在位は668〜671年，イの天武天皇の在位は673〜686年で和同開珎の鋳造以前である。エの聖武天皇の在位は724〜749年。

(2)　奈良時代の初めの和同開珎のあと，国家による銅銭の鋳造は，10世紀半ばの乾元大宝まで続けられた。なお，富本銭が見つかったことにより日本古代の銭貨は13種類となった。　問3　アの侍所の設置は1180年，イの頼朝の征夷大将軍任命は1192年，ウの東国支配権の承認は1183年，エの公文所・問注所の設置は1184年。　問4　金銀の交換比率は，外国では1:15，日本で1:5と差があった。外国人は外国銀貨を日本にもち込んで日本の金貨を安く手に入れたため，10万両以上の金貨が流出することになり，幕府は金貨の品質を大幅に引き下げる改鋳を行った。　問5　(1)　保安条例は1887年に出された反政府運動の弾圧法規。三大事件建白運動・大同団結運動など民権運動の高揚に際し，第1次伊藤内閣の山県内相が発布。　(2)　史料Dは1900年に掲載された幸徳秋水による「自由党を祭る文」である。憲政党の成立は1898年で記事の掲載より前のことである。　問6　ワシントン海軍軍縮条約は1922年に英・米・日・仏・伊の5ヵ国間で結ばれ，主力艦の総トン数比率を5:5:3:1.67:1.67と規定した。

中　学　社　会

【1】問1　1　常会(通常国会)　　2　一般会計予算　　問2　エ
問3　温室効果ガス　　問4　かけがえのない地球　　問5　ウ

問6　所得の多い人ほど多くの税金を負担するという考え方。

〈解説〉問1　1　日本国憲法第52条「国会の常会は，毎年一回これを召集する」，1991年9月19日以後の常会(具体的には翌年召集の第123回国会)から年明けの1月中の召集を常例とするように改正された。会期150日も国会法に規定。　2　国の予算は，一般会計予算と特別会計予算に分かれる。一般会計予算とは特別会計に属さない会計で，公債や税金などを通じて国民から得た歳入を利用し，教育・福祉・公共施設の整備等生活に必要不可欠と考えられるような，基本的な行政サービスを提供するための予算である。特別会計予算は国が特定の事業や資金の運用・管理のための予算である。　問2　エ　予算先議権。憲法第60条第1項。　ア　国政調査権は衆議院の優越事項ではない。

イ　法律案は衆議院で出席議員の3分の2以上の多数で再び可決した場合法律となる(憲法第59条第2項)。　ウ　内閣総理大臣は，国会議員であること(憲法第67条)および文民であること(憲法第66条第2項)が要件。問3　二酸化炭素とメタン，フロンなど地球温暖化の原因となる物質(気体)を温室効果ガスとよぶ。　問4　1972年の国連人間環境会議では「かけがえのない地球」がスローガンとされた。1992年の国連環境開発会議(地球サミット)の「持続可能な開発」と混同しないように注意。問5　ア　消費税法第1条第2項により，消費税の収入については，地方交付税法に定めるところによるほか，毎年度，制度として確立された年金，医療及び介護の社会保障給付並びに少子化に対処するための施策に要する経費(社会保障4経費)に充てることと法律に明記されている。　イ　担税者と納税者が同じである税が直接税。消費税の担税者は消費者で，納税者はその商品やサービスを提供した事業者になるので，担税者と納税者が違う典型的な間接税。　エ　国税におけるバランス(直間比率)は約直接税6割，間接税4割，地方税は約直接税8割，間接税2割。　問6　同程度の所得であれば職種にかかわらず同程度の税金を負担すべきであり，これを水平的公平，所得の多い人がより多くの税金を負担すべきであるというのを垂直的公平という。どちらも課税の公平性を考えるときの基準となる。

地理・歴史

【世界史】

【１】問1　ムハンマド　　問2　ウ　　問3　ヒジュラ(聖遷)　　問4　ウ
問5　イスラーム教徒であれば民族にかかわらず人頭税は課せられず，
イスラーム教徒のアラブ人であっても民族にかかわらず地租は課せら
れた。　　問6　(1)　国土回復運動(レコンキスタ)　　(2)　エ
〈解説〉問1　ムハンマドはアラブ人の商業部族であるクライシュ族の出
身である。生まれてすぐに両親を亡くし，叔父とともに商業活動を行
い，西アジア各地に赴いた。このことから，イスラーム教は商人の倫
理を反映した教えとなっており，利子は禁止されている。
問2　ア　イスラーム教の唯一神はアッラーである。　イ　ユダヤ教
に見られるユダヤ人の選民思想についての記述である。　エ　信仰告
白や礼拝は五行に属し，神や来世を信じることは，六信にあたる。
問3　メッカは，もともとアラブ人が行っていた多神教の信仰の拠点
であったために，特にその信仰の中心を担っていたクライシュ族がム
ハンマドらを迫害した。「622年」は，現在イスラーム教徒が使用してい
る暦の元年となっている。　問4　ア　トゥール・ポワティエ間の
戦いでウマイヤ朝を撃破したのは，宮宰であったカール・マルテルで
ある。　イ　タラス河畔の戦いはアッバース朝と唐の戦いである。
エ　記述の内容は正しいが，12世紀のことである。　　問5　アッバー
ス朝ではムスリムの平等が実現された。ウマイヤ朝においては，アラ
ブ人には税負担がなく，異民族ムスリムであるマワーリーには異民族
非ムスリムであるジンミーと同様，人頭税と地租の双方が課されたこ
とと比較する。　　問6　(1)　1479年にアラゴン王国とカスティーリャ
王国が合わさり，スペイン王国が成立した。スペインは，1492年にナ
スル朝の首都グラナダを攻略し，「レコンキスタ」が完成した。
(2)　ア　17世紀に建てられたハプスブルク家の夏の離宮である。
イ　15世紀に建てられたオスマン帝国の君主の居城で，イスタンブー
ルにある。　ウ　ベルリンの郊外ポツダムにプロイセンのフリードリ

28

ヒ2世が建てたロココ式の宮殿である。

2023年度　実施問題

中学社会・地理・歴史共通

【1】次の図を見て，以下の[問1]～[問3]に答えよ。

図

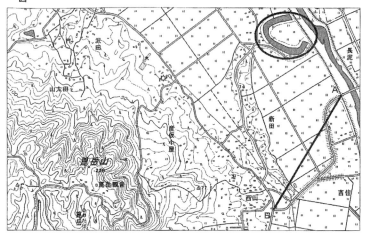

（国土地理院「電子地形図」を加工して作成）

[問1]　図中の線分ABの長さが4cmである場合，実際のAB間の距離は何kmか，書け。

[問2]　図の説明として正しく述べられている文を，次のア～エの中からすべて選び，その記号を書け。

ア　平野部では，畑作中心の農業が行われている。

イ　箟岳山には，主に広葉樹林が見られる。

ウ　図中の地図記号で示された寺院は，発電所よりも高いところにある。

エ　図中の川沿いには盛土部がある。

[問3] 図中◯で見られる地形はどのように形成されるか，自然環境に着目して簡潔に書け。

(☆☆☆◎◎◎)

【2】次の文を読み，以下の[問1]〜[問5]に答えよ。

アフリカ大陸は，際立った山脈の少ない高原状の台地で，海岸線も単調である。しかし，東部には大地溝帯が走り，巨大な湖が分布するほか，⒜標高5,000m以上の山がそびえる。大陸の南北のほぼ中央を赤道が走り，赤道を軸に南北で対称的に⒝気候帯が分布している。

19世紀末までには，アフリカ大陸のほぼ全域がヨーロッパ諸国の植民地となっていたが，1960年代には，アフリカ全域で多くの国が独立を果たした。一方で，南アフリカ共和国では，有色人種を差別し白人を優遇する[　　]が1991年までとられていた。

アフリカ諸国は，特定の一次産品の⒞輸出に依存する国が多く，経済が安定しにくいことや，食料や清潔な水の不足，各地で続く⒟紛争など，多くの課題を抱えている。

[問1] 文中の[　　]にあてはまる政策を何というか，書け。

[問2] 下線⒜に関し，アフリカ大陸最高峰の山の名称を何というか，書け。

[問3] 下線⒝に関し，次の①〜③のグラフは，図中のア〜ウの各都市における月ごとの降水量と平均気温を表したものである。①〜③のグラフはそれぞれどの都市の気候を表したものか，図中のア〜ウの中から1つずつ選び，その記号を書け。

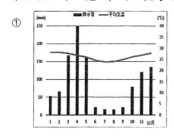

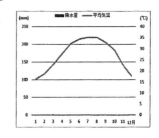

31

③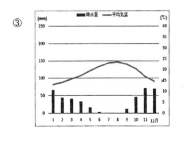

図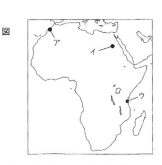

[問4]　下線ⓒに関し，次の表は，2011年におけるコートジボワール，ザンビア，ナイジェリア，南アフリカ共和国の主要な輸出品の上位3品目と輸出総額における割合を示している。表中のA～Dにあてはまる国名を，以下のア～エの中から1つずつ選び，その記号を書け。

表

国	各国の主要な輸出品の上位３品目と輸出総額における割合（％）
A	カカオ豆(27.3%)、石油製品(12.5%)、原油(11.8%)
B	原油(71.7%)、石油製品(12.1%)、天然ゴム(5.9%)
C	銅(75.1%)、機械類(3.6%)、金属製品(2.4%)
D	白金族(11.8%)、鉄鉱石(9.7%)、機械類(8.5%)

（貿易統計年鑑2012より作成）

　ア　コートジボワール　　イ　ザンビア
　ウ　ナイジェリア　　　　エ　南アフリカ共和国

[問5]　下線ⓓに関し，アフリカ大陸で多くの紛争が起こっている背景の一つとして，民族対立がある。民族対立が起こる原因として考えられることを，次の2つの語句を用いて簡潔に書け。

　　　国境線　　民族

(☆☆☆◎◎◎)

【3】次のA～Eの史料を読み，以下の[問1]～[問5]に答えよ。

　A　凡そ[　1　]の絹・絁・糸・綿・布は，並に郷土の所出に随へよ。正丁一人に，絹・絁八尺五寸(中略)ⓐ人毎に均しく使へ。惣べて六十日に過すこと得じ。

『令義解』

B ⓑ六波羅殿の御一家の君達といひてしかば，花族も栄耀も面をむ
かへ肩をならぶる人なし。されば入道相国のこじうと，平大納言時
忠卿ののたまひけるは，「ⓒ此一門にあらざらむ人は皆人非人なる
べし」とぞのたまひける。(中略)日本秋津嶋に，纔に六十六箇国，
平家知行の国卅余箇国，既に半国にこえたり。

『平家物語』

C 朱学の儀は，慶長以来御代々御信用の御事にて，已ニ其方家代々
右学風維持の事仰せ付け置かれ候儀ニ候得共，油断無く正学励，門
人共取立申すべき筈ニ候。然処近来世上種々新規の説をなし，ⓓ異
学流行，風俗を破り候類之有り

『憲法類集』

D 第一条 清国ハ朝鮮国ノ完全無欠ナル独立自主ノ国タルコトヲ確
認ス。因テ右独立自主ヲ損害スヘキ朝鮮国ヨリ清国ニ対スル貢
献典礼等ハ将来全ク之ヲ廃止スヘシ
第二条 清国ハ左記ノ土地ノ主権並ニ該地方ニ在ル城塁，兵器製
造所及官有物ヲ永遠日本国ニ割与ス(中略)
二 [X]全島及其ノ付属諸島嶼

『日本外交文書』

E 吾等ハ日本国政府カ直ニ全日本国軍隊ノ[2]ヲ宣言シ，且右行
動ニ於ケル同政府ノ誠意ニ付適当且充分ナル保障ヲ提供センコトヲ
同政府ニ対シ要求ス。右以外ノ日本国ノ選択ハ迅速且完全ナル壊滅
アルノミトス

『日本外交年表竝主要文書』

[問1] 史料中の[1]，[2]にあてはまる語句を，それぞれ書け。
[問2] 史料Aは，民衆の税負担について書かれたものの一部である。
次の(1)，(2)に答えよ。
(1) 下線ⓐの負担を何というか，書け。
(2) 人民登録や班田収授の基本台帳として用いられた戸籍は，何年
ごとに作成されたか，書け。

[問3]　史料Bについて，次の(1)，(2)に答えよ。

(1)　下線ⓑは誰か，人物名を書け。

(2)　下線ⓒに関し，次のア～エは，治承・寿永の乱の時期に起こった出来事である。これらの出来事が起こった年代の古いものから順に並べ，その記号を書け。

　　ア　倶利伽羅峠の戦い　　イ　壇の浦の戦い

　　ウ　富士川の戦い　　　　エ　摂津一の谷の合戦

[問4]　史料Cは，松平定信が行った改革に関するものである。次の(1)，(2)に答えよ。

(1)　下線ⓓに関し，この時代における異学とはどのようなものか，簡潔に説明せよ。

(2)　松平定信が行った改革について述べた文を，次のア～エの中から1つ選び，その記号を書け。

　　ア　株仲間を広く公認し，運上や冥加などの営業税の増収をめざした。

　　イ　上知令を出し，江戸・大坂周辺を直轄地にして財政の安定をはかろうとした。

　　ウ　公事方御定書を制定して，判例にもとづく合理的な司法判断を進めた。

　　エ　飢饉に備えて，各地に社倉，義倉をつくらせて米穀を蓄えさせた。

[問5]　史料Dは，ある戦争の講和条約の一部である。次の(1)，(2)に答えよ。

(1)　史料中の[　X　]にあてはまる島名を，次のア～エの中から1つ選び，その記号を書け。

　　ア　千島　　イ　台湾　　ウ　江華島　　エ　樺太

(2)　この講和条約の名称を何というか，書け。

(☆☆☆◎◎◎)

中 学 社 会

【1】次のⅠ～Ⅲの文を読み，以下の[問1]～[問5]に答えよ。

Ⅰ

> 日本国憲法は，さまざまな人権を保障しているが，科学技術の進展など社会の変化にともなって，ⓐ「新しい人権」が主張されるようになった。こうした権利は，日本国憲法では明確に定められていないが，憲法第13条の個人の尊重や[　1　]権などを根拠に保障される権利と考えられている。

Ⅱ

> 日本国憲法は，ⓑ地方公共団体(地方自治体)の組織および運営に関する事項は，「地方自治の本旨」にもとづき，法律によって定めるものとしている(第92条)。「地方自治の本旨」は，国から独立した地方公共団体が存在し，それに十分な自治権が保障されなければならないという「[　2　]」の原理と，各自治体の中では住民主体の自治がおこなわれなければならないという「住民自治」の原理という2つの原理からなっている。

Ⅲ

> 日本のⓒ社会保障制度は，社会保険，公的扶助，[　3　]，公衆衛生の4つの柱からなっている。少子高齢社会がすすむ日本にとって，社会保険の問題は深刻である。とくに年金問題は多くの課題をかかえており，どのようにしてⓓ財源を調達するのかといったことが大きな問題となっている。

[問1]　文中の[　1　]～[　3　]にあてはまる語句を，それぞれ書け。

[問2]　下線ⓐに関し，新しい人権について述べた文として誤っているものを，次のア～エの中から1つ選び，その記号を書け。

　ア　知る権利は，情報公開法の条文に明記されている。

35

　イ　『宴のあと』事件では，プライバシーの権利が争点となった。

　ウ　日照や静穏を守る権利は，環境権の一部と考えられる。

　エ　自己決定権を尊重するものの一つとして，臓器提供意思表示カードがある。

[問3]　下線ⓑに関し，住民には直接請求権が認められている。条例の制定・改廃の請求に必要な署名数と請求先について述べた文として正しいものを，次のア～エの中から1つ選び，その記号を書け。

　ア　有権者の3分の1以上の署名が必要で，選挙管理委員会に請求する。

　イ　有権者の3分の1以上の署名が必要で，首長に請求する。

　ウ　有権者の50分の1以上の署名が必要で，選挙管理委員会に請求する。

　エ　有権者の50分の1以上の署名が必要で，首長に請求する。

[問4]　下線ⓒに関し，次の文中の[　　]にあてはまるスローガンを書け。

　　　第二次世界大戦後のイギリスでは，国家が全ての国民に対して[　　]というスローガンの下で，充実した社会保障制度を実現した。

[問5]　下線ⓓに関し，年金制度における財源調達方法の一つである賦課方式とはどのような方式か，簡潔に書け。

(☆☆◎◎◎)

地 理・歴 史

【世界史】

【1】次の文を読み，以下の[問1]～[問6]に答えよ。

　ⓐ第二次世界大戦の後，ⓑアメリカ合衆国を中心とする西側の資本主義陣営と，ソ連を中心とする東側の社会主義陣営との対立が激化し

た。しかし，アメリカ合衆国とソ連の直接的な武力衝突は起こらず，冷戦と呼ばれた。冷戦の間，アメリカ合衆国とソ連は，⒞核兵器の開発や宇宙開発競争を繰り広げた。また，両陣営の対立は，⒟ドイツの分断や朝鮮戦争，⒠ベトナム戦争などを引き起こすことになった。しかし，⒡1980年代にソ連の社会主義体制がいきづまると，アメリカ合衆国とソ連の両首脳がマルタ島で会談し，冷戦の終結を宣言した。

[問1]　下線⒜に関し，第二次世界大戦について正しく述べられている文を，次のア〜エの中から1つ選び，その記号を書け。

　　ア　第二次世界大戦は，ドイツのポーランド侵攻をきっかけに始まった。

　　イ　第二次世界大戦では，毒ガスや戦車などの新兵器がはじめて使われた。

　　ウ　第二次世界大戦では，フランスの全土がドイツに占領された。

　　エ　第二次世界大戦後に，ドイツと連合国との間でヴェルサイユ条約が結ばれた。

[問2]　下線⒝に関し，次の(1)，(2)に答えよ。

　(1)　イギリスの元首相チャーチルが1946年の演説で述べた，社会主義陣営を批判した一節を，次の2つの語句を用いて簡潔に書け。

　　　　アドリア海　　ソ連

　(2)　1949年にアメリカ合衆国を含めた12か国が結成した，武力侵略を共同で防衛する機構を何というか，アルファベットで書け。

[問3]　下線⒞に関し，次の文は，1954年の第五福竜丸事件について述べたものである。文中の[　1　]，[　2　]にあてはまる国名と環礁名をそれぞれ書け。

　　　　1954年に[　1　]が太平洋の[　2　]環礁で行った水爆実験によって，日本の漁船が放射能汚染を受けた。

[問4]　下線⒟に関し，ドイツの分断と東西ドイツの統一について正しく述べられている文を，次のア〜エの中から1つ選び，その記号を書け。

　ア　アメリカ合衆国は東側管理地区の通貨改革に反対し，西ベルリンへの交通を遮断した。

　イ　アデナウアー首相のもと，ドイツ民主共和国は西側の一員として主権を回復した。

　ウ　東ドイツ政府は，西ベルリンとの境界に「ベルリンの壁」を築いた。

　エ　東ドイツが西ドイツを吸収して，東西ドイツの統一が実現した。

[問5]　下線ⓔに関し，ベトナム戦争中に起こった出来事として正しいものを，次のア～エの中から1つ選び，その記号を書け。

　ア　ニクソンが中国を訪問した。

　イ　第1次中東戦争が起こった。

　ウ　サンフランシスコ講和会議が開かれた。

　エ　天安門事件が起こった。

[問6]　下線ⓕに関し，経済不振が深刻化したソ連で提唱された，国内の改革を何というか，書け。

(☆☆☆◎◎◎)

解答・解説

中学社会・地理・歴史共通

【1】問1　1km　　問2　ウ，エ　　問3　蛇行していた河川が洪水などをきっかけに流路が変わり，取り残された。

〈解説〉問1　本問の地形図には縮尺が付記されていないため，各等高線の標高差の間隔から判断する。「箆岳山」の標記の北西部に「100〔m〕」，北東部に「50〔m〕」の計曲線(やや太い線)があり，その2本の間に主曲線が4本ある。すなわち，各等高線の標高差は10mであり，これは

2万5千分の1の地形図での標記法である。よって，4〔cm〕×25000＝100000〔cm〕＝1000〔m〕＝1〔km〕である。 問2 ウ 等高線により，寺院は標高20～30mの位置に，発電所は標高10mを示す等高線付近にある。 エ 地形図右上の河川沿いに「盛土部」の記号がある。 ア 稲作中心である。 イ 針葉樹林が広範囲で分布している。

問3 河川の氾濫によって形成された氾濫原では，川がS字状に蛇行する。地図中◯で囲まれた地形は，大きな洪水が発生したときに川の流路が短縮されて旧河道が残った河跡湖(三日月湖)である。

【2】問1 アパルトヘイト(人種隔離政策) 問2 キリマンジャロ山(キリマンジャロ) 問3 ① ウ ② イ ③ ア
問4 A ア B ウ C イ D エ 問5 アフリカ諸国の国境線は，植民地時代のものを引き継いだ人為的国境が多く，民族の分布の境界と一致しないことが多いため。

〈解説〉問1 アパルトヘイトは，少数派の白人の特権維持のため，アフリカ系，アジア系，カラード，白人の4人種に分けられ，就業や教育・居住など生活の様々な場面で区別された。 問2 ケニアとタンザニアの国境部にある成層火山で，山脈にない単独峰では標高5895mで世界最高。赤道付近にあるが山頂付近には氷河が存在する。
問3 ア 地中海沿岸にあり，夏季に南にある亜熱帯高圧帯が北へ張り出す影響で高温乾燥となるため，③。 イ 亜熱帯高圧帯下に1年中あり砂漠気候で年降水量が極めて少ないため，②。 ウ 南半球で赤道に近く，冬(北半球とは逆の12～2月あたり)は中緯度高圧帯下に入る影響で少雨傾向となるから，①。 問4 A コートジボワールはカカオ豆とコーヒー豆が主な農産品で，20世紀末から原油生産が始まった。 B ナイジェリアはアフリカ第1の産油国で，表のBが該当する。 C ザンビアは，銅やコバルトへの経済依存からの脱却を目指し，他産業への開発を行っている。 D 南アフリカ共和国はBRICSの1国で，鉄鉱石だけでなく白金やクロムなどのレアメタルの採掘もさかんである。それらを生かした工業も発達している。 問5 指定語句の

「国境線」を見て，記述内容が国境に直線的なものが多い理由に偏らないようにする。1885年のベルリン会議以降に，列強各国による支配地域での利害調整により，民族分布の境界が考慮されなかった点を簡潔にまとめる。

【3】問1　1　調　　2　無条件降伏　　問2　(1)　雑徭　　(2)　6〔年〕
問3　(1)　平清盛　　(2)　ウ→ア→エ→イ　　問4　(1)　朱子学以外の儒学の諸派のこと　　(2)　エ　　問5　(1)　イ　　(2)　下関条約(日清講和条約)

〈解説〉問1　1　史料Aは『令義解』に収録されている，税制について規定した養老令の賦役令。「絹・絁・糸・布」は各地の特産物(他に鉄・鍬・海産物などがあった)を納める税は調である。調と庸(都での10日間の労役の代わりの布)には，都まで運ぶ運脚の負担もあった。

2　史料Eは1945年7月26日にアメリカ・イギリス・中国の名で発表され，ソ連も8月8日の対日宣戦布告後に加わったポツダム宣言の第13条。日本軍の無条件降伏を求めた条項である。　問2　(1)　1年に60日以内，地方の労役につく税を雑徭という。中男(少丁)は正丁の4分の1の15日以内だった。国司・郡司によって徴発され，平安時代に力を強めた国司はこれを悪用し私腹を肥やすこともあった。　(2)　律令制下では戸主のもとに編成される25人程度の戸(血縁集団とは限らない)をもとに，6年ごとに戸籍が作成され，班田収授を行って租を課すための基本台帳とされた。戸口(戸の構成員)に調・庸や雑徭などの労役を課すための基本台帳としては，計帳が毎年作成された。　問3　(1)　六波羅は平安京を流れる鴨川の東岸の五条から七条にかけての地域で，六波羅蜜寺があることが地名の由来である。鎌倉時代の承久の乱後に設置された六波羅探題で知られるが，平安時代末期には平氏の邸宅の六波羅殿があったため，その主人である平清盛も六波羅殿と呼ばれ，学問的には平氏政権は六波羅政権とも呼ばれる。　(2)　ア　1183年に源義仲が越中・加賀の国境で平氏軍を破った戦い。　イ　1185年に関門海峡で源義経が平氏を滅ぼした戦い。　ウ　1180年に源頼朝軍と平維盛軍

が駿河で対陣し，本格的な戦闘がないまま平氏方が敗走した戦い。
エ　1184年に摂津の福原の近くで源範頼が正面から，源義経が背後か
ら平氏軍を攻撃して破った戦い。　問4　(1)　1787年に寛政の改革を
始めた老中松平定信は，1790年に寛政異学の禁を発して，儒学のうち
朱子学を正学，それ以外を異学とし，林家の私塾の聖堂学問所で異学
を教授することを禁止した。寛政の改革後の1797年，聖堂学問所は幕
府直轄(官営)の昌平坂学問所となった。　(2)　松平定信は各地に義倉
や社倉をつくらせて米穀を蓄えさせた。義倉とは富裕層による義捐も
しくは富裕層への賦課で建てられた倉，社倉とは住民が金を出し合っ
て建てた倉である。　ア　株仲間を広く公認したのは田沼意次。
イ　上知令は天保の改革(実施できず)。　ウ　公事方御定書の制定は
享保の改革。　問5　(1)　史料Dは1895年に結ばれた日清戦争の講和条
約。日本は清から台湾と「其ノ附属諸島嶼」の澎湖諸島，遼東半島を
譲り受けたが，遼東半島はロシア・ドイツ・フランスによる三国干渉
を受け入れて返還した。　(2)　日清戦争の講和条約(日清講和条約)は
山口県の下関で行われた講和会議で，日本側全権伊藤博文・陸奥宗光，
清国側全権李鴻章・李経方との間で調印された。

中　学　社　会

【1】問1　1　幸福追求　　2　団体自治　　3　社会福祉　　問2　ア
問3　エ　　　問4　ゆりかごから墓場まで　　問5　年金給付額を現
役の労働者の払う保険料でまかなう方式。(年金の給付に要する財源を
その年度に調達する方式。)

〈解説〉問1　1　憲法第13条は包括的権利規定とされている。　2　団体
自治とは，地方自治は国から独立した機関によって担われなければな
らないとする原則。　3　社会福祉とは，障害者などの社会的弱者の
生活を支援する取組みをいう。　問2　情報公開法に「知る権利」と
いう言葉は明記されていない。　イ　裁判所がプライバシー権を初め
て認めた事件。　ウ　日照権や静穏権は環境権の一部。　エ　カード

で生前に臓器提供を拒否する意思を表示していた人の臓器は提供されない。　問3　条例の制定・改廃の請求は，事務監査請求と同様，有権者の50分の1以上の署名の添付が必要。また，首長が請求先で，議会でその可否が決する。なお，必要な署名数が有権者の3分の1以上(原則)で，請求先が選挙管理委員会なのは，首長・議員の解職請求や議会の解散請求である。　問4　「ゆりかごから墓場まで」は "from the cradle to the grave" の訳で，元々は韻を踏んでいる言葉である。第二次世界大戦後，イギリスはこの言葉をスローガンとして，NHS(国民保健サービス)の創設など，社会保障の整備を進めた。　問5　賦課方式には，少子高齢化に伴い，保険料の負担増加や年金額の減少といった問題が生じる。また，現役時に支払った保険料が老後の年金の原資となる方式を，積立方式という。わが国の現在の年金制度は，賦課方式の性格が強い。

地 理・歴 史

【世界史】

【1】問1　ア　　問2　(1)　ソ連がバルト海からアドリア海まで，鉄のカーテンをおろしている。　　(2)　NATO　　問3　1　アメリカ合衆国　　2　ビキニ　　問4　ウ　　問5　ア　　問6　ペレストロイカ

〈解説〉問1　第二次世界大戦は，独ソ不可侵条約締結後，1939年9月1日にナチスがポーランドに侵攻して始まった。　イ　第一次世界大戦についての記述である。　ウ　ドイツは1940年6月にパリに入城し，フランスを占領したが，南半分にはヴィシー政権があった。　エ　第一次世界大戦についての記述。　問2　(1)　チャーチルの「鉄のカーテン」演説は，戦後の東欧へのソ連の勢力拡大の脅威をアメリカに伝えるためにアメリカのフルトン市で，トルーマン大統領の目の前で行われた。その結果，トルーマンは翌年にトルーマン・ドクトリンを発表し，封じ込め政策の実現としてマーシャル・プランが実施された。

(2)　正式名称は，北大西洋条約機構。1948年にチェコで共産政権が成立すると西側諸国は西独通貨改革を断行した。これに対してスターリンが「ベルリン封鎖」を敢行したために，西側は最大の軍事同盟となるNATOを1949年に結成した。　問3　この事件によって核の脅威が広く認識されることになり，翌年，国連にIAEA(原子力機関)が設置された。さらにラッセル・アインシュタイン宣言が出され，パグウォッシュ会議で科学者の立場からの核兵器の脅威が指摘されるなど様々な動きが起こった。　問4　1960年にU2型事件が勃発すると，東西の緊張が高まり，61年には「ベルリンの壁」が建設された。　ア　通貨改革を行ったのは西側である。　イ　西ドイツはドイツ連邦共和国。ドイツ民主共和国は東ドイツである。　エ　ドイツの統一は，西ドイツが東ドイツを吸収する形で行われた。　問5　ベトナム戦争の敗色が濃厚になった1972年，ニクソンは電撃的に中国を訪問し，ベトナム戦争からの名誉ある撤退を図ろうとした。ベトナム戦争は1965〜75年。イは1948年。ウは1951年。エは1989年である。　　問6　ゴルバチョフ書記長は，「ペレストロイカ」によって資本主義の競争原理を導入することにより，社会主義経済を立て直そうとした。他にも「グラスノスチ」(情報公開)の実現による民主化の推進，「新思考外交」による西側との関係改善に努め，これらが冷戦終結，ソ連解体へとつながっていった。

2022年度　実施問題

中学社会・地理・歴史共通

【1】次の図を見て，以下の[問1]〜[問3]に答えよ。

図

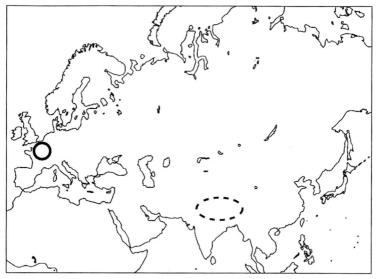

[問1]　この図は，メルカトル図法によって描かれている。メルカトル
図法の特徴について正しく述べている文を，次のア〜エの中から1
つ選び，その記号を書け。

ア　2地点を結んだ直線と経線がつくる角度がすべて正しく表され
ているが，両極を表すことができない。

イ　図の中心からの距離と方位が正しく表されているが，周縁部で
形や面積の歪みが大きい。

ウ　図中の面積と実際の面積の比は等しいが，高緯度にいくほど形
に歪みが生じる。

　　エ　2地点を結んだ直線が大圏航路と一致するが，高緯度の地域ほ
　　　ど距離や面積が拡大される。
[問2]　図中 ● の地域では，ケスタとよばれる地形がみられる。ケス
　　　タはどのようにして形成されるか，簡潔に書け。
[問3]　図中 ◌ の地域には，ヒマラヤ山脈がある。ヒマラヤ山脈のよ
　　　うな，大陸プレート同士が衝突してできた山脈を何というか，書け。

(☆☆☆◎◎◎)

【2】次の文を読み，以下の[問1]〜[問5]に答えよ。
　　　アングロアメリカは，北アメリカ大陸のうち⒜アメリカ合衆国と
　　⒝カナダを含む広大な地域である。この地域では，適地適作で⒞農業
　　が営まれている。そのため帯状に農業地域が並び，商業的農業が高度
　　に発達している。
　　　アングロアメリカのなかで多数を占めるのは，ヨーロッパ系白人で
　　ある。特に，アメリカ合衆国では[　　]とよばれる人々が，政治・経
　　済・文化に大きな役割を果たしてきた。公民権運動の結果，少数派集
　　団の地位は向上したが，種々の偏見や差別はいまもなお解消されてい
　　ない。
　　　アメリカ合衆国は，20世紀に世界最大の工業国に発展したが，現
　　在，⒟産業の空洞化が問題となっている。
[問1]　文中の[　　]にあてはまる，プロテスタントを信仰するアング
　　　ロサクソン系の白人を何というか，書け。
[問2]　下線⒜に関し，アメリカ合衆国の社会について述べた文として
　　　誤っているものを，次のア〜エの中から1つ選び，その記号を書け。
　　ア　様々な民族が暮らし，民族のサラダボウルとよばれている。
　　イ　人口数，国土面積において，世界第3位である。
　　ウ　これまでにやってきた移民の半数は，ポルトガル語を母語とす
　　　るヒスパニックで占められている。
　　エ　モータリゼーションの進行により，都市の様々な機能は郊外に
　　　移った。

[問3]　下線ⓑに関し，カナダで英語とともに公用語となっている言語は何か，書け。

[問4]　下線ⓒに関し，次の表は，2018年におけるアメリカ合衆国，日本，フランスの耕地1haあたりの肥料消費量，耕地1haあたりの穀物収量，農民1人あたりの穀物収量を比較したものである。表中のA～Cにあてはまる国名を，それぞれ書け。

表

	耕地1haあたりの肥料消費量（kg）	耕地1haあたりの穀物収量（kg）	農民1人あたりの穀物収量（t）
A	172.6	3461.3	87.1
B	128.8	2966.7	208.9
C	253.7	2582.6	4.7

（「総務省統計局ＨＰ」から作成）

[問5]　下線ⓓに関し，アメリカ合衆国において，産業の空洞化がおこった主な理由を，NAFTAの加盟国に着目して，簡潔に書け。

(☆☆☆◎◎◎)

【3】次のA～Eの史料を読み，以下の[問1]～[問6]に答えよ。

A　其の一に曰く，昔在の天皇等の立てたまへる子代の民，処々の屯倉，及び，別には臣・連・伴造・国造・村首の所有る部曲の民，処々の[　1　]を罷めよ。(中略)其の二に曰く，初めて京師を修め，ⓐ畿内・国司・郡司・関塞・斥候・防人・駅馬・伝馬を置き，鈴契を造り，山河を定めよ。(中略)其の三に曰く，初めてⓑ戸籍・計帳・班田収授の法を造れ。

『日本書紀』

B　二品，家人等を簾下に招き，秋田城介景盛を以て示し含めて曰く，皆心を一にして奉るべし。是れ最期の詞なり。ⓒ故右大将軍朝敵を征罰し，関東を草創してより以降，官位と云ひ，俸禄と云ひ，其の恩既に山岳よりも高く，溟渤よりも深し。報謝の志浅からんや。而るに今逆臣の讒に依て，非義の綸旨を下さる。

『吾妻鏡』

46

C　堺の町は甚だ広大にして大なる商人多数あり。此町はベニス市の
　　如く@執政官に依りて治めらる。

『耶蘇会士日本通信』

D　@越中守，御老中仰付けられ，主殿頭の悪習をため直さんと仕り
　　候。志はよろしく候へ共，世人初めて見込み候と違ひ器量少く(中
　　略)却て@田沼を恨み候は，うしとみし世ぞ今はこひしき，当時より
　　は，あきはてたる田沼のかた，はるかましなりと申し合せ候は，
　　能々の事に御座候。

『賤策雑収』

E　四，ソヴィエト社会主義共和国連邦は，[　2　]への加入に関する
　　日本国の申請を支持するものとする。

　　(中略)

　　九，日本国及びソヴィエト社会主義共和国連邦は，両国間に@正常
　　な外交関係が回復された後，平和条約の締結に関する交渉を継続
　　することに同意する。

『日本外交主要文書・年表』

[問1]　文中の[　1　]，[　2　]にあてはまる語句を，それぞれ書け。

[問2]　史料Aは，新たな施政方針を示すために宣布された詔の一部で
　　ある。次の(1)，(2)に答えよ。

　(1)　下線@に含まれない国を，次のア～エの中から1つ選び，その
　　記号を書け。

　　　ア　山背　　イ　近江　　ウ　摂津　　エ　河内

　(2)　下線@に関し，日本で初めて作成された戸籍を何というか，書
　　け。

[問3]　史料Bは，ある戦乱の直前に行われたよびかけの一部である。
　　次の(1)，(2)に答えよ。

　(1)　下線@は誰か，書け。

　(2)　この戦乱がおこるきっかけとなった出来事は何か，簡潔に書け。

[問4]　下線@に関し，堺の市政を運営した人々を何というか，次のア
　　～エの中から1つ選び，その記号を書け。

　　ア　庄屋　　イ　年行司　　ウ　沙汰人　　エ　会合衆

[問5]　史料Dは，将軍徳川家斉に幕臣が提出した意見書の一部である。次の(1)，(2)に答えよ。

(1)　下線ⓔは誰か，書け。

(2)　下線ⓕが政治の実権を握っていた時期におこった出来事について述べている文を，次のア～エの中から1つ選び，その記号を書け。

　　ア　後水尾天皇が幕府の同意を求めずに突然譲位した。

　　イ　林信篤を大学の頭に任じて，儒教を重視した。

　　ウ　日本で初めて定量の計数銀貨を鋳造させた。

　　エ　黄表紙や洒落本が風俗を乱すとして出版を禁じた。

[問6]　下線ⓖに関し，次のア～ウの条約について，締結時期の古いものから順に並べ，その記号を書け。

　　ア　日中平和友好条約

　　イ　サンフランシスコ平和条約

　　ウ　日韓基本条約

(☆☆☆◎◎◎)

中　学　社　会

【1】次のⅠ～Ⅲの文を読み，以下の[問1]～[問5]に答えよ。

　Ⅰ

> 　現代のⓐ企業における代表的形態は，株式会社である。株式会社は，株式を発行することで，多くの人から資金を集めて事業を行い，株主の所持する株式数に応じて，会社が得た利益の一部を[　1　]という形で株主に支払う。

Ⅱ

> 企業は，財やサービスを提供するだけでなく，環境保全や社会貢献活動をすることにも責任を持つこと，つまり⑥企業の社会的責任を果たすことが求められている。フランス語が起源の[2]とよばれる芸術文化支援を行ったり，環境保全への取り組みとして，廃棄物をゼロとするゼロ・エミッションとよばれる取り組みを行ったりしている。

Ⅲ

> 2015年に⑥国連で採択された[3]では，2030年までに達成すべき17の目標を示し，貧困や飢餓をなくしたり，教育を普及させたりする取り組みを進めている。近年では，⑥発展途上国の人々の生活を支えるフェアトレードやマイクロクレジットで大きな成果を上げている。

[問1] 文中の[1]～[3]にあてはまる語句を，それぞれ書け。

[問2] 下線⑧に関し，画期的な製品や低コストでの生産技術などを開発し，各企業が取り入れていくことを何というか，書け。

[問3] 下線⑥に関し，この社会的責任の略称を何というか，次のア～エの中から1つ選び，その記号を書け。

　　ア　CSR　　イ　M&A　　ウ　CCD　　エ　LDC

[問4] 下線⑥に関し，次のア～エの専門機関について，設立時期の古いものから順に並べ，その記号を書け。

　　ア　UNESCO　　イ　ILO　　ウ　FAO　　エ　WHO

[問5] 下線⑩に多くみられる，モノカルチャー経済について，簡潔に説明せよ。

(☆☆☆◎◎◎)

地 理・歴 史

【世界史】

【1】次の文を読み，以下の[問1]～[問6]に答えよ。

　　中国を初めて統一した⒜始皇帝は文字を統一し，その書体は篆書(小篆)とよばれている。しかし，篆書には書くときに時間がかかるという欠点があった。そこで少し簡略化した隷書が生まれ，⒝漢の時代には隷書が公文書にも使われるようになった。さらに，日常的に隷書を書く中で，よりはやく書くための草書や行書が生まれた。そして⒞4世紀から5世紀の初めには楷書が成立し，⒟唐の時代に楷書は標準的な書体となった。また，書体の変遷とともに芸術的な表現も探究され，⒠唐の太宗は自ら書に親しみ，⒡宋の時代には米芾が徽宗皇帝のもとで書画の研究の基礎を築いた。

[問1]　下線⒜に関し，始皇帝が行った政策について述べている文を，次のア～エの中から1つ選び，その記号を書け。

　　ア　都を開封においた。

　　イ　思想統制の焚書・坑儒を行った。

　　ウ　交易の場を広州に限定した。

　　エ　身分制度の骨品制を導入した。

[問2]　下線⒝に関し，次の(1)，(2)に答えよ。

　(1)　漢の時代の官吏登用法を何というか，書け。

　(2)　漢の時代に高祖が行った国内の統治制度について，次の2つの語句を用いて，簡潔に説明せよ。

　　　　郡国制　　封建制

[問3]　下線⒞に関し，4世紀から5世紀の初めに活躍した人物について述べている文を，次のア～エの中から1つ選び，その記号を書け。

　　ア　陶潜(陶淵明)が詩の分野で活躍した。

　　イ　王重陽が全真教を開いた。

　　ウ　孔子が礼による社会秩序の実現を説いた。

　　エ　郭守敬が授時暦を作成した。

[問4] 下線⑥に関し，次の文は，唐の時代の反乱について述べたものである。文中の[1]，[2]にあてはまる人物名と語句を，それぞれ書け。

> 8世紀初めに即位した[1]皇帝の晩年に，楊貴妃の一族が実権を握ると，楊氏一族と対立していた安禄山らが[2]の乱をおこした。

[問5] 下線ⓒに関し，唐の太宗の事績について述べている文を，次のア〜エの中から1つ選び，その記号を書け。

ア 靖康の変をおこした。　　イ 金を滅ぼした。

ウ 文治主義をとった。　　エ 東突厥を服属させた。

[問6] 下線⑥に関し，宋の時代におこった出来事について述べている文を，次のア〜エの中から1つ選び，その記号を書け。

ア 長距離商業が活発化し，通貨は銀だけでなく，紙幣の交鈔も発行された。

イ 南北の交通・輸送の幹線として大運河が完成し，江南と華北を結びつけた。

ウ 長江下流域が造成され，「蘇湖(江浙)熟すれば天下足る」のことわざがうまれた。

エ 税の簡略化が進み，人頭税を土地税に組み入れる地丁銀制が採用された。

(☆☆☆◎◎◎)

解答・解説

中学社会・地理・歴史共通

【1】問1　ア　　問2　緩やかに傾斜した卓状地の軟らかい地層が侵食され，硬い地層が残ることで形成される。　　問3　褶曲山脈

〈解説〉問1　メルカトル図法は円筒図法で作られた正角図法で，両極を描くことはできない。2地点を結んだ直線は等角航路を表し，大圏航路は曲線になる。図の中心からの距離と方位が正しく表されるのは，正距方位図法。図中の面積と実際の面積の比が等しいのは，正積図法。問2　ケスタは，安定陸塊の卓状地が地殻変動の影響で褶曲した後に侵食が進んでできる地形である。その際に，地層の硬軟によって差別侵食が生じ，急崖と緩斜面が生じた。パリ盆地やアメリカの五大湖周辺などに典型的に見られる。　　問3　プレートの境界は，広がる境界，狭まる境界，ずれる境界があり，ヒマラヤ山脈はオーストラリア・インドプレートとユーラシアプレートがぶつかる狭まる境界である。狭まる境界では，一方が沈みこんで海溝ができる場合と，ぶつかり合って押し合う場合とがあり，ぶつかったところが盛り上がってできた褶曲山脈がヒマラヤ山脈である。

【2】問1　ワスプ(WASP)　問2　ウ　問3　フランス語
問4　A　フランス　　B　アメリカ合衆国　　C　日本
問5　NAFTA加盟国間の貿易，投資の障壁がほとんど撤廃されたことで人件費の安いメキシコなどに製造拠点が移ったから。

〈解説〉問1　WASP＝White Anglo-Saxon Protestant。白人でアングロ＝サクソン系でプロテスタント信者であること。アメリカ合衆国建国の主体となったイギリスからやってきた人びとの子孫であり，中・上層階級を形成している人びとをいう。　　問2　ヒスパニックは主にスペイン語を話すラテンアメリカからの移民を指す。最近ではハイチやブラ

ジルからの移民が多く，必ずしもスペイン語話者ではないこともある
ため，ラティーノと言い換えられている。民族のサラダボウルは，か
つての「人種のるつぼ」が，言い換えられた。　問3　カナダ東部の
ケベック州は，フランスからの移民が多く，フランス語が公用語。分
離独立運動もあるが，達成されていない。　問4　A　フランスは農業
国で，集約的かつ土地生産性の高い農業を行っている。　B　アメリ
カでは大規模な企業的穀物農業が行われており，農民1人あたりの穀
物収量が最も多い。肥料消費量が少なく，粗放的であることがわかる。
C　国土の狭い日本では集約的農業を行い，肥料をやって丁寧に育て
るが，必ずしも労働生産性は高くない。それぞれに特徴はあるが，識
別するのは難しい。　問5　自由貿易の協定を結ぶことによって，関
税をなくし，人件費や土地代ほか経費を最少にできる場所に生産施設
を移し，完成品を輸入することができるようになった。そのため，ア
メリカ国内にあった工場の多くはメキシコに移転し，国内の雇用が失
われた。日本における工場の中国や東南アジア移転と同じことである。
なお，NAFTA(北米自由貿易協定)は2020年にUSMCA(アメリカ・メキ
シコ・カナダ協定)に置き換えられ，効力を失った。

【3】問1　1　田荘　　2　国際連合　　問2　(1)　イ　　(2)　庚午年籍
　　問3　(1)　源頼朝　　(2)　将軍源実朝が暗殺され，源氏将軍が断絶し
　　たこと。　　問4　エ　　問5　(1)　松平定信　　(2)　ウ　　問6　イ
　　→ウ→ア
〈解説〉問1　1　史料Aは，大化の改新の始まりとなった乙巳の変(645年)
　　の翌年に出された改新の詔。第1条は公地公民制について書かれてお
　　り，田荘とは豪族の私有地のことである。　2　史料Eは1956年に調印
　　された日ソ共同宣言。日本全権は鳩山一郎首相。日本はこれにより，
　　ソヴィエト連邦の支持を得て，国際連合への加盟を果たした。
　　問2　(1)　改新の詔の第2条は，地方制度について，地方の行政区画を
　　定めて人民を地域的に編成する方針が示されている。畿内とは，都の
　　周辺地域のことであり，大和・山背(山城)・摂津・河内・和泉の5か国

が該当する。　　(2)　第3条には，戸籍・計帳(調・庸を徴収するための台帳)をつくり班田制を施行すると記されている。庚午年籍は，670年，天智天皇の下で作成された，最初の全国的戸籍である。

問3　(1)　史料Bは，承久の乱の際，後鳥羽上皇が義時追討の院宣を下した5日後に，北条政子が鎌倉に召集された御家人らに行ったよびかけである。「亡くなった自分の夫である源頼朝の恩は，御家人たちにとって山よりも高く，海よりも深い」として，御家人らの決起を促したとされる。　　(2)　初代将軍源頼朝の死後，2代将軍となった頼朝の長子，源頼家，3代将軍となった頼朝の次子，源実朝が次々と暗殺され，源氏将軍の系統が断絶すると，京都で院政を行っていた後鳥羽上皇は，幕府から朝廷への政権奪還を狙って承久の乱をおこした。

問4　史料Cは，ポルトガルのイエズス会宣教師ガスパル＝ヴィレラの書簡である。戦国時代，湊町として発展した堺や博多では自治で市政が運営された。豪商などの中から，堺では36人の会合衆，博多では12人の年行事が選出され，彼らの合議で自治が行われた。

問5　(1)　田沼政治の末期は賄賂政治への批判など民衆の不満と反発で行き詰まり，天明の打ちこわしで江戸が無政府状態に陥る中で田沼派が失脚した。11代将軍家斉の下で老中に就任した松平定信は，田沼時代の弊政を改め，無政府状態の江戸に秩序を回復するために寛政の改革を行ったが，その政治があまりに厳しすぎたため，世間の反発は強く，田沼時代を懐かしむ声もきかれた。　　(2)　ア　紫衣事件のあった3代将軍家光の時代。　イ　儒学を好んだ5代将軍綱吉の時代。エ　出版・風俗の取り締まりを行った寛政の改革の松平定信の時代。

問6　イ　サンフランシスコ平和条約調印は1951年。　ウ　日韓基本条約調印は1965年。　ア　日中平和友好条約調印は1978年。

中 学 社 会

【1】問1　1　配当　　2　メセナ　　3　持続可能な開発目標(SDGs)
問2　技術革新(イノベーション)　　問3　ア　　問4　イ→ウ→ア→エ
問5　特定の農産物や鉱産物などの一次産品の生産や輸出に依存する
経済のこと。

〈解説〉問1　1　会社が利益を上げれば, 株主は配当を得ることができる。
2　メセナは, 芸術家支援に熱心だった古代ローマの政治家マエケナ
スに由来する言葉。また, 社会貢献活動をフィランソロピーという。
3　17のゴール(目標)とより具体的な169のターゲットからなる。
問2　経済学者のシュンペーターは, 企業家による不断のイノベーシ
ョンを経済発展の原動力としたが, シュンペーターがいうイノベーシ
ョンは単に技術的なことにはとどまらず, 販売方法なども含む幅広い
革新のこと。　問3　CSRはCorporate Social Responsibilityの略。イは企
業の合併や買収(Mergers and Acquisitions)の略。ウはジュネーヴ軍縮委
員会(Conference of the Committee on Disarmament)の略。エは後発開発途
上国(Least Developed Countries)の略。　問4　イ　国際労働機関の設立
は1919年。国際連盟とともに設立された。　ウ　国連食糧農業機関の
設立は1945年10月。　ア　国連教育科学文化機関の設立は1945年11月。
エ　世界保健機関の設立は1948年。　問5　植民地支配の名残りで,
発展途上国はモノカルチャー経済の国が多い。特定の一次産品の国際
価格の動向や天候などに一国の経済が左右されてしまうので, モノカ
ルチャー経済では国の経済が安定しにくく, 発展途上国の貧困の原因
の一つとされている。

地 理 ・ 歴 史

【世界史】

【1】問1　イ　　問2　(1)　郷挙里選　　(2)　封建制と郡県制を併用する郡国制を行った。　　問3　ア　　問4　1　玄宗　　2　安史
問5　エ　　問6　ウ

〈解説〉問1　秦は法家思想を採用しており，それに対し儒者が批判的であったため，民間にある実用目的以外の書物を焼き捨て，儒者などの学者を土の中に埋めたとされる。　問2　(1)　地方長官が地方の有力者と協議して有能な人材を中央に推薦する制度。後漢になると豪族の発言権が増し，人物評価に儒教的教養が重視された。　(2)　高祖とは，項羽に打ち勝って漢を樹立した漢の初代皇帝劉邦の廟号である。秦の画一的な中央集権制度である郡県制が反感を招いたことから，都周辺のみを郡県制とし，遠隔地は封建制とした。　問3　陶潜は東晋の詩人。郷里の廬山で，自然を愛し，酒を楽しむ生活を送り，田園詩人といわれた。六朝第一の詩人とされた。　問4　1　玄宗は唐の第6代皇帝で，唐朝中興の主。治世の前半は開元の治と呼ばれ平和と繁栄が続いたが，足もとでは均田制の崩壊が進行していた。晩年楊貴妃を寵愛して政治が乱れ，唐朝衰退のきっかけをつくった。　2　安史の乱は，唐中期，安禄山と史思明によって指導された反乱である。玄宗は四川に逃亡し，楊貴妃は殺害され，乱は8年で終結したが，これによって盛唐の繁栄は終わり，分裂の様相が濃くなった。　問5　太宗(李世民)は唐の第2代皇帝。628年に全国を統一し，律令体制・官制・農民統治の諸制度を整備して唐の支配体制を確立し，対外的には，東突厥・吐谷渾・西域諸国を征服した。　問6　宋の時代には，干害に強い稲の品種の導入や，南宋での新田開発などによって，長江下流域の稲の生産が倍増した。「蘇湖熟すれば天下足る」の蘇は蘇州，湖は湖州の略であり，長江下流域が稲作の中心となったことを示すことわざである。

2021年度　実施問題

中学社会・地理・歴史共通

【1】次の図を見て，下の[問1]〜[問3]に答えよ。

図

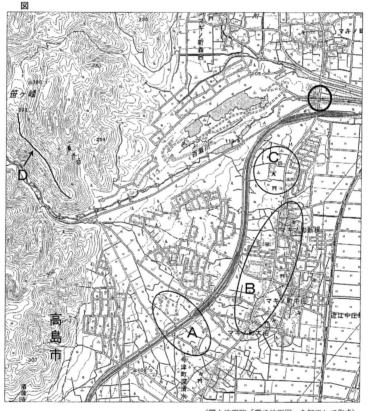

(国土地理院「電子地形図」を加工して作成)

[問1]　図は縮尺何分の1の地形図か，書け。

[問2]　図中の〇の部分に見られる河川の特徴を，簡潔に説明せよ。

[問3]　図の説明として正しく述べられている文を，次のア～エの中から
　　　すべて選び，その記号を書け。
　　ア　Aの辺りは水はけが悪いという理由から，畑や果樹園などに利
　　　　用されている。
　　イ　Bの辺りは集落が見られることから，扇状地の扇端であること
　　　　が分かる。
　　ウ　Cの辺りに神社と高等学校があることが分かる。
　　エ　Dの部分は尾根となっている。

(☆☆◎◎◎)

【2】次の文を読み，下の[問1]～[問5]に答えよ。
　　　[　　]に植民地として統治されたいくつかの国を含む⒜南アジアで
　　は，⒝1947年にインドとパキスタンが独立し，1948年にはセイロン(現
　　スリランカ)が独立した。インドは独立後も，⒞農業にたよる経済，ヒ
　　ンドゥー教に基づいたカースト制度とよばれる身分制度による差別な
　　どの社会問題が残った。
　　　しかし，20世紀末に，政府が自動車工業や⒟情報通信技術(ICT)産業
　　を盛んにする経済自由化政策を打ち出すと，インドの経済はめざまし
　　い成長を始めた。
　　　また，高度な教育を受けた人々は，アメリカ，ヨーロッパ州の国々，
　　日本などで，ICT企業だけではなく，金融，製薬などの企業に就職し，
　　貴重な人材として活躍している。
　[問1]　文中の[　　]にあてはまる国名を書け。
　[問2]　下線⒜に関し，次の表中の①～④はパキスタン，バングラデシ
　　　　ュ，スリランカ，ネパールについて，それぞれの人口密度，主要な
　　　　宗教とその人口割合を示している。表中の①～④にあてはまる国名
　　　　の組み合わせを，あとのア～カの中から1つ選び，その記号を書け。

表

	人口密度 人／k㎡	主要な宗教とその人口割合
①	319.3	仏教70.0%、ヒンドゥー教15.0%、 キリスト教8.0%、イスラム教7.0%
②	1127.4	イスラム教89.6%、ヒンドゥー教9.3%
③	201.3	ヒンドゥー教81.3%、仏教9.0%、 イスラム教4.4%
④	252.2	イスラム教96.4%、ヒンドゥー教1.9%、 キリスト教1.6%

（『データブック　オブ・ザ・ワールド2019』から作成）

	①	②	③	④
ア	スリランカ	— パキスタン	— ネパール	— バングラデシュ
イ	ネパール	— バングラデシュ	— パキスタン	— スリランカ
ウ	スリランカ	— バングラデシュ	— ネパール	— パキスタン
エ	パキスタン	— スリランカ	— バングラデシュ	— ネパール
オ	バングラデシュ	— ネパール	— スリランカ	— パキスクン
カ	ネパール	— スリランカ	— パキスタン	— バングラデシュ

[問3]　下線ⓑに関し，インドとパキスタン両国の北部境界に位置し，両国の独立当初からその帰属をめぐる紛争が続いている地域を何というか，書け。

[問4]　下線ⓒに関し，図中のX～Zで示した地域で栽培が盛んな農産物を，あとのア～エの中から1つずつ選び，その記号を書け。

図

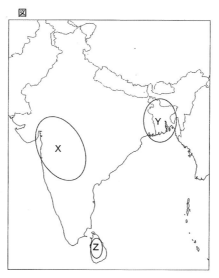

　ア　茶　　イ　小麦　　ウ　ジュート　　エ　綿花

[問5]　下線ⓓに関し，インドにアメリカのICT企業が進出し，ソフト
　　ウェア開発やコールセンターなどの仕事が大きく増えている理由
　　を，インドとアメリカ2国間の時差に着目して，簡潔に説明せよ。

(☆☆◎◎◎)

【3】次のA〜Eの史料を読み，あとの[問1]〜[問7]に答えよ。

　A　建武中元二年，倭の[　1　]，貢を奉じて朝賀す。使人自ら大夫と
　　称す。倭国の極南界なり。ⓐ光武，賜ふに印綬を以てす。安帝の永
　　初元年，倭の国王帥升等，生口百六十人を献じ，請見を願ふ。桓霊
　　の間，倭国大いに乱れ，更相攻伐して歴年主なし。

『「後漢書」東夷伝』

　B　コノ後三条位ノ御時，……延久ノ記録所トテハジメテヲカレタリ
　　ケルハ，諸国七道ノ所領ノ宣旨・官符モナクテ公田ヲカスムル事，
　　一天四海ノ巨害ナリトキコシメシツメテアリケルハ，スナハチ宇治
　　殿ノ時，ⓑ一ノ所ノ御領御領トノミ云テ，庄園諸国ニミチテ受領ノ

60

ツトメタヘガタシナド云ヲ，キコシメシモチタリケルニコソ。……

『愚管抄』

C　一　ⓒ文武弓馬ノ道，専ラ相嗜ムベキ事。……

　　一　ⓓ諸国ノ居城修補ヲ為スト雖モ，必ズ言上スベシ。況ンヤ新
儀ノ構営堅ク停止令ムル事。……

『御触書寛保集成』

D　当世の俗習にて，異国船の入津は[　2　]に限たる事にて，別の浦
へ船を寄る事は決して成らざる事と思へり，……当時[　2　]に厳重
に石火矢の備有りて，却て，安房相模の海港に其備なし，此事甚だ
不審，細かに思へば，江戸の日本橋より唐，阿蘭陀まで境なしの水
路なり，然るを此に備へずして，[　2　]にのみ備るは何事ぞや。

『海国兵談』

E　第3条　日本国は，北緯29度以南の南西諸島(琉球諸島……を含む。)，
孀婦岩の南の南方諸島(小笠原群島……を含む。)並びに沖の鳥島及び
南鳥島を合衆国を唯一の施政権者とする信託統治制度の下におくこ
ととする[　3　]に対する合衆国のいかなる提案にも同意する。

『条約集』

[問1]　文中の[　1　]～[　3　]にあてはまる語句を，それぞれ書け。

[問2]　下線ⓐに関し，光武帝が都を移した都市を，次のア～エの中か
ら1つ選び，その記号を書け。

　ア　長安　　イ　洛陽　　ウ　開封　　エ　臨安

[問3]　史料Bの作者を，次のア～エの中から1つ選び，その記号を書け。

　ア　慈円　　イ　源信　　ウ　法然　　エ　道元

[問4]　下線ⓑとは何か，書け。

[問5]　史料Cは大坂の役直後に制定された武家諸法度である。次の(1)，
(2)に答えよ。

(1)　下線ⓒから，この時期，幕府は，支配体制の中で大名に対しど
のような役割を求めたと考えられるか，書け。

(2)　下線ⓓに反し，広島城を無断で修築したとして改易された大名
を，次のア～エの中から1つ選び，その記号を書け。

　　ア　毛利輝元　　イ　小早川秀秋　　ウ　浅野長政

　　エ　福島正則

[問6]　史料Dに関し，日本に通商を求めてラクスマンを派遣したロシアの啓蒙専制君主は誰か，書け。

[問7]　史料Eの条文を含む条約が調印されたときの日本の内閣総理大臣は誰か，書け。

(☆☆☆◎◎◎)

中 学 社 会

【1】次の文を読み，あとの[問1]〜[問7]に答えよ。

　　日本国憲法第25条第1項では，「すべて国民は，ⓐ健康で文化的な最低限度の生活を営む権利を有する」と規定し，同条第2項において，国が「社会福祉，社会保障及び[　　]の向上及び増進に努めなければならない」と規定することで，第1項で保障した権利に対応する国の責務を定めている。

　　国民が「健康で文化的な最低限度の生活」をするためには，最低限の知識や技能を身につけることが不可欠であり，日本国憲法第26条では，教育を受ける権利を保障している。一方，ⓑ産業の発達や科学技術の発展，ⓒ情報化の進展などにともなって，日本国憲法に直接的には規定されていない権利が主張されるようになった。

　　国やⓓ地方公共団体の経済活動を通じて行われる政策を財政政策という。現代の資本主義経済において，政府が市場に果たす役割と機能は多く，資源配分機能，ⓔ所得再分配機能，景気調節機能の三つに分けることができる。政府はⓕ税金(租税)によって収入を得て，社会保障や公共事業などの形で支出を行う。

[問1]　文中の[　　]にあてはまる語句を書け。

[問2]　下線ⓐに関し，1919年のワイマール憲法でも保障された，国に対して人間らしい生活を求める権利を，次のア〜エの中から1つ選び，その記号を書け。

　　ア　社会権　　イ　平等権　　ウ　自由権　　エ　自然権

[問3]　下線ⓑに関し，地球環境問題の解決に向けて1992年にリオデジャネイロで行われ，気候変動枠組条約などが調印された国際会議を何というか，書け。

[問4]　下線ⓒに関し，国や地方，民間の情報管理者に対して，個人情報を慎重に管理するように義務づけている制度を何というか，書け。

[問5]　下線ⓓに関し，行政から独立した人や組織が，住民の苦情を受け付け，行政が適正に行われているかを監視，調査をする制度を何というか，書け。

[問6]　下線ⓔに関し，累進課税制度について簡潔に説明せよ。

[問7]　下線ⓕに関し，次の表は，主な税金の分類を表している。表中の①〜④にあてはまる適切なものを，下のア〜エの中から1つずつ選び，その記号を書け。

　　表

		間接税	直接税
国税		①	②
地方税	道府県税	③	道府県民税 事業税　など
	市町村税	入湯税　など	④

　ア　ゴルフ場利用税　　イ　固定資産税　　ウ　酒税
　エ　所得税

（☆☆◎◎◎）

地 理 ・ 歴 史

【世界史】

【１】次の文を読み，下の[問1]〜[問6]に答えよ。

　　イベリア半島は，紀元前3世紀半ばから紀元前2世紀半ばにわたる
⒜カルタゴとの[　　]戦争に勝利した⒝ローマの支配下に入っていっ
た。その後，ゲルマン人の大移動などによりローマの勢力が衰えたこ
の地には，西ゴート人の王国が建てられた。

　　やがて，イベリア半島はジブラルタル海峡を渡って侵入したイスラ
ーム軍に征服され，イスラーム王朝の支配が続いたが，キリスト教勢
力による⒞レコンキスタが進展した。15世紀にはキリスト教国のポル
トガル，カスティリャ，アラゴンの3王国が勢力を固め，海外へと関
心を向けはじめた。ポルトガルは⒟インド航路開発をすすめ，また，
カスティリャ，アラゴンが合併して成立した⒠スペインは，コロンブ
スによる大西洋横断航海などを支援して，積極的に海外進出をはかっ
た。

[問1]　文中の[　　]にあてはまる語句を書け。

[問2]　下線⒜に関し，カルタゴを建てたセム語系民族を，次のア〜エ
　　の中から1つ選び，その記号を書け。

　　ア　ケルト人　　　イ　フェニキア人　　　ウ　アラム人
　　エ　ギリシア人

[問3]　下線⒝に関し，属州となったイベリア半島の出身で，ローマ帝
　　国の領土が最大となった時の皇帝を，次のア〜エの中から1つ選び，
　　その記号を書け。

　　ア　トラヤヌス帝
　　イ　マルクス＝アウレリウス＝アントニヌス帝
　　ウ　ディオクレティアヌス帝
　　エ　テオドシウス帝

[問4]　下線⒞に関し，イベリア半島におけるイスラーム勢力最後の王
　　朝名を書け。

[問5]　下線ⓓに関し，1498年，喜望峰をまわり，インドのカリカット
　　に到達したポルトガルの航海者を，次のア～エの中から1つ選び，
　　その記号を書け。
　　ア　バルトロメウ＝ディアス　　イ　マゼラン
　　ウ　ヴァスコ＝ダ＝ガマ　　　　エ　カブラル
[問6]　下線ⓔに関し，次の(1)，(2)に答えよ。
　(1)　カルロス1世からスペイン王位を継承し，スペイン絶対王政の
　　　最盛期を現出した国王は誰か，書け。
　(2)　スペインによりアメリカ大陸から大量の銀が流入し，ヨーロッ
　　　パでは価格革命がおこった。価格革命がヨーロッパの封建社会に
　　　与えた影響について，簡潔に書け。

（☆☆☆◎◎◎）

解答・解説

中学社会・地理・歴史共通

【1】問1　2万5千分の1　　問2　河床面が周辺の平野面より高い天井川
となっている。　　問3　イ，エ
〈解説〉問1　国土地理院発行の地形図の場合，計曲線が50mおきに引か
れているものは縮尺2万5千分の1，100mごとに引かれているものは，
縮尺5万分1となる。設問の図は，笹ヶ峰の東方向の等高線に250と書
かれていることから，縮尺2万5千分の1の地形図と判断できる。
問2　天井川は，堤防の中に大量の土砂が堆積することで形成される。
天井川は，花崗岩などのもろい地質で風化が進んだ河床にできやすく，
滋賀県では図の琵琶湖に注ぐ百瀬川(○で囲まれた部分)のほか，旧草
津川も典型的な天井川として知られている。　　問3　アの文は，「水は

けが悪い」ではなく，「水はけがよい」が正しい。図のAの周りは水は
けがよいため，畑✓や果樹園○に利用されている。ウの文は，「高等
学校」ではなく「小・中学校」が正しい。図のCには，神社⛩と小・
中学校✕がある。なお，高等学校は，⊗の地図記号で表示される。

【2】問1　イギリス　　問2　ウ　　問3　カシミール　　問4　X　エ
　　Y　ウ　　Z　ア　　問5　約半日の時差を利用することで，アメリカ
　　で夜の時間帯でも昼間のインドにインターネットで仕事を発注したり
　　することにより，24時間継続的に作業を進めることができるため。
〈解説〉問1　イギリスは，かつてアジアやアフリカに広大な植民地を有
　　していた。インドに東インド会社を置いて支配し，パキスタン，スリ
　　ランカ，ミャンマー，マレーシアなども領有した。しかし，それらは
　　第2次世界大戦後，次々に独立していった。　問2　①は，仏教徒の割
　　合が最も多いことから，スリランカが該当する。仏教はインドを発祥
　　の地とするが，南ではスリランカで普及した。②は，人口密度が4カ
　　国の中で突出して多く，イスラム教徒の割合も多い。よって，バング
　　ラデシュが該当する。バングラデシュの国土は，日本の約4割ほどし
　　かないが，人口は1.6億人と多い。③は，ヒンドゥー教徒が最も多いこ
　　とから，ネパールが該当する。ただし，この国では，仏教の開祖ブッ
　　ダがネパールのタライ平原で出生したこともあり，仏教徒も1割近く
　　存在する。④は残るパキスタンとなる。パキスタンは，イスラム教を
　　国教とするイスラム教国である。　問3　1947年，インドからパキス
　　タンが分離独立する。このとき，両国から相手国への集団移住が起き，
　　イスラム教徒とヒンドゥー教徒らの間で宗教暴動が発生した。カシミ
　　ール地方では，領土問題から戦争に突入し，長年の対立の発端となっ
　　たが，この対立は現在も続いている。　問4　X　デカン高原はレグー
　　ル土が広がり，高温で乾燥しているため，綿花の栽培に適している。
　　Y　降水量の多いバングラデシュでは，植民地時代からジュート栽培
　　が盛んに行われた。現在，その生産量はインドに次いで世界第2位だ
　　が，輸出量は世界第1位となっている。ジュートは亜熱帯の地域で栽

培され，100日程度で収穫することができる。　Ｚ　スリランカは小国だが，標高の差が大きく，インドのアッサム地方と同様，茶の栽培に適している。スリランカ産の紅茶は，セイロンティーという名前で知られ，国内には5大産地と呼ばれる産地がある。　問5　地球上では，経度差15度ごとに1時間の時差が生じる。インドのムンバイが東経75度，アメリカのロサンジェルスが西経120度とすると，その経度差は195度(東経75度＋西経120度)であるため，時差は13時間(195度÷15度)となる。したがって，この約半日の時差を利用し，インターネットで仕事の発注などを行えば，24時間フルに作業することが可能となる。また，インドにアメリカのICT関連企業が進出している理由としては，英語が共通言語であること，優秀で安価な理数系人材が多いことなども指摘できる。

【3】問1　1　奴国　　2　長崎　　3　国際連合　　問2　イ
問3　ア　　問4　摂関家　　問5　(1)　武芸を鍛錬し軍事面から幕府の支配体制を支えることを求めた。　　(2)　エ　　問6　エカチェリーナ2世　　問7　吉田茂

〈解説〉問1　1　史料Aの『「後漢書」東夷伝』は，57年，倭の奴国の王が後漢の都の洛陽に使者を送り，光武帝から印綬を賜ったことを伝えている。この印綬(金印)は，1784年に志賀島(福岡県)で発見された。なお，奴国は倭国の中では大陸に近い九州北部，現在の福岡県にあったとされる。また，奴国の王は，後漢に朝貢することによって大陸の先進的な文物を手に入れ，皇帝の支持により倭国内での地位を権威づけようとしたと考えられている。　2　史料Dの『海国兵談』の著者は，江戸中後期の経世思想家，林子平である。林は海防の必要性を説き，長崎だけを防備すればよいとする幕府の姿勢を批判した。そのため松平定信によって弾圧され，禁固刑に処された。　3　史料Eの『条約集』第3条により，沖縄と小笠原諸島は，国際連合の信託統治制度に基づき，アメリカ合衆国の施政権下に置かれることとなった。　問2　25年に後漢を再興した光武帝(劉秀)は，その後都を河南省の洛陽に置き，

36年に天下を統一した。　問3　慈円は，関白九条(藤原)兼実の弟であり，天台宗の最高位天台座主となった学僧である。承久の乱の直前，1220年に『愚管抄』を著し，後鳥羽上皇の討幕計画をいさめたとされる。　問4　一ノ所とは，摂政・関白に任ぜられる摂関家のことで，長らく藤原北家が独占した。慈円は道理による時代解釈を行い，貴族の衰退を必然とし，公武協調の道を期待した。　問5　(1)　1615年，大坂の役で豊臣氏を滅ぼした徳川幕府は，諸大名の統制を図るため武家諸法度(元和令)を発布した。規律違反に対しては改易や減封など厳しく応じ，石高に応じて軍役や普請役を課した。　(2)　福島正則は幼いときから豊臣秀吉に仕え，賤ヶ岳の戦いで名をあげる。その後，関ヶ原の戦いでは徳川方の東軍に属し，安芸・備後国49万石を領有する。しかし，1619年，広島城無断修築によって領地を没収され，蟄居先の信濃において不遇の死を遂げた。　問6　エカチェリーナ2世は，1762年，夫のピョートル3世からクーデターで帝位を奪い，女帝となった。啓蒙専制君主として法治主義・学芸保護などを目指したが，フランス革命などを機に反動化する。ラクスマンは彼女の命により，大黒屋光太夫ら漂流民を伴って根室に来航したが，通商を拒否された。
問7　吉田茂は，1946年5月から翌1947年5月まで第1次内閣を担い，その後1948年から1954年にかけ第5次内閣まで組閣した。この間，1951年にはサンフランシスコ講和条約，日米安全保障条約に調印し，戦後日本の路線を方向付けた。

中 学 社 会

【1】問1　公衆衛生　　問2　ア　　問3　国連環境開発会議(地球サミット)　　問4　個人情報保護制度　　問5　オンブズマン制度(オンブズパーソン制度，行政監察官制度)　　問6　所得が多くなるにつれて，高い税率が適用される制度　　問7　①　ウ　　②　エ　　③　ア　　④　イ

〈解説〉問1　日本国憲法は，第25条第1項で生存権を規定し，第2項で国の社会的使命を規定している。この第2項に基づき，公衆衛生を具現化するための機関として保健所が位置付けられた。　問2　社会権は社会の中で人間らしく生きていく権利であり，日本国憲法第25条で定められた生存権は，この中でも中核的な権利といえる。このほか，日本国憲法では，教育を受ける権利(第26条)，勤労権(第27条)，労働三権(第28条)が，社会権に分類される権利として規定されている。

問3　国連環境開発会議(地球サミット)は，持続可能な開発に向け，地球規模のパートナーシップを構築することを目指して開催された。この会議では，温室効果ガス濃度の安定化を目的とした気候変動枠組条約のほか，アジェンダ21などが採択されている。　問4　この制度を司る個人情報保護法は，個人情報を取り扱う事業者などが遵守すべき義務等について規定している。2003年に成立したこの法律は2015年に改正され，これにより，個人情報をデータベース化して事業に利用している者すべてが法律の適用対象となった。　問5　オンブズマンには，スウェーデン語で「代理人」という意味がある。この制度は，19世紀初めにスウェーデンにおいて初めて設置され，高い識見と権威を備えた第三者(オンブズマン)が，国民の行政に対する苦情を受け付ける。そして，中立的な立場からその原因を究明し，是正措置を勧告することにより，簡易迅速に問題を解決する。このオンブズマン制度は，第2次世界大戦後，世界各国に導入され，行政苦情救済の仕組みとして，広く普及している。　問6　所得の再分配とは，国民の所得格差を是正するため，国が高所得者から低所得者に所得を移転することをいう。この考え方に基づき，累進課税制度では，所得が多くなるほど高い税率を適用して課税する。なお，この制度には，富(財産)の固定化を防ぐという役割がある。　問7　税金は，国が徴収する国税と地方が徴収する地方税があり，それらは各々，納め方によって直接税と間接税に分類される。直接税は税金を負担する人と税金を納める人が同じ税金，間接税は負担する人と納める人が異なる税金である。

地 理 ・ 歴 史

【世界史】

【１】問1　ポエニ　　　問2　イ　　　問3　ア　　　問4　ナスル朝
　　問5　ウ　　　問6　(1)　フェリペ2世　　　(2)　農村にまで貨幣経済が浸透し，農民の一部は領主から自立するようになるとともに，貨幣価値の下落により，固定地代の収入で生活していた領主層が打撃を受け，封建社会の崩壊が促進された。

〈解説〉問1　ポエニ戦争では，イタリア半島を統一したローマと，西地中海の覇権をもつカルタゴが3回にわたって戦った。ローマはこの戦いに勝利し，西地中海の覇権を握る。なお，ポエニは，ローマ人によるカルタゴに対する呼び方に由来する。　問2　フェニキア人は，前13世紀頃から海上交易で活躍し，ミケーネの衰退を機に躍進して，地中海沿岸各地にカルタゴなどの都市国家を建設した。シナイ文字をもとに22の文字からなるフェニキア文字をつくったことでも知られる。フェニキア文字は，その後ギリシア文字に発展し，アルファベットの原型になったとされる。　問3　トラヤヌス帝は，ローマ帝国・五賢帝時代(96〜180年)の2人目の皇帝である。属州(スペイン)出身の皇帝であったが，106年にダキア(現在のルーマニア)，117年にメソポタミアを征服し，ローマ帝国の最大版図を現出した。　問4　レコンキスタとは，11世紀頃から開始されたキリスト教徒による国土回復運動のこと。ナスル朝は，1230頃に成立したあとグラナダに遷都し，イスラーム文化の至宝といわれるアルハンブラ宮殿を造営した。しかし，次第にレコンキスタによるキリスト教勢力の力が強まり，1492年，スペインを共同で統治したイサベルとフェルナンド(カトリック両王)によって滅ぼされ，イベリア半島最後のイスラーム王朝となった。

問5　ヴァスコ＝ダ＝ガマは，1498年にインド航路を開拓し，大量の香辛料を持ち帰ってポルトガルに莫大な利益をもたらす。その後，インド総督となるが，1524年に現地で没したとされる。なお，選択肢にあるその他の人物も，すべてポルトガル人の航海者である。バルトロ

メウ＝ディアスは，1488年にアフリカ南端の喜望峰に達した人物。マ
ゼランは，1520年に南米大陸南端のマゼラン海峡を発見した人物。カ
ブラルは，1500年，インドへの航海中，ブラジルに漂着した人物であ
る。　問6　(1)　フェリペ2世は，スペインの国王(在位1556～1598年)
として，太陽の沈まぬ国と呼ばれる最盛期を現出する。1571年，レパ
ントの海戦でオスマン帝国を破り，その後スペイン海軍は無敵艦隊と
称された。さらに，フェリペ2世は1580年にポルトガルを併合し，同
国の国王も兼任する。しかし，治世後半の1588年には，無敵艦隊がイ
ギリス海軍に敗れ，衰退へと向かった。　(2)　ヨーロッパでは，16世
紀の半ば以降，アメリカ大陸を支配したスペインが銀を大量に流入さ
せた。これによって貨幣の価値が著しく低下し，激しい物価騰貴が引
き起こされる。この結果，固定地代を主な収入源としていた領主層た
ちの没落に拍車がかかり，封建体制の崩壊へとつながった。

2020年度 ┃ 実施問題

中 学 社 会

【１】次のⅠ～Ⅳは，中学校学習指導要領(平成29年告示)「社会」の一部である。これを読んで，あとの[問1]～[問4]に答えよ。

Ⅰ

第1　目標

(1)　我が国の国土と歴史，現代の政治，経済，国際関係等に関して理解するとともに，調査や諸資料から様々な情報を効果的に調べ[　①　]技能を身に付けるようにする。

(2)　社会的事象の意味や意義，特色や相互の関連を多面的・多角的に考察したり，社会に見られる課題の解決に向けて選択・判断したりする力，思考・判断したことを説明したり，それらを基に[　②　]したりする力を養う。

(3)　社会的事象について，よりよい社会の実現を視野に課題を[　③　]に解決しようとする態度を養うとともに，多面的・多角的な考察や深い理解を通して涵養される我が国の国土や歴史に対する愛情，国民主権を担う公民として，自国を愛し，その平和と繁栄を図ることや，他国や他国の文化を尊重することの大切さについての自覚などを深める。

Ⅱ

〔地理的分野〕

2　内容

A　世界と日本の地域構成

(1)　地域構成

イ　次のような[　あ　]等を身に付けること。

(ア) 世界の地域構成の特色を，大陸と海洋の分布や
　　主な国の位置，緯度や経度などに着目して多面的・
　　多角的に考察し，表現すること。

Ⅲ

〔歴史的分野〕
　2　内容
　C　近現代の日本と世界
　　(2)　現代の日本と世界
　　　ア　次のような知識を身に付けること。
　　　　(ア)　日本の民主化と冷戦下の国際社会
　　　　　　　冷戦，ⓐ我が国の民主化と再建の過程，国際社会
　　　　への復帰などを基に，第二次世界大戦後の諸改革の
　　　　特色や世界の動きの中で新しい日本の建設が進めら
　　　　れたことを理解すること。

Ⅳ

〔公民的分野〕
　2　内容
　D　私たちと国際社会の諸課題
　　(2)　よりよい社会を目指して
　　　　持続可能な社会を形成することに向けて，社会的な見
　　　方・考え方を働かせ，ⓑ課題を探究する活動を通して，
　　　次の事項を身に付けることができるよう指導する。

[問1]　文中の[　①　]〜[　③　]にあてはまる語句をそれぞれ書け。
[問2]　文中の　あ　にあてはまる語句の組み合わせとして正しいも
　　のを，次のア〜エから1つ選び，その記号を書け。
　　ア　考察力，判断力，創造力

73

　　イ　思考力，判断力，表現力

　　ウ　思考力，分析力，創造力

　　エ　考察力，分析力，表現力

[問3]　下線部ⓐに関し，中学校学習指導要領(平成29年告示)「社会」では内容の取扱いについて，次のように示されている。文中の（　Ａ　），（　Ｂ　）にあてはまる語句を書け。

---

　(4)　内容のCについては，次のとおり取り扱うものとする。
　　イ　(2)のアの(ア)の「我が国の民主化と再建の過程」については，国民が苦難を乗り越えて新しい日本の建設に努力したことに気付かせるようにすること。その際，（　Ａ　）の確立，（　Ｂ　）の制定などを取り扱うこと。

[問4]　下線部ⓑに関し，中学校学習指導要領解説　社会編(平成29年7月　文部科学省)では，一般に，課題の設定，資料の収集と読取り，考察，構想とまとめ，といった手順が考えられると示されている。
　　まとめに関してはどのような方法が考えられると示されているか，書け。

　　　　　　　　　　　　　　　　　　　　　　　　　（☆☆◎◎◎）

【2】次のⅠ～Ⅲの文を読んで，あとの[問1]～[問8]に答えよ。

　　Ⅰ

　　日本は国土の約3分の2が森林である。本州南部から九州にかけてはⓐ常緑広葉樹がみられ，本州中部から北海道西部にかけてはブナなどの[　①　]がみられる。

　　かつては木材の大部分を自給していたが，高度経済成長期に木材需要が急増すると，海外からの安いⓑ木材の輸入が増加した。一方，国内の林業は，ⓒ生産コストが高いうえに，若い担い手が不足したため，生産が大幅に減少した。

Ⅱ

> 　日本は1960年代に高度経済成長をなしとげ，先進工業国として世界に知られるようになった。ⓓ京浜・中京・阪神・北九州の工業地帯を結ぶ帯状の地域に製鉄所や石油化学コンビナートが立ち並んだ。1970年代以降は，ⓔ機械工業が基幹産業となって，経済成長を牽引した。1980年代後半以降は，貿易摩擦や円高などの影響を回避するために，日本企業による欧米諸国やASEAN諸国などへの海外進出が進み，国内産業の空洞化が起こった。そのような中，ⓕベンチャービジネスが現れ，経済の活性化に重要な役割を果たしている。また，アニメーションやゲームソフトなどを制作する[　②　]産業が国際的にも競争力のある産業として注目されている。

Ⅲ

> 　日本の領域には，ロシアとの間に未解決の北方領土問題がある。日本は，固有の領土である択捉島・[　③　]・色丹島・歯舞群島の返還を要求しているが，ソ連の権益を引きついだロシアによって占拠されている。また，日本固有の領土であるⓖ竹島についても，領有権をめぐり[　④　]との間で主張が対立している。

[問1]　文中の[　①　]〜[　④　]にあてはまる語句をそれぞれ書け。

[問2]　下線部ⓓに関し，紀州備長炭の原料であり，和歌山県の「県の木」になっている植物の名称を書け。

[問3]　下線部ⓑに関し，次の表は，日本の木材輸入先(2017年)を表したものである。表中の　A　にあてはまる国名を書け。

表

品目名	輸入先：上位4か国　　（%）
木材	A (26.5)，アメリカ(17.5)，ロシア(12.3)，フィンランド(8.5)

（「日本国勢図会2018/19年版」から作成）

[問4]　下線部ⓒについて，その理由を書け。

[問5]　下線部ⓓに関し，次の(1)，(2)に答えよ。

(1)　この地域を何というか，書け。

(2)　この地域に多くの工場が立地した理由を書け。

[問6]　下線部ⓔに関し，次の表は，「生産用機械器具」，「電気機械器具」，「輸送用機械器具」，「情報通信機械器具」，「電子部品・デバイス・電子回路」の製造品出荷額の割合(上位5都道府県：2015年)を表している。「電気機械器具」と「情報通信機械器具」にあたるものを，表中のア～オからそれぞれ選び，その記号を書け。

表

製品名	製造品出荷額：上位5都道府県（%）
ア	愛知県(11.1)，大阪府(8.5)，茨城県(6.6)，神奈川県(6.0)，兵庫県(5.7)
イ	三重県(13.1)，広島県(5.4)，長野県(5.2)，宮城県(3.1)，熊本県(2.9)
ウ	愛知県(12.6)，静岡県(11.2)，兵庫県(9.5)，大阪府(6.0)，東京都(4.7)
エ	長野県(12.2)，愛知県(11.0)，神奈川県(10.0)，兵庫県(9.0)，福島県(8.0)
オ	愛知県(39.4)，静岡県(6.4)，神奈川県(6.3)，群馬県(5.4)，広島県(5.3)

（「日本国勢図会2018/19年版」から作成）

[問7]　下線部ⓕについて，簡潔に説明せよ。

[問8]　下線部ⓖに関し，次の(1)，(2)に答えよ。

(1)　この島が帰属する都道府県名を書け。

(2)　この島の位置を，次の地図中のA～Dから1つ選び，その記号を書け。

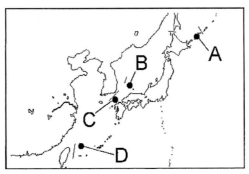

（☆☆☆◎◎◎）

【3】次のⅠ・Ⅱの文を読んで，下の[問1]～[問6]に答えよ。

Ⅰ

> オーストラリア大陸は，形成された年代がきわめて古く，大陸の西部は安定陸塊となっている。大陸東部の山脈はなだらかで，[①]造山帯に属しており，同国最大の[②]山脈を除けば，平坦な土地が広がっている。また，大陸北東部の沿岸には，ⓐ世界最大のサンゴ礁であるグレートバリアリーフが広がっている。
>
> ⓑオーストラリアは，18世紀終わりごろイギリスの植民地となり，スペインのメセタを原産とする　Ｘ　が導入され，現在，牧羊業が盛んとなっている。大鑽井盆地は，不透水層の下にある被圧地下水をくみ上げる[③]井戸が掘られ，牧羊地域となっている。

Ⅱ

> アメリカは，世界第3位の人口を持つ国であるが，国土が広いため国全体の人口密度は低い。地域的にみると，ⓒ大西洋岸のボストンからワシントンD.C.にかけての地域は人口集中地域となっている。
>
> アメリカ北東部や五大湖周辺部は，ⓓ豊富な鉱産資源によって，20世紀前半には国内最大の工業地域が形成された。

[問1] 文中の[①]～[③]にあてはまる語句をそれぞれ書け。

[問2] 下線部ⓐに関し，サンゴ礁の島々は，農業を行うために灌漑設備を整備しているところもある。その理由を「土壌」という語句を使って簡潔に説明せよ。

[問3] 下線部ⓑに関し，次の(1)～(6)に答えよ。

(1) オーストラリアの面積(約769万km²)は，日本の面積の約何倍か，書け。

(2) 1901年，ヨーロッパ系住民の生活水準維持のために移民制限法

が制定され，白人以外の人々の移民が厳しく制限された。1970年代まで続いたこの政策を何というか，書け。

(3) オーストラリアでは，アボリジニと呼ばれる先住民が聖地の一つとしているエアーズロックをアボリジニによる呼び名に戻した。その世界自然遺産にも登録されている名称を書け。

(4) 1980年に日本とオーストラリアの間で結ばれた，滞在費を補うための一定の就労条件つき査証，およびその休暇旅行制度を何というか，書け。

(5) 1989年，オーストラリアの提唱で始まり，2018年現在，19か国2地域が参加している経済協力組織を何というか。アルファベット4文字で書け。

(6) 次の表は，オーストラリア・ロシア・インドネシアから日本へ輸入される主な品目(輸入額の上位3品目：2017年)を表したものである。表中　Ｙ　にあてはまる品目名を書け。

表

国　　名	主要輸入品（%）		
オーストラリア	石炭（36.7），	Ｙ（27.9），	鉄鉱石（12.8）
ロシア	原油（26.8），	Ｙ（20.1），	石炭（15.0）
インドネシア	石炭（14.8），	Ｙ（14.2），	機械類（10.8）

（「日本国勢図会2018/19年度版」から作成）

[問4] 文中の　Ｘ　にあてはまる語句を，次のア～エから1つ選び，その記号を書け。

ア　メリノ種　　イ　コリデール種　　ウ　ロムニー種

エ　ベレンディル種

[問5] 下線部ⓒに関し，フランスの地理学者ゴットマンがこの地域を示すのに用いた語句を書け。

[問6] 下線部ⓓに関し，メサビ鉄山の位置を，次の地図中のA～Dから1つ選び，その記号を書け。

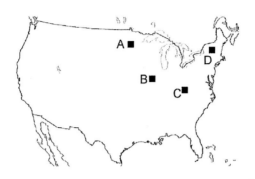

(☆☆☆◎◎◎)

【4】次のⅠ～Ⅴの文を読んで，あとの[問1]～[問13]に答えよ。

Ⅰ

弥生時代は，強力な集落が周辺のいくつかの集落を統合し，「クニ」と呼ばれる政治的なまとまりに分立していった。これらの小国は，@中国へ使者を送ったことが，歴史書にも記載されている。

弥生時代の後期には，大きな墳丘をもつ墓が各地で造営されたが，最も規模が大きいものは，奈良県にみられ，この時期，ⓑ大和地方を中心とする近畿中央部の政治連合が形成されていった。

Ⅱ

710年，[①]天皇は藤原京から奈良盆地北部の平城京へと遷都した。奈良時代は，政治情勢や飢饉・疫病などの社会的不安のもと，仏教を厚く信仰した聖武天皇のとき，国分寺建立の詔，ついで大仏造立の詔が出され，ⓒ政治に対する仏教の影響力が強くなった。

ⓓ当時の農民は，租・庸・調のほか，兵役や雑徭のため，生活に余裕はなかった。政府は，人口増加による口分田の不足をお

ぎない税の増収をはかるために，開墾した田地の私有を永年に
わたって補償したため，⒠私有地が広がった。

Ⅲ

　戦国時代の紀伊国では，寺院が力をもっており，現在の和歌
山市周辺は雑賀衆と呼ばれた武士集団が優勢な地域であり，守
護の畠山氏は力が弱く，紀伊国を一つにまとめることはできな
かった。16世紀後半に，大坂の本願寺と[　②　]の間で石山合戦
が始まると雑賀衆は，本願寺を助け戦った。
　また，⒡紀伊一国をほぼ平定した豊臣秀吉に抵抗したのは，太
田城に立てこもった人々であった。太田城は，一か月あまり抵
抗したのちに降参した。

Ⅳ

　江戸時代後半，新しい学問の発達が見られた。[　③　]が「古
事記伝」を完成させたことにより，⒢日本人固有の考え方などを
明らかにする学問が大成された。また，教育への関心が高ま
り，⒣子供たちは読み・書き・そろばんなどを学んだ。

Ⅴ

　1912年に，陸軍や藩閥に支持された桂太郎内閣が成立すると，
憲法の精神にもとづく政治を守り，民衆の考えを反映していこ
うという運動が起こり，翌年，⒤桂内閣は辞職に追い込まれた。
　⒥第一次世界大戦中，日本では，輸出額が輸入額を上まわり，
貿易額が黒字となった。一方で，⒦好景気は物価の上昇を招き，
それに賃金の上昇が追いつかず，庶民の暮らしは苦しくなり，
⒧米の値段の急騰と相まって，1918年，米騒動が起こり全国の
都市に広がった。米騒動で示された民衆の力の大きさを背景に，
同年9月，立憲政友会の[　④　]が内閣を組織した。

[問1] 文中の[①]～[④]にあてはまる人物名をそれぞれ書け。

[問2] 下線部ⓐに関し、次の史料は倭の五王武が南北朝に分かれて対立していた南朝へ使者を送った上表文の一部である。倭王武が使者を南朝へ送った目的を簡潔に書け。

史料

> 順帝の昇明二年、使を遺
> はして表を上りて曰く、
> 「封国は偏遠にして、藩を外
> に作す。昔より祖禰躬ら甲冑
> を攬き、山川を跋渉し、寧処
> に遑あらず。東は毛人を征す
> ること五十五国、西は衆夷を
> 服すること六十六国、渡りて
> 海北を平ぐること九十五国。
> ……」と。詔して武を
> 使持節都督倭・新羅・任那・
> 加羅・秦韓・慕韓六国諸軍事、
> 安東大将軍、倭王に除す。
> 　　　　『宋書』倭国伝

[問3] 下線部ⓑに関し、この政治連合を何というか、書け。

[問4] 下線部ⓒに関し、称徳天皇(孝謙太上天皇)の支持を受けて、法王となり権力を握り、仏教政治をおこなった人物名を書け。

[問5] 下線部ⓓに関し、山上憶良が、当時の農民の暮らしについて詠んだ『……竈には　火気ふき立てず　甑には　蜘蛛の巣懸きて　飯炊く　事も忘れて……』を含む歌の題名を書け。

[問6] 下線部ⓔに関し、次の図は、荘園の様子を表した絵図である。この絵図を教材として授業で取り上げる際に、生徒にどのような点に注目させるか、簡潔に説明せよ。

図

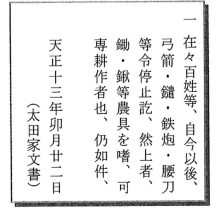

[問7]　下線部⑥に関し，次の史料は，太田城の落城後に豊臣秀吉が出した命令である。この命令は，のちに何と呼ばれるものであるか，書け。

史料

> 一　在々百姓等、自今以後、
> 　弓箭・鑓・鉄炮・腰刀
> 　等令停止訖、然上者、
> 　鋤・鍬等農具を嗜、可
> 　専耕作者也、仍如件、
> 　天正十三年卯月廿二日
> 　　　　　　　（太田家文書）

[問8] 下線部⑧に関し，この学問を何というか，書け。

[問9] 下線部ⓗに関し，町や農村で，実用的な知識を子供に教えた施設を何というか，書け。

[問10] 下線部①に関し，このことを何というか，書け。

[問11] 下線部ⓙに関し，第一次世界大戦では日本が連合国側で参戦した。その理由を簡潔に書け。

[問12] 下線部ⓚに関し，次の図は，好景気で短期間で利益を上げた人の様子を風刺した絵である。このような人は，何と呼ばれたか，書け。

図

[問13] 下線部①に関し，この時期に米の値段が急騰した理由を簡潔に書け。

(☆☆☆◎◎◎)

【5】次のⅠ・Ⅱの文を読んで，あとの[問1]～[問9]に答えよ。

Ⅰ

> 清国では，ⓐ日清戦争後に外国勢力の干渉がいっそう強くなった。ロシア・ドイツ・フランス・イギリス・日本はそれぞれの勢力図を形成し，ⓑアメリカも中国分割競争へ割り込もうとし

た。清国は，改革を進めようとしたが，失敗に終わった。こうした中，民衆の不満や怒りは高まり，すでに布教が公認されていたキリスト教を排斥しようとする運動が発生した。

山東省では，義和団という武装集団が「[　①　]」をとなえ，教会や商社を襲撃し，鉄道などを破壊した。清国は義和団と同調し，列強に宣戦するが，列強は8か国連合で北京を占領，1901年に条約を結び，北京駐兵権と莫大な賠償金を獲得した。

Ⅱ

1945年10月に，51か国が加盟した⊙国際連合が成立し，国際協力の気運が高まった。一方，政治や経済の利害をめぐって⊙アメリカとソ連の対立がはげしくなった。

アメリカは，ソ連の勢力を抑えるため，1949年に北大西洋条約機構という軍事同盟を結び，ドイツ連邦共和国を成立させた。これに対して，ソ連は[　②　]をつくり，ドイツ民主共和国を成立させた。⊙このような対立はアジアにもおよんだ。

1962年の⊙キューバ危機の後，1963年に米英ソ3国で地下以外の核実験を禁じる部分的核実験停止条約を結ぶなど，緊張緩和が進んだ。また，⊙1968年には，核保有国が増えないようにする条約も結ばれた。

一方，民族，宗教，文化の違いや国家間の対立などから⊙地域紛争が起きている。地域紛争を解決するうえで，国際連合の平和維持活動の役割が大きく，民間の非政府組織も活躍している。

[問1]　文中の[　①　]，[　②　]にあてはまる語句をそれぞれ書け。
[問2]　下線部ⓐに関し，次の図は，日本が清国から得た賠償金をもとにして建設された製鉄所である。この製鉄所を何というか，書け。

図

[問3]　下線部ⓑに関し，19世紀末，アメリカ国務長官ジョン＝ヘイが中国進出に向けて列強に提唱した宣言を何というか，書け。

[問4]　下線部ⓒに関し，次の文中の￣￣￣に共通してあてはまる語句を書け。

> 国際連合には，世界の平和と安全を維持する機関として￣￣￣が設けられている。￣￣￣は，アメリカ，イギリス，フランス，ロシア，中国の5か国からなる常任理事国と10か国の非常任理事国で構成されている。

[問5]　下線部ⓓに関し，1989年，アメリカ大統領ブッシュとソ連共産党書記長ゴルバチョフがこの対立の終結を直言した会談を何というか，書け。

[問6]　下線部ⓔに関し，中国では，国民党と共産党のあいだで内戦となり，1949年に共産党が勝利し，同年10月1日に中華人民共和国が成立した。このとき，中華人民共和国の成立を宣言した主席の人物名を書け。

[問7]　下線部ⓕについて，この出来事が起こった原因は何か。簡潔に説明せよ。

[問8]　下線部⑧に関し，1968年にアメリカ，ソ連，イギリス，フランス，中国以外の国に対して核保有を禁止した条約を何というか，書け。

[問9]　下線部⑪に関し，次のア～エの地域紛争について，発生時期の古いものから順に並べて記号を書け。

ア　湾岸戦争　　イ　朝鮮戦争　　ウ　ベトナム戦争

エ　イラン＝イラク戦争

(☆☆☆◎◎◎)

【6】次のⅠ～Ⅲの文を読んで，あとの[問1]～[問8]に答えよ。

Ⅰ

　　日本国憲法は第14条1項において[　①　]を定めている。明治憲法ではこの規定がなく，実際に人権が無視されることが多かったため，日本国憲法では平等の原則をさまざまな面において保障している。しかし，現実には部落差別や，障害者・女性・アイヌ民族・在日外国人などへの差別が生じている。政府も同和対策事業や⑧法の制定などの努力をしてきたが，なお，一層の平等の実現に向けた取り組みが求められている。

　　近年，人権を国際的に保障しようとする動きが強まっている。⑥国連総会は1948年に採択した[　②　]を徹底させ，各国を法的に拘束するため，条約としての国際人権規約を1966年に採択した。

Ⅱ

　　日本国憲法は，内閣に広い範囲にわたって行政を行う権限を与え，内閣を行政の最高機関と位置づけている。また，「内閣は，行政権の行使について，国会に対し連帯して責任を負ふ」(第66条3項)として，[　③　]を明記した。これは，内閣が⑥国民の代表者によって構成される国会に対して責任を負うことにより，行政の面からも，国民主権を貫いたものといえる。

　　地方行政においては，長は国の長(内閣総理大臣)とは異なり住民の直接選挙で選ばれる。長は，地方公共団体の行政事務全般について指揮・監督するが，教育・選挙などに関する事務については，中立や公正を確保するために権限から除外され，各種の[　④　]が行う。なお，⒟地方議会と長の間は，独立・対等の関係にある。

Ⅲ

　　日本の労使慣行は[　⑤　]とよばれ終身雇用，年功序列賃金，企業別組合といった特徴が見られる。しかし，低成長の時代に入るとこうした慣行は企業にとって負担となり始め，円高不況やバブル崩壊後の不況の際には，企業は　あ　を行って不況を乗り切ろうとした。他方，経済のグローバル化は労働力の流動化を促し，⒠就業や賃金の形態にも大きな変化が見られるようになった。

　　少子高齢社会に突入した日本では今後，[　⑥　]不足が予想される一方で，生産の合理化による人員削減もますます進行していくと思われる。このような時代にあって，世代間，あるいは世代内で⒡ワークシェアリングをはかっていくことも考えなければならない。

[問1]　文中の[　①　]～[　⑥　]にあてはまる語句をそれぞれ書け。

[問2]　下線部⒜に関し，2013年，障害者に対する合理的配慮の提供について行政機関には法的義務を，事業者には努力義務を課した法律を何というか，書け。

[問3]　下線部⒝に関し，2002年の特別総会のテーマを，次のア～エの中から1つ選び，その記号を書け。

　　ア　アパルトヘイト　　　イ　世界子どもサミット

　　ウ　軍縮　　　　　　　　エ　エイズ問題

[問4]　下線部⒞に関し，公職選挙法では選挙運動の制限を細かく定め

ている。2013年の法改正により一部が可能となった選挙運動は何か，書け。

[問5]　下線部ⓓに関し，このような制度を何というか，書け。

[問6]　文中の　あ　には，「事業の再構築」や「人員整理」を表す語句が入る。あてはまる語句を書け。

[問7]　下線部ⓔに関し，次のグラフは，日本における雇用形態の割合を表したものである。（　X　），（　Y　）にあてはまる雇用形態を書け。

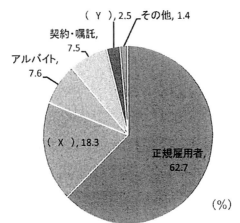

（「労働力調査　平成29年（2017年）」から作成）

[問8]　下線部ⓕに関し，この働き方のメリットとデメリットを1つずつ簡潔に書け。

(☆☆☆◎◎◎)

【7】次のⅠ～Ⅲの文を読んで，あとの[問1]～[問6]に答えよ。

　Ⅰ

　　寡占・独占市場においては，ⓐ企業が少数であることから，十分な競争がおこなわれない。各国は独占禁止法を設け，できるだけ競争を促進して価格が伸縮的に変化する政策をとっている。日本では，1947年に[　①　]が設置され，独占禁止法で禁じられ

た⑥カルテルやダンピングなどの行動に対して,職権による検査,
違反状態の解消命令,課徴金支払い命令などの措置をとること
ができる。

Ⅱ

　　一国の金融の中心となり,通貨制度の中心として©金融政策を
担うのが中央銀行である。日本の中央銀行は[　②　]であり,通
貨価値の安定と信用制度の保持・育成を主要な任務としている。

Ⅲ

　　市場経済の前提である⑧消費者主権が損なわれ,消費者の利益
が損なわれるのが消費者問題である。日本では,1968年に消費
者保護基本法が制定され,規制の強化による消費者保護行政が
推進されるようになった。続いて,2004年に消費者基本法が制
定され,2009年には消費者行政の一元化をめざして内閣府内に
[　③　]が設置された。契約をめぐるトラブルについては,⑥ク
ーリングオフ制度が設けられている。

[問1]　文中の[　①　]～[　③　]にあてはまる組織名をそれぞれ書け。
[問2]　下線部⑧に関し,価格先導者が一定の利潤を確保できるような
　　価格を設定し,他の企業もそれに追従するような価格を何というか,
　　書け。
[問3]　下線部⑥について,簡潔に説明せよ。
[問4]　下線部©に関し,次の(1),(2)に答えよ。
　(1)　中央銀行が保有する債券などを売買して通貨量を増減させるこ
　　とを通じて,利子率を調整することを何というか,書け。
　(2)　企業や家計など民間の経済部門(金融機関を除く)が保有してい
　　る通貨量を何というか,書け。
[問5]　下線部⑧に関し,「消費者の4つの権利」を提唱したアメリカ大
　　統領は誰か,書け。

[問6]　下線部ⓔについて，簡潔に説明せよ。

(☆☆☆◎◎◎)

地　理・歴　史

【1】次の文を読み，[問1]〜[問9]に答えよ。

　4世紀後半からのⓐゲルマン人の大移動・建国と，476年の西ローマ帝国滅亡ののち，7世紀のイスラーム勢力の西進をきっかけにして地中海世界はまとまりを失い，やがて東ヨーロッパ世界・ⓑ西ヨーロッパ世界・イスラーム世界の三つの歴史的世界に分裂した。

　西ヨーロッパではローマ＝カトリック教会がフランク王国と手を結び，東ヨーロッパのギリシア正教会とⓒビザンツ帝国に対抗した。800年の[　　]の戴冠は，ローマ＝ゲルマン的西欧世界の独立を象徴するできごとであった。また民族大移動後の長い混乱期は，封建的主従関係と荘園という独自のしくみをもつⓓ封建社会をうみだした。

　11〜13世紀に封建社会は最盛期を迎えるが，ⓔ農業の生産が増大し人口が急増すると，西ヨーロッパは拡大を開始した。その拡大の1つがⓕ教皇の権威の高まりとともに引き起こされたⓖ十字軍である。十字軍は結局失敗に終わったが，これをきっかけに東方貿易が拡大し，ⓗ都市と商業は再び繁栄を迎えた。貨幣経済が浸透すると農民の地位は向上し，荘園に基づく自給自足の封建社会は崩壊へと向かった。

[問1]　[　　]にあてはまる，教皇レオ3世によりローマ皇帝の帝冠を与えられた人物は誰か，書け。

[問2]　下線ⓐに関し，東ゲルマン人の一派で，5世紀初めにローマ帝国内に侵入したのちイベリア半島に入り，その後，北アフリカに王国を建国した部族は何か。次のア〜エの中から1つ選び，その記号を書け。

　ア　ヴァンダル　　イ　東ゴート　　ウ　ブルグンド
　エ　ランゴバルド

[問3]　下線ⓑに関し，西欧の中世文化の性格を決定したのはキリスト
教であったが，13世紀にトマス＝アクィナスによって完成された，
聖書の教えとギリシア哲学を結びつけてキリスト教理論を体系化し
ようとする学問は何か，書け。

[問4]　下線ⓒに関し，次の(1)，(2)に答えよ。

(1)　6世紀に地中海のほぼ全域を又配し，『ローマ法大全』の編纂に
よってキリスト教にもとづく法治国家の基盤を整えた，ビザンツ
帝国の皇帝は誰か，書け。

(2)　首都コンスタンティノープルに建てられたビザンツ様式を代表
する大聖堂として最も適切なものを，次のア〜エの中から1つ選
び，その記号を書け。

[問5]　下線ⓓとは，封建的主従関係と荘園という2つのしくみのうえ
に成立した社会であるが，このうちの封建的主従関係とはどのよう
な関係か，次の2つの語句を用いて，簡潔に書け。

　　　封土　　双務的

[問6]　下線ⓔに関し，西欧の荘園における典型的な土地利用法で，春
耕地・秋耕地・休耕地にわけて3年周期の輪作をする農法を何とい
うか，書け。

[問7]　下線ⓕに関し，教皇グレゴリウス7世に破門されたハインリヒ4
世が，許しを請い破門をといてもらった事件を何というか，書け。

[問8]　下線ⓖに関し，その説明として正しく述べられている文を，次
のア〜エの中から1つ選び，その記号を書け。

　ア　オスマン帝国の勢力拡大を恐れたビザンツ皇帝の要請に応じ，
ローマ教皇は十字軍を提唱した。

　イ　第1回十字軍では，コンスタンティノープルを占領し，ラテン
帝国を建国した。

ウ　第4回十字軍では，聖地イェルサレムを奪還し，イェルサレム
　　王国を建てた。

エ　十字軍の失敗によって，教皇権は衰え，王権が強くなった。

[問9]　下線ⓗに関し，商業活動の活発化は都市の成長を促した。バル
　　ト海・北海沿岸部の遠隔地交易で成長した諸都市で結成された，リ
　　ューベックを盟主とする都市同盟を何というか，書け。

(☆☆☆◎◎◎◎)

【2】次の文を読み，[問1]～[問10]に答えよ。

　　元末の動乱のなかで頭角をあらわしたⓐ洪武帝(朱元璋)は，1368年
　に南京を都として明をたて，ふたたび漢民族の王朝が中国大陸を支配
　するようになった。洪武帝は，行政機関や軍隊を皇帝に直属させ，
　ⓑ科挙の制度をととのえ，皇帝独裁の支配体制を確立していった。

　　15世紀のはじめ，靖難の役で帝位を奪った第3代永楽帝はⓒ北京に都
　を移した。永楽帝の死後，モンゴル系遊牧民が明の正統帝を捕らえる
　土木の変がおこり，北辺に侵入するようになったため，明は東西
　2400kmに及ぶ[　　]を整備した。このように，15世紀半ば以降，明
　はⓓ北方からのモンゴルの侵入や東南沿海での激しい倭寇の活動に苦
　しんだ。

　　16世紀後半以降，明に膨大なⓔ銀が流入して貨幣経済が進展すると
　ともに，生糸や絹織物，ⓕ陶磁器などの商品生産が活発になった。銀
　経済の発展にうながされて，ⓖ土地税と労役などを銀で一括して納入
　する税制が普及した。産業の発達は都市の発展を促し，大衆芸能や木
　版印刷による出版がさかんになり，戯曲，小説がひろく読まれ，ⓗ四
　大奇書が完成した。

　　中国東北地方で明の支配下にあった女真は，ヌルハチが諸部族を統
　一し，1616年に後金を建てた。後金は，ⓘ軍事的な社会組織を整備し，
　内モンゴルや朝鮮を支配下にいれ，やがて国号を清と改めた。

[問1]　[　　]にあてはまる語句を書け。

[問2]　下線ⓐの時代の制度を説明したものとして，正しく述べられて

いる文を，次のア～エの中から1つ選び，その記号を書け。

ア　民戸と軍戸を分け，民戸は衛所に配属された。

イ　村落組織として里甲制を採用し，110戸ごとに1里を編成した。

ウ　土地台帳として賦役黄冊，租税台帳として魚鱗図冊をつくった。

エ　仏教の思想にもとづいて「六諭」を定め，民衆を教化しようと
した。

[問3]　下線ⓑを通じて得た資格や官僚経験をもつ地方社会の有力者を
何と呼ぶか，書け。

[問4]　下線ⓒに関し，その後永楽帝はどのような対外政策を行ったか，
書け。

[問5]　下線ⓓを明の政府は何と呼んだか，書け。

[問6]　下線ⓔに関し，海外から流入した銀の主な産地は日本とどこか，
書け。

[問7]　下線ⓕに関し，明代の商工業の発達を物語る陶磁器の代表的生
産地はどこか，次のア～エの中から1つ選び，その記号を書け。

ア　杭州　　イ　広東　　ウ　蘇州　　エ　景徳鎮

[問8]　下線ⓖに関し，この税制を，次のア～エの中から1つ選び，そ
の記号を書け。

ア　両税法　　イ　地丁銀制　　ウ　一条鞭法

エ　天朝田畝制度

[問9]　下線ⓗとして正しいものを，次のア～エの中から1つ選び，そ
の記号を書け。

ア　西遊記　　イ　紅楼夢　　ウ　儒林外史　　エ　牡丹亭還魂記

[問10]　下線ⓘを何と呼ぶか，書け。

(☆☆☆◎◎◎◎)

【3】次の文を読み，[問1]～[問8]に答えよ。

『万葉集』には天皇，貴族，ⓐ防人などさまざまな幅広い作者の歌が
収められ，ⓑ紀伊国の各地でよまれた歌も多い。そのうちの一つで
ⓒ聖武天皇が和歌の浦を訪れた時，付き従った山部赤人がよんだ歌は，

後に紀貫之により『[1]』で改めて取り上げられている。和歌川の河口に広がる干潟を中心に，南は熊野古道の藤白坂から，西は紀伊水道に面する雑賀崎までの和歌浦湾を取り巻く地は，古代から都人にとって景勝の地として有名であった。

　中世末，⒜豊臣秀吉は，紀州攻めの際に和歌の浦を遊覧し，その名にちなんで和歌の浦の北方の岡山に建てた城を和歌山城と名づけ，その城下が和歌山とよばれるようになった。また⒠江戸時代に徳川家康の十男[2]が和歌山に入国すると，和歌の浦は，庶民が風景を楽しむ場としても整備された。その後もその景勝をいかした⒡庭園が造られ，徳川治宝が造園した養翠園や，近代になって築かれた温山荘庭園が有名である。

[問1]　[1]にあてはまる和歌集は何か，書け。

[問2]　[2]にあてはまる人物名を書け。

[問3]　下線⒜に関し，次の(1)，(2)に答えよ。

　(1)　その役割を書け。

　(2)　その任期は何年か，書け。

[問4]　下線⒝は，古代の行政区七道のいずれに含まれるか，書け。

[問5]　下線⒞に関し，退位後の聖武太上天皇に戒律を授けた唐の僧は誰か，書け。

[問6]　下線⒟の裁定による領国の確定を全国の戦国大名に強制するため，どのような地位と論理を用いたか，簡潔に書け。

[問7]　下線⒠に関し，次のア～エを年代の古いものから順に並べ，その記号を書け。

　ア　正徳の政治　　イ　寛政の改革　　ウ　天保の改革

　エ　享保の改革

[問8]　下線⒡に関し，江戸に和歌の浦の景勝などを取り入れた大名庭園をみずから設計し，六義園と名づけた人物は誰か，書け。

(☆☆☆◎◎◎)

【4】次のA～Eの史料を読み，[問1]～[問6]に答えよ。

A　夫れ[　1　]海中に倭人有り，分れて百余国と為る。歳時を以て来り献見すと云ふ。

X

B　近来英吉利国王より支那国帝に対し兵を出して烈しく<u>戦争</u>せし本末ハ，我国の舶，毎年長崎に到て呈する風説書を見られて既に知り給ふべし。

『通航一覧続輯』

C　[　2　]といふ文字は，日本語としては極めて新らしい用例である。従来は民主々義といふ語を以て普通に唱へられて居ったやうだ。時としては又民衆主義とか，平民主義とか呼ばれたこともある。

『中央公論』

D　第1条　国体ヲ変革シ又ハ[　3　]制度ヲ否認スルコトヲ目的トシテ結社ヲ組織シ又ハ情ヲ知リテ之ニ加入シタル者ハ十年以下ノ懲役又ハ禁錮ニ処ス。……

『官報』

E　吾等ハ日本国政府が直ニ全日本国軍隊ノ[　4　]ヲ宣言シ，且右行動ニ於ケル同政府ノ誠意ニ付適当且充分ナル保障ヲ提供センコトヲ同政府ニ対シ要求ス
　右以外ノ日本国ノ選択ハ迅速且完全ナル壊滅アルノミトス

『日本外交年表竝主要文書』

[問1]　[　1　]～[　4　]にあてはまる語句を書け。

[問2]　　X　　にあてはまる書名を，次のア～エの中から1つ選び，その記号を書け。
　　　ア　『漢書』地理志　　　イ　『後漢書』東夷伝
　　　ウ　『魏志』倭人伝　　　エ　『宋書』倭国伝

[問3]　資料Bに関し，次の(1)，(2)に答えよ。
　(1)　下線部の戦争を何と呼ぶか，書け。
　(2)　この資料は，ある国の国王からの親書である。その国名を書け。

[問4]　史料Cの政治評論の著者は誰か，書け。

[問5]　史料Dの法律は何か，書け。

[問6]　史料Eの勧告を何というか，書け。

(☆☆◎◎◎◎)

【5】次の文を読み，[問1]～[問8]に答えよ。

　人類が始めた初期の農業は，稲作や畑作などの自給的農業であった。自給的農業の生産量は，その土地の自然環境によって大きく変化した。なかでも稲の生育期に，[　　]による十分な気温と降水のある@東南アジアは，世界でも有数の稲作地帯になっている。

　早くから工業化が進み，ⓑ都市の人口が増加したⓒヨーロッパでは，混合農業，地中海式農業，園芸農業，酪農など販売を目的とした商業的農業が発展した。

　20世紀にはいると，大資本と最新の農業技術を投入して，穀類や家畜を大量に生産する企業的農業が発展した。企業的農業は，ⓓ北アメリカ，ⓔオーストラリアなどの広い農地を有する先進国を中心に行われている。

　農業のあり方は，ⓕ気温や降水量・地形・土壌などの自然条件のほか，社会条件やⓖ輸送に関する条件などによっても大きく異なる。

[問1]　[　　]にあてはまる語句を書け。

[問2]　下線@に関し，中流から下流にかけての低地において，米の生産が特にさかんである，エーヤワディー川・チャオプラヤ川・メコン川とそれぞれの河口がある国の正しい組み合わせを，次のア～カの中からすべて選び，その記号を書け。

　　ア　エーヤワディー川－タイ

　　イ　エーヤワディー川－ミャンマー

　　ウ　チャオプラヤ川－カンボジア

　　エ　チャオプラヤ川－ミャンマー

　　オ　メコン川－カンボジア

　　カ　メコン川－ベトナム

[問3]　下線ⓑに関し，近年，都市に住む人々が豊かな自然に親しむこ

とを目的とし，農山漁村地域において，その自然・文化や人々との
交流を楽しむ，滞在型の余暇活動を何というか，書け。

[問4]　下線ⓒに関し，ノルウェー北西岸やスコットランド西岸などに
みられるフィヨルドとはどのような地形か，簡潔に説明せよ。

[問5]　下線ⓓに関し，アメリカ合衆国やカナダで18世紀後半から19世
紀前半にかけて実施された，約65haの土地に1農家を入植させた，
公有地の分割制度を何というか，書け。

[問6]　下線ⓔに関し，数万年前から暮らしていた先住民を何というか，
書け。

[問7]　下線ⓕに関し，次のグラフにあたる気候名を，下のア～エの中
から1つ選び，その記号を書け。

グラフ

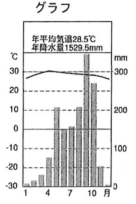

ア　砂漠気候　　イ　サバナ気候　　ウ　温暖冬季少雨気候
エ　ツンドラ気候

[問8]　下線ⓖに関し，次の表の①～④は日本の国内輸送における，航
空，鉄道，船舶，自動車の割合を示している。①～④にあてはまる
輸送方法を，それぞれ書け。

表

	旅客の輸送人キロ		貨物の輸送トンキロ	
	1960年度	2009年度	1960年度	2009年度
①	75.8%	28.7%	39.0%	3.9%
②	22.8%	65.6%	15.0%	63.9%
③	1.1%	0.2%	46.0%	32.0%
④	0.3%	5.5%	0.0%	0.2%

（備考）　「輸送人キロ」・・・・輸送した旅客（人）数にそれぞれが乗車した距離を乗じたものの累計。

「輸送トンキロ」・・・輸送した貨物の重量（トン）に、それぞれの貨物の輸送距離（キロ）を乗じたものの累計。

（国土交通省『交通関連統計資料集』から作成）

(☆☆☆◎◎◎)

【6】次の文を読み，[問1]〜[問7]に答えよ。

　ユーラシア大陸西端に位置する⒜ヨーロッパは，安定陸塊，古期造山帯，新期造山帯のそれぞれに分類される地域があり，さまざまな地形がみられる。また，高緯度にありながら⒝農業に適した気候環境になっている。

　⒞西ヨーロッパには，⒟イギリスのように古くからの工業国として知られた国もあれば，⒠イタリアのように伝統産業が盛んな国もある。

　時代とともに⒡結びつきを深めたヨーロッパは，域内の⒢貿易を活発に行っている。

[問1]　下線⒜に関し，次の(1)，(2)に答えよ。

(1)　図中のA〜Dで示された地域とそれぞれの地域でみられる土壌や地形の正しい組み合わせを，あとのア〜エの中から1つ選び，その記号を書け。

図

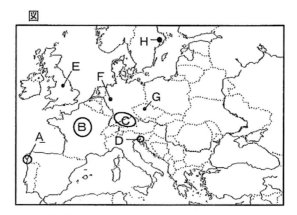

　　ア　A－三角江
　　イ　B－楯状地
　　ウ　C－ハイデ
　　エ　D－カルスト地形

(2)　図中のE～Hで示された都市について正しく述べられている文
　を，次のア～エの中から1つ選び，その記号を書け。
　　ア　Eの都市は，羊毛工業地として発達し，現在は機械工業など，
　　様々な工業が行われている。
　　イ　Fの都市は，ザール炭田地域の工業中心地で，製鉄業を中心
　　に，様々な工業が行われている。
　　ウ　Gの都市は，首都として国内の商工業の中心になっており，
　　機械工業や伝統的な製陶業が発達している。
　　エ　Hの都市は，ビルバオ鉄山から産出する鉄鉱石を背景にした
　　鉄鋼業・造船業を中心に発達した。

[問2]　下線⑥に関し，次の表は，イタリア，フランス，ポーランド，
　ルーマニアにおける小麦，ばれいしょ，てんさいの生産量を示した
　ものである。表中のX～Zにあてはまる農作物を，それぞれ書け。

表　　　　　　　　　　　　　　　（単位：万トン）

	X	Y	Z
イタリア	137	205	804
フランス	683	3379	2950
ポーランド	887	1352	1083
ルーマニア	269	101	843

（『データブック　オブ・ザ・ワールド2019』から作成）

[問3]　下線ⓒに関し，次の(1)～(3)に答えよ。

(1)　イギリス南部からイタリア北部へと至る，西ヨーロッパの人口・工業・交通・金融・経済が集中した地帯を何と呼ぶか，書け。

(2)　宗主国であった国とその植民地であった国の正しい組み合わせを，次のア～エの中から1つ選び，その記号を書け。

ア　イギリス－コロンビア　　　イ　オランダ－ケニア

ウ　スペイン－チュニジア　　　エ　フランス－アルジェリア

(3)　スペインやフランス，イタリアの地中海沿岸は，観光地として有名である。この地を訪れる観光客にイギリスやドイツの人々が多い理由を，西ヨーロッパ北部と地中海沿岸の夏冬の気候の違いに着目して，簡潔に説明せよ。

[問4]　下線ⓓに関し，エレクトロニクス産業の集積地になっている，スコットランド中央部のグラスゴーからエディンバラに至る地域を何と呼ぶか，書け。

[問5]　下線ⓔに関し，次の表は，イタリア，イラク，カナダ，ニュージーランドの面積，人口，農業従事者一人当たりの農地面積，一人当たりの国民総所得を示している。イタリアにあてはまるものを，表中のア～エの中から1つ選び，その記号を書け。

表

国名	面積（千k㎡）	人口（千人）	農業従事者一人当たりの農地面積（ha）	一人当たり国民総所得（ドル）
ア	268	4750	60.3	38750
イ	9985	36954	202.9	43660
ウ	435	39340	18.5	5420
エ	302	59291	17.8	31730

（『データブック　オブ・ザ・ワールド2019』から作成）

[問6]　下線⑥に関し，1995年に発効した，加盟国間の国境におけるパスポートや身分証の提示なしでの人間の通過を認めた協定を何と呼ぶか，書け。

[問7]　下線⑧に関し，次の表は，スイス，ノルウェー，フランス，ベルギーの輸出品の上位7品目の割合を示している。ベルギーにあてはまるものを，表中のア〜エの中から1つ選び，その記号を書け。

表

	ア		イ		ウ		エ	
輸出品	金(非貨幣用)	27.0	医薬品	11.3	機械類	19.9	原油	25.5
の	医薬品	23.6	自動車	11.3	航空機	10.9	天然ガス	20.4
上位	機械類	11.4	機械類	10.9	自動車	9.0	魚介類	11.8
7品目	精密機械	9.4	有機化合物	6.9	医薬品	6.3	機械類	8.3
の割合	有機化合物	4.7	プラスチック	5.8	精密機械	2.8	石油製品	3.5
(%)	貴金属製品	3.6	石油製品	5.4	プラスチック	2.5	アルミニウム	3.4
	金属製品	1.4	ダイヤモンド	4.0	鉄鋼	2.4	船舶	2.1

(『世界国勢図絵2018／2019年版』から作成)

(☆☆☆◎◎◎)

【7】次の文は，高等学校学習指導要領解説　地理歴史編(平成30年7月文部科学省)の一部である。文中の[　①　]〜[　⑦　]にあてはまる語句を書け。

社会科，地理歴史科，公民科における「見方・考え方」

> 「社会的な見方・考え方」は，課題を[　①　]したり解決したりする活動において，社会的事象等の意味や意義，特色や相互の関連を[　②　]したり，社会に見られる課題を把握して，その解決に向けて構想したりする際の視点や方法であると考えられる。

地理歴史科の科目構成

> 共通必履修科目としての「歴史[　③　]」と「地理[　③　]」を設置し，選択履修科目として「日本史[　④　]」，「世界史[　④　]」及び「地理[　④　]」を設置する。

教育内容の見直し

> 社会に見られる課題を把握して，その解決に向けて構想する
> 力を養うためには，現行学習指導要領において充実された
> [　⑤　]・文化等に関する様々な理解を引き続き深めつつ，将来
> につながる現代的な諸課題を踏まえた教育内容の見直しを図る
> ことが必要である。

教材や教育環境の充実

> 地理系科目においては，[　⑥　](GIS)の指導に関わり，教育
> 現場におけるGIS活用を普及するための環境整備や広報等ととも
> に，活用可能な[　⑦　]情報の一元的整理・活用が求められるこ
> と

(☆☆☆◎◎)

解答・解説

中　学　社　会

【1】問1　①　まとめる　　②　議論　　③　主体的　　問2　イ
問3　A　男女普通選挙　　B　日本国憲法　　問4　レポート
〈解説〉問1　①　まとめる技能とは，読み取った情報を問題解決に向け
てまとめることを意味している。　②　議論とは，自分の意見や考え
方を伝え合い，自分や他者の意見や考え方を発展させたり，合意形成
に向かおうとしたりすることを意味している。　③　主体的に解決し
ようとする態度とは，主体的に調べ，理解するため学習上の課題を意
欲的に解決しようとする態度を意味している。　問2　今回の改訂の
基本的な考え方の1つに，「育成を目指す資質・能力の明確化」があり，

すべての教科等の目標と内容が「知識及び技能」「思考力，判断力，表現力等」「学びに向かう力，人間性等」の3つの柱で再整理されている。　問3　A　第二次世界大戦敗戦までは，女性に選挙権がなかったこと。それが戦後まもなく，女性にも選挙権が与えられたことにより，男女普通選挙が確立されたことを理解できるようにする。　B　日本国憲法の制定について，小学校の学習を踏まえ，日本国憲法の基本原則などを取り上げ，その歴史的意義に気付くことができるようにする。問4　レポートの作成については，「テーマを設定した理由」「探究の方法」「参考資料」などの項目を設けて記述させ，1つのまとまった文章に仕上げて，生徒が達成感を持てるようにすることが大切である。

【2】問1　①　落葉広葉樹　　②　コンテンツ　　③　国後島
④　韓国(大韓民国)　　問2　ウバメガシ　　問3　カナダ　　問4　伐採作業や木材搬出，育林費などに費用がかかるため。
問5　(1)　太平洋ベルト　　(2)　原料や燃料の輸入に便利で市場に近いため。　　問6　電気機械器具…ウ　　情報通信機械器具…エ
問7　新しい技術や高度な知識を基礎として，革新的・創造的な経営を行う企業　　問8　(1)　島根県　　(2)　B

〈解説〉問1　①　樹木は降水量の多い地域で生育し，常緑広葉樹と落葉広葉樹，針葉樹に分けられる。常緑広葉樹には，乾燥に強い硬葉樹と温帯に多い照葉樹があり，前者は地中海性気候のオリーブやコルクガシ，後者はカシ，シイ，椿などがある。照葉樹は常緑広葉樹でもあり，カシ，シイが該当する。落葉広葉樹としては，ブナ，ナラなどがある。②　コンテンツ産業とは，映画や音楽，ゲーム，放送，出版，キャラクターなどの情報の内容に関する産業のことをいう。日本のアニメーションやゲームソフトなどは，国際的にも評価が高く，今後の成長が期待できる重要な産業の1つとして期待されている。　③　国後島など北方領土4島については，漢字で正確に書けるようにしておくこと。また，読み方についても間違えることがないよう，よく確認しておくこと。その上で，現在も未解決となっている理由について，理解を深

めておきたい。併せて，1855年に結ばれた日露通好条約，日露戦争後の1905年に締結されたポーツマス条約，1956年の日ソ共同宣言についても整理しておこう。　④　竹島に関しては，日本と韓国(大韓民国)との間で主張が対立しているが，すでに17世紀半ばには，我が国の竹島に対する領有権が確立していたというのが外務省の見解であり，韓国の力による竹島の占拠は，国際法上一切根拠のないものといえる。問2　県木のウバメガシは，常緑広葉樹で耐乾性が強く，生命力の強い木として知られている。全国的に有名な紀州備長炭は，そのほとんどがウバメガシを素材とし，和歌山県で年間約1700tが生産されている(白炭のシェアとしては日本一)。　問3　木材は，針葉樹林帯が広がる亜寒帯地域の国で多く輸出されている。樹種がそろっており，切り出しやすいことがその大きな要因である。日本はカナダから最も多く輸入しており，製材品が主力となっている。ただ，カナダ産の木材については，アメリカと以前から貿易摩擦が生じている。　問4　日本の林業が衰退している要因としては，国土が狭い上に急峻な山が多く，切り出し，運搬などに多くの費用がかかることが挙げられる。外国産の安価な木材に対し，コスト的に太刀打ちできないため，参入企業が減少している。また，林業の担い手も高齢化などで減少しているが，山林には水源涵養地としての役目もあり，林業の衰退は重大な問題といえる。　問5　京浜，中京，阪神，北九州の工業地帯を4大工業地帯といい，太平洋ベルトと称された。日本は資源が少なく，原料，燃料ともに輸入に頼るため，臨海部に工場が多く立地した。　問6　オは愛知県の割合が非常に高いことから，自動車を中心とする「輸送用機械器具」と判断できる。イは宮城県，熊本県など首都圏から遠い県が入っていることから，軽量で付加価値の高い「電子部品・デバイス・電子回路」と判断できる。ウは，大消費地を抱える都府県が多いことから，「電気機械器具」と考えらえる。エは，精密機器に強い長野県がトップとなっていることから，「情報通信機械器具」と判断できる。よって，アは「生産用機械器具」となる。　問7　ベンチャービジネスは，創造型の新興企業が革新的な新規事業に取り組むことを意味す

る。リスクを恐れず，冒険的な事業に挑戦することで，新たな市場の開拓，新規の雇用創出，新しいビジネスモデルを創り出すことが可能となる。　問8　地図中Bの竹島は，島根県隠岐の島町に属し，隠岐諸島の北西約158kmの日本海上に位置する群島である。東島(女島)，西島(男島)の2つの小島とその周辺の数十の岩礁からなり，総面積は約0.21km²とされる。なお，Aは択捉島，Cは対馬，Dは尖閣諸島(魚釣島)である。

【3】問1　①　古期　　②　グレートディヴァイディング　　③　掘り抜き　問2　土壌が乏しく，雨水がすぐに海まで流れてしまい，水が不足するため。　　問3　(1)　20倍　　(2)　白豪主義　　(3)　ウルル　(4)　ワーキングホリデー　(5)　APEC　(6)　液化天然ガス(天然ガス)　　問4　ア　　問5　メガロポリス　　問6　A

〈解説〉問1　①　古期造山帯とは，古生代の造山運動によって形成された場所が分布する地帯のこと。長期にわたり浸食を受けた場所は，一般に高度が低く，平野や丘陵地となっていることが多い。　②　オーストラリアはインド・オーストラリアプレートに乗る安定陸塊で，東部にはグレートディヴァイディング山脈がある。この山脈は，大分水嶺山脈，東部高地などとも呼ばれ，世界で4番目に長い(全長3500km以上)山脈である。　③　大鑽井盆地の鑽井とは，井戸のことを指す。掘り抜き井戸は，地下の水を通さない不透水層を掘り抜き，その下の滞水層の水をくみ出すために掘った井戸のこと。降水量の少ないオーストラリア内陸部では，灌漑や牧畜に利用されてきたが，近年では水量の減少や土壌の塩類化が問題となっている。　問2　グレートバリアリーフは世界最大のサンゴ礁地帯で，オーストラリア北東部のクイーンズランド沖にある。このようなサンゴ礁の島々は，本来，土壌らしい土壌がなく，降水を利用することも難しい。このため，農業を行う場合は，灌漑設備を整備することが不可欠となる。　問3　(1)　日本の面積は，およそ37.8万km²である。よって，769万km²(オーストラリアの面積)÷37.8万km²≒20.34倍となる。　(2)　白豪主義は，ホワイ

ト・オーストラリア・ポリシーともいい，オーストラリア政府によっ
て行われた有色人種の移民を排斥する政策である。19世紀，ゴール
ド・ラッシュに伴い，中国人労働者などが多数オーストラリアに流入
したため，白人労働者の職が奪われるなどした。そこで，1901年に移
民制限法が制定され，白人以外の人々の移住が厳しく制限された。し
かし，1973年の移民法により，有色人種の受け入れ制限は撤廃された。
2016年の国勢調査では，アジア系移民の割合が40％に達し，はじめて
欧州勢を上回ったことが判明している。　(3)　エアーズロック(現在
名ウルル)は，世界で2番目に大きな一枚岩とされる。1873年，イギリ
ス人探検家が発見し，当時，南オーストラリア植民地の首相であった
ヘンリー・エアーズにちなんで名づけられた。その後，1987年，世界
遺産に登録された際，先住民族アボリジニの伝統を尊重し，彼らが古
くから使っていた「ウルル」を正式な呼び名とするようになった。な
お，ウルルは先住民アボリジニにとって大切な聖地であるとして，現
在，観光客の登山が禁止されている。　(4)　ワーキングホリデーは，
2019年4月現在，ニュージーランドやカナダなど24の国・地域との間
で協定が結ばれている。対象年齢は，一部の国を除き18歳から30歳ま
で，期間は原則1年間となっており，その間，働きながら異文化を体
験することができる。　(5)　APECはアジア太平洋経済協力会議のこ
と。アジア太平洋地域の21の国と地域が参加しており，世界のGDPの
約6割，貿易量の約5割，人口の約4割を占めるとされる。　(6)　日本
の場合，液化天然ガスの輸入先上位国(2017年)は，①オーストラリア
(30.7％)，②マレーシア(17.7％)，③カタール(12.1％)，④ロシア(8.7％)，
⑤インドネシア(7.8％)となっている(「日本国勢図絵2018/2019年度版」
による)。　問4　アのメリノ種は広く飼育されている羊毛種で，降水
量の少ないオーストラリアに多い。なお，ウのロムニー種は肉用種だ
が，ニュージーランドでは羊毛も生産している。イのコリデール種は，
メリノ種とロムニー種を掛け合わせたもので，ニュージーランド原産
の毛肉兼用種である。日本でも多く飼育されている。　問5　メガロ
ポリスは，巨帯都市と訳される。日本では，東京から東海道地域を経

て，京阪神までの地域を「東海道メガロポリス」と呼んでいる。

問6　Aのメサビ鉄山は，五大湖西岸に位置する。五大湖の水運を生かし，アパラチア山脈の石炭とともに，ピッツバーグを中心として原料指向型の鉄鋼業が栄えた。しかし，その後，資源の枯渇や日本や中国などの鉄鋼増産により衰退し，現在では産業の転換が図られている。

【4】問1　①　元明　　②　織田信長　　③　本居宣長　　④　原敬
問2　朝鮮半島南部をめぐる外交・軍事上の立場を有利にするため。
問3　ヤマト政権(大和朝廷・ヤマト王権)　　問4　道鏡　　問5　貧窮問答歌　　問6　5つの黒丸印(榜示)により荘薗の領域が示されていること。　　問7　刀狩り(刀狩)　　問8　国学　　問9　寺子屋
問10　大正政変　　問11　日本は，イギリスと日英同盟を結んでいたため。　　問12　成金(船成金)　　問13　日本のシベリア出兵を当て込み米の投機的買い占めが横行し，市場に出回る米が減少したため。
〈解説〉問1　①　元明天皇(在位707～715年)は，天智天皇の皇女で文武・元正天皇の母でもある。701年，大宝律令の制定によって律令国家が確立されると，それにふさわしい都の造営が考えられるようになった。そのため，元明天皇は即位後まもなく，藤原京の北方に平城京を造営した。　　②　織田信長がその統一事業のなかで最も苦戦したのが，一向一揆との戦いであった。信長は，石山本願寺を中心とする一向一揆と越前・伊勢長島・和泉・紀伊などで戦い(石山合戦：1570～1580年)，11年の歳月を要してようやく石山本願寺と和睦し，法主の本願寺顕如を退去させた。　　③　本居宣長は，賀茂真淵の門に入り，国学を大成した。主著に『古事記伝』『玉くしげ』がある。　　④　原敬は，新聞記者から官僚へ転身し，その後立憲政友会に参加して，総裁を務めた。1918年，米騒動で倒れた寺内正毅内閣のあとを受け，最初の本格的政党内閣を組織する。藩閥出身でない平民出身の首相であったため，「平民宰相」と呼ばれた。　　問2　『宋書』倭国伝には，いわゆる「倭の五王」が421年から502年までの間，13回にわたって南朝の宋に朝貢し，高い称号を得ようとしたことが記されている。倭王武は，

雄略天皇であるとする説が有力で，高句麗の南下に抵抗できる称号の獲得を目指したとされる。　問3　ヤマト政権は，現在の奈良県三輪山山麓の大和の地を中心とした豪族の連合政権である。4世紀中頃には西日本を統一し，その後朝鮮に進出する。6世紀以降は組織の体制を整え，大化の改新を経て律令国家への変革を遂げた。

問4　道鏡は，奈良時代の政僧である。称徳天皇(孝謙上皇)の寵を受けて政治に介入し，法王となって権勢をふるう。769年，宇佐八幡宮の神託と称して皇位に就こうとしたが，藤原百川，和気清麻呂らに阻止され，称徳天皇の死後，左遷された。　問5　「貧窮問答歌」は，奈良時代の歌人，山上憶良が筑前守だった頃の長歌・短歌各1首で，万葉集に収められている。貧乏生活を問答の形で述べ合っており，班田制下の農民の姿と世の非道が伝わる内容となっている。　問6　本問の絵図は，「桛田荘絵図」である。9世紀初めに開発された桛田荘は，1193年，後白河法皇から神護寺に寄進された。5つの黒点は境目を表しており，立荘や係争の際に作成された境相論関係絵図の一種である。

問7　刀狩令は，農民の武具の所持を禁ずる法令で，大仏の鋳造を口実として1588年に発せられた。農民は耕作だけに専念することが求められ，取り上げた武器は，建築中の方広寺の資材にするとしている。なお，刀狩令の目的は，一揆の防止と兵農分離である。　問8　国学は，江戸時代元禄期，契沖の「万葉集」など古典の実証的研究に始まり，荷田春満，賀茂真淵を経て，本居宣長により大成された。江戸時代後期には，平田篤胤が古道を1つの宗教として広め，幕末の尊王思想に大きな影響を与えた。　問9　寺子屋は江戸時代，初等教育施設として，庶民の子どもを中心に読み・書き・そろばんを教えた。民家や寺を校舎とし，僧侶・医者・浪人などが師となり，「実語教」「童子教」「庭訓往来」などの往来物を教科書にしたとされる。　問10　大正政変は，第3次桂内閣が第1次護憲運動によって倒された事件のことをいう。1912年，第2次西園寺内閣が2個師団増設計画を否決すると，陸相が辞職し，西園寺内閣は総辞職する。その後，第3次桂内閣ができると，尾崎行雄，犬養毅らを中心に「閥族打破・憲政擁護」を唱える

第一次護憲運動が盛り上がり，桂内閣は退陣を余儀なくされた。

問11　当時の日本は，日露戦争前後の軍拡により，莫大な外債が累積して財政危機に直面していた。深刻な不況，護憲運動の高まりにも苦しんでいた日本政府は，第一次世界大戦の勃発を「大正新時代の天祐」と捉えた。そこで，日英同盟を口実にドイツの根拠地をアジアから一掃し，アジアにおける日本の利権を確立して財政危機を打開しようとしたのである。　問12　第一次世界大戦が始まると，船舶や物資が世界的に不足し，日本の海運業・造船業は空前の好景気となった。そのため，船舶関係の仕事により，にわかに富豪となる「成金(船成金)」と呼ばれる人々が続出した。　問13　第一次世界大戦中に起きた第二次ロシア革命を阻止するため，連合国は1918～1920年までシベリアに出兵し，日本は1922年まで出兵を続けた。このシベリア出兵のニュースが流れると，米穀商や地主らは投機的な買い占めや売り惜しみを行い，この結果，米の値段が急騰した。

【5】問1　①　扶清滅洋　　②　ワルシャワ条約機構　　問2　官営八幡製鉄所(八幡製鉄所)　　問3　門戸開放宣言　　問4　安全保障理事会　問5　マルタ会談　　問6　毛沢東　　問7　ソ連がキューバにミサイル基地を建設したため。　　問8　核拡散防止条約(NPT)
問9　イ→ウ→エ→ア

〈解説〉問1　①　日清戦争後，宗教的秘密結社の義和団は「扶清滅洋」を唱え，1899年から武力で反キリスト，排外主義活動を行った。これを義和団事件という。扶清滅洋には，「清朝を助けて西洋を討ち滅ぼす」との意味がある。清国は，義和団を支持して対外宣戦を布告したが，列強8カ国の攻撃を受け，1990年に義和団は瓦解する。事件後，清国は北京議定書を結び，北京駐兵権と莫大な賠償金の支払いを余儀なくされた。　②　ワルシャワ条約機構は，1955年，ポーランドの首都・ワルシャワで締結された東欧8カ国友好相互援助条約に基づき結成された。これにより，二大軍事同盟の対立という図式のもとで，冷戦体制が本格化する。　問2　日清戦争の結果，日本は，清国から賠

償金2億両(当時の国家予算の2年分とされる)を得た。明治政府は，製鉄事業を軌道に乗せるため，資金不足で難航していた官営八幡製鉄所の建設に賠償金の一部を投じ，わが国初の近代製鉄所を1901年に完成させた。　問3　アメリカ国務長官ジョン＝ヘイは，中国に対し，1899年に門戸開放と機会均等を求めた。さらに，翌1900年，ヘイは清国の領土保全を宣言した。この門戸開放政策は，それ以降，アメリカのアジア対外政策の原則となり，ロシア・日本が中国大陸へ進出することに対しても，この原則を掲げて反対した。　問4　安全保障理事会は，国連憲章のもと，国際の平和と安全に主要な責任を有する。国際連盟との大きな違いは，理事会の決定を強制する能力を持っていることにある。　問5　1989年2月，ソ連はアフガニスタンから撤退を完了し，その5月にアメリカは，対ソ封じ込め政策からの転換を発表した。同年12月，アメリカ大統領ブッシュ(父)とソ連書記長ゴルバチョフが地中海のマルタ島で会談を行い，冷戦終結に合意した。この会談は「ヤルタからマルタへ」ともいわれ，第二次大戦後の東西冷戦という枠組みを形成したヤルタ体制の終わりを意味した。　問6　毛沢東(1893～1976年)は，1949年，蒋介石の国民党軍を破り，中華人民共和国を建国する。その後，国家主席・党中央委員会主席に就任して新中国の建設を指導した。しかし，1966年に文化大革命を主導し，多くの犠牲者を出したことで，死後，その誤りを指摘されている。

問7　キューバ危機とは，キューバにソ連が核ミサイル基地を建設し，これにより米ソが核戦争一歩手前の緊張状態に陥ったことをいう。アメリカは海上封鎖に踏み切り，ソ連がミサイルを撤去したため，衝突は直前で回避された。　問8　核拡散防止条約は，核保有国が「米ロ英仏中」以外に増えることを防止する条約である。1970年に発効したが，その後，インド・パキスタン・イスラエルが事実上の核保有国になっている。　問9　古い順に並べると，イの朝鮮戦争は1950～1953年。ウのベトナム戦争は，1965～1973年。エのイラン＝イラク戦争は，1980～1988年。アの湾岸戦争は，1990～1991年の地域紛争である。

【6】問1　①　法の下の平等(法の下に平等)　　②　世界人権宣言
③　議院内閣制　　④　行政委員会　　⑤　日本的経営方式
⑥　労働力　　問2　障害者差別解消法(障害を理由とする差別の解消
の推進に関する法律)　　問3　イ　　問4　インターネット(インター
ネットによる選挙運動)　　問5　首長制　　問6　リストラクチャリン
グ(リストラ)　　問7　(X)　パート　　(Y)　派遣社員　　問8　メリ
ット：余暇の増加(雇用機会の増加・失業者の減少)　　デメリット：
一人あたりの賃金の減少

〈解説〉問1　①　法の下の平等とは，国民すべてが法律上，平等に取り
扱われなければならないという考え方で，近代憲法の基本原則となっ
ている。　　②　世界人権宣言には，すべての国と人民によって人権・
自由が尊重され，確保されることが謳われている。　　③　議員内閣制
は，内閣が議会に対して責任を負い，その存立が議会の信任に依存す
る制度である。この制度の特徴は，議会の多数派が内閣を形成し，政
権の座に就くことにより，立法と行政との間に協力関係が築かれるこ
とにある。　　④　行政委員会は合議制の行政機関のことで，現在の日
本には人事院，公正取引委員会，国家公安委員会，原子力規制委員会
などが設置されている。　　⑤　日本的経営方式は，日本独自の経営シ
ステムとして知られる。1970～1980年代の経済成長下においては，日
本企業の競争力の源泉とされた。　　⑥　現在，日本では深刻な人手不
足，すなわち労働力不足に直面している。2030年には，サービス業，
医療・福祉業を中心に，日本全体で644万人もの人手不足となると推
計された調査もあり，その対策が急がれている。これは，外国人労働
者の受け入れを拡大させる政策とも，深くかかわっている。
問2　障害者差別解消法は，共生する社会の実現に向け，障害を理由
とする差別の解消を推進することを目的として，2013年に制定された。
これは，国連の「障害者の権利に関する条約」の批准に向けて整備さ
れた国内法である。　　問3　イの世界子どもサミットでは，世界の大
人たちに向けたメッセージ，「私たちにふさわしい世界」が発表・採
択された。　　問4　有権者と候補者・政党は，ウェブサイトなどを利

用して，選挙運動を行うことが可能となった。ただし，電子メールを利用した選挙運動は，候補者・政党には認められているが，有権者は引き続き禁止されている。　問5　地方公共団体の長を「首長」という。首長制は，首長と議員を別々の選挙で選び，両者の牽制と均衡を通して，公正な政治の実現をはかる制度である。この制度では，地方公共団体の長と議会が独立・対等の関係にあるため，「大統領制型政治制度」などとも称される。　問6　リストラクチャリング(リストラ)は，本来，事業構造の変革を通して企業の経営を向上させることをいう。これには，企業の合併・買収(M&A)なども含まれるが，日本では不採算部門の縮小や撤退，それに伴う人員整理の意味合いが強い。問7　雇用形態とは，働くときに会社と結ぶ労働契約の分類のこと。一般的に，正規雇用者(正社員)は契約期間の定めがなく，定年まで働くことを前提として，フルタイム(1日8時間，週40時間)で働く労働契約を結ぶ。これに対し，パートやアルバイトなど，正規雇用者以外の雇用形態で働く人を非正規雇用者という。2017年の労働力調査によると，非正規雇用者の割合が4割近くに達しており，雇用形態の違いによる格差を是正する政策の進展が強く求められている。　問8　ワークシェアリングは，一人あたりの労働時間を減らすことで，社会全体の雇用者数を増やそうとする考え方である。1980年代にEU圏の一部で試験的に始まり，オランダで本格的に導入された。日本でも，働き方改革の1つとして注目を集めているが，この施策にはメリット・デメリットがあることを理解しておきたい。

【7】問1　①　公正取引委員会　　②　日本銀行　　③　消費者庁　問2　管理価格　　問3　同じ産業の独立した企業どうしが，価格・生産量・販売地域などについて協定を結ぶこと。　　問4　(1)　公開市場操作(オペレーション)　　(2)　マネーストック　　問5　ケネディ大統領(J.F.ケネディ)　　問6　消費者が結んだ契約で一定期間内であれば，購入申し込みの撤回や契約の解消ができる制度。

〈解説〉問1　①　日本では，独占禁止法を実施する行政機関として，公

正取引委員会が内閣府の外局として設置されている。準司法的機能を有することから，合議制の行政委員会となっている。　②　日本銀行は，1882年に設立された日本の中央銀行であり，現在は認可法人となっている。日本銀行には，「発券銀行」「銀行の銀行」「政府の銀行」という3つの役割がある。通貨と物価，金融システムの安定を主な任務とし，日銀政策委員会の決定に基づき，金融政策を実施する。

③　消費者庁は，複数の省庁で行われていた消費者行政を一元化するため，内閣府の外局として新設された。消費者利益の擁護と増進のため，必要に応じて各省庁への勧告や措置の要求などを行うことができる。また，国民生活センターの所管官庁でもある。　問2　管理価格とは，市場の需給に関係なく，独占・寡占企業の市場支配力によって設定される価格のこと。協定価格である価格カルテル(独占禁止法違反)とは異なり，企業間で協定を結ぶことはない。　問3　カルテルは，同一産業部門の各企業が独占的利益を得ることを目的とする。そのため，価格の維持・引き上げ，生産の制限，販路の制定などの協定を結び，正当な競争を避ける。　問4　(1)　中央銀行は，公開市場操作を通して，通貨の市場流通量を調整する。景気が過熱気味のときは，売りオペレーション(中央銀行が保有する債券などを市中金融機関に売り，市場から資金を吸収する)。逆に，景気が悪くなったときは，買いオペレーション(中央銀行が債券などを市中金融機関から買い上げ，市場で流通する資金を増やす)を実施する。　(2)　マネーストックとは，通貨保有主体(個人・企業・地方公共団体など)が保有する通貨の総量のことで，「通貨残高」ともいう。日本銀行の統計では，従来のマネーサプライ(通貨供給量)を見直し，2008年からこの名称が使われている。　問5　アメリカのケネディ大統領は，1962年，特別教書において「安全である権利」「知らされる権利」「自由に選択できる権利」「意見が反映される権利」を提唱した。その後，1975年にフォード大統領が「消費者教育を受ける権利」を追加し，これら5つの消費者の権利は，消費者保護の世界的な指針となった。　問6　クーリングオフとは，契約を解除する権利のこと。この制度は，1972年，割賦販売

法が改正された際に創設された。なお、クーリングオフ制度を行使するにあたり、消費者側は契約を解約する理由を示す必要はない。ただし、法令で定められた期間内に、書面で手続きを行う必要がある。これは、訪問販売や割賦販売などに導入されている。

地 理・歴 史

【1】問1　カール　　問2　ア　　問3　スコラ学　　問4　(1)　ユスティニアヌス(ユスティニアヌス帝)(ユスティニアヌス1世)　　(2)　エ　　問5　封土を媒介(仲立ち)として、主君と家臣との間で結ばれた双務的な契約関係。　　問6　三圃制　　問7　カノッサの屈辱　　問8　エ　　問9　ハンザ同盟

〈解説〉問1　800年に帝冠を授けられたのは、フランク王国(カロリング朝)のカール大帝である。西ローマ帝国滅亡後、この領域に成立した王国は、いずれもビザンツ帝国に比べると弱く、カトリック教会も絶えず異民族の侵入に悩まされていた。ようやく、8世紀に入るとトゥール＝ポワティエ間の戦いで、イスラーム勢力を撃退できるようになった。それがカール＝マルテルで、その子ピピンはカロリング朝を開き、その次を担ったのがカール大帝である。彼は、ランゴバルト王国征服、北イタリア併合、ザクセン人を従え、アヴァール人を撃退した。これらによって、大陸西ヨーロッパのほぼ全部を手中に収めると、この力に目をつけたカトリック教会は、彼に戴冠した。これには、西ローマ帝国の後継者であると同時に、西ヨーロッパのキリスト教の保護者とする意図があった。　　問2　ゲルマン人の大移動は4世紀から6世紀にかけて行われ、ヨーロッパ全域に拡大した。これによって西ローマ帝国は滅亡し、中世社会が成立する。ヴァンダル人は、西ゴート人に追われ、イベリア半島から遠く北アフリカまで移動して、ヴァンダル王国を建国した。　　問3　スコラ学とは、中世のキリスト教寺院や修道院で研究されていた哲学のこと。その大成者であるトマス＝アクィナ

スは『神学大全』を著し，アリストテレス哲学とキリスト教神学を融合した。　問4　(1)　ユスティニアヌス帝は，ヴァンダル王国，東ゴート王国を滅ぼし，地中海世界を統一する。『ローマ法大全』を編纂し，最盛期には大帝と呼ばれたが，死後，その領土は縮小し，ビザンツ帝国となった。　(2)　エのハギア＝ソフィア聖堂は，ビザンツ様式を代表する大聖堂として知られる。以前は，キリスト教の聖堂だったが，1453年にコンスタンティノープルがオスマン帝国に占領されて以降，イスラーム教のモスクとなった。　問5　ヨーロッパの封建制度は，封土(君主が家臣に与えた領地)を介した契約関係を前提としている。主君は，家臣に封土を与えてこれを保護する義務を負い，家臣は主君に服従して軍役などの義務を果たした。このような土地を介した双務的な主従関係を封建的主従関係という。　問6　三圃制(農業)は，農地の地力低下を防ぐことを目的とする。中世期，年間を通じて降水が見込めるアルプス以北では，農地を3つに分け，春耕地用・秋耕地用・休閑地とした。これにより，農地を3年周期で一巡させる三圃制農業が確立する。休閑地では羊や豚の放牧が行われ，その排泄物が肥料となって土壌を回復させた。これが，作物栽培と家畜飼育を組み合わせる混合農業のもととなった。　問7　カノッサの屈辱は，神聖ローマ皇帝がローマ教皇に屈服した事件である。1077年，神聖ローマ皇帝ハインリヒ4世は，聖職者の叙任権(任命権)を巡り，教皇グレゴリウス7世に破門される。ハインリヒ4世は窮地に陥り，教皇に面会を求めるが，教皇は会おうとしなかった。このため，ハインリヒ4世は，教皇が滞在しているカノッサ城の前で，雪の中を3日間，修道衣と素足のまま立ち尽くし，ようやく許しを得る。しかし，両者の争いはその後も続き，1122年のヴォルムス協約(宗教和議)でようやく終息した。これにより，ローマ教皇権が確立する。　問8　ア　オスマン帝国が成立したのは1299年。最盛期は，スレイマン1世(1520～1566年)の時代である。十字軍が教皇ウルバヌス2世によって提唱されたのは，1095年のクレルモンの宗教会議でのことであり，時期が異なる。
イ　1204年にラテン帝国を建国したのは，「第4回」十字軍でのこと。

ウ　1096年にイェルサレム王国を建国したのは，「第1回」十字軍でのこと。　問9　ハンザ同盟は北ドイツの都市同盟で，13世紀から16世紀にかけて北欧の商業圏を支配した。この中でもリューベックは，バルト海に注ぐトラーベ川下流に位置する河港都市で，ハンザ同盟の盟主として繁栄した。

【2】問1　(万里の)長城　　問2　イ　　問3　郷紳　　問4　積極的な拡張政策(モンゴル高原への遠征，ベトナムの一時併合，鄭和の大遠征)
　問5　北虜南倭　　問6　メキシコ(アメリカ，アメリカ大陸)
　問7　エ　　問8　ウ　　問9　ア　　問10　八旗
〈解説〉問1　万里の長城は，明の時代に100年以上の歳月をかけ修築しており，これにより従来の土城から煉瓦造りになった。歴史上，世界最長の建築物であり，1987年，世界遺産の文化遺産に登録されている。問2　ア　衛所に配属されたのは，民戸ではなく，軍役を担った軍戸である。　ウ　「賦役黄冊」と「魚鱗図冊」が逆になっている。正しくは，土地台帳が魚鱗図冊，租税台帳が賦役黄冊である。なお，魚鱗図冊は，土地ごとの仕切りが魚の鱗のように見えることから，このように呼ばれるようになったとされる。　エ　六諭は，仏教思想ではなく，朱子学にもとづいて民衆を教化しようとした。　問3　郷紳は，地方の名望家ともいうべき存在で，宋代でいう士大夫に相当する。多くが科挙に合格し，様々な特権を与えられて事実上，地方の村落を支配した。また，文化的な素養もあったため，地方文化の担い手でもあった。問4　永楽帝(在位1402～1424年)は，靖難の役に勝利して帝位に就いた。積極的な海外遠征を行い，明代で最も支配地域を広げた。なお，武将の鄭和をインド洋まで派遣していることでも知られる。　問5　北虜南倭は，15～16世紀にかけ，明を悩ませた外敵である。北虜は明の北から侵入したモンゴル人のこと。南倭は，東南海岸を荒らした倭寇を指す。　問6　スペインは，南米のポトシ銀山で採掘した銀をスペイン銀貨としてヨーロッパに大量にもたらした。その後，ガレオン貿易(フィリピンのマニラとメキシコのアカプルコを結ぶ貿易)が行われる

ようになったため，メキシコ産の銀が中国にも流入した。　問7　景徳鎮は，江西省北東部に位置する中国の窯業都市で，現在でも世界的な「陶磁器のふるさと」といわれている。明時代には，赤絵といわれる多彩な彩色が施された華やかな作品が多く生み出され，ヨーロッパやイスラム圏，日本などにも幅広く輸出された。　問8　一条鞭法は，租税(土地税)と労役(人頭税)の二本立てであった両税法に代わり，すべて銀に一本化して納付させる税法のこと。これは，徴収の簡素化と税の増収を目的としたもので，清時代に始められた地丁銀制の前提となった。　問9　四大奇書には，アの『西遊記』のほか，『三国志演義』『水滸伝』『金瓶梅』がある。いずれも中国を代表する長編小説であり，奇書とは，世にもまれな卓越した本のことを意味する。『西遊記』は，唐の高僧玄奘(三蔵法師)が孫悟空・猪八戒・沙悟浄を供に従え，様々な苦難を乗り越えながら天竺(インド)へ行き，仏典を得て帰る話となっている。　問10　八旗は満州人のヌルハチが創設した軍制で，満州八旗ともいう。全軍を旗の色によって8つに分け，1旗(各軍)は兵士7500人で構成された。その後，太宗の時代には，蒙古八旗，漢軍八旗が設けられている。

【3】問1　古今和歌集　　問2　(徳川)頼宣　　問3　(1)　九州の沿岸警備　　(2)　3年　　問4　南海道　　問5　鑑真　　問6　関白に就任し，天皇から全国の支配権をゆだねられたと称した。　　問7　ア→エ→イ→ウ　　問8　柳沢吉保

〈解説〉問1　『古今和歌集』は，醍醐天皇の命により，紀貫之，紀友則らが撰集した。歌人としては，4人の撰者のほか，在原業平，小野小町らの六歌仙がよく知られている。平明優雅な歌風は後世の範となり，その後の国風文化の確立につながったとされる。　問2　徳川頼宣は，1619年，徳川御三家の1つである紀伊徳川家の藩祖となった。和歌山城の大修築，和歌浦に東照宮を建立したことなどで知られる。なお，将軍家に世継ぎがいないとき，御三家はその中から後継を出す役割を担っていた。　問3　663年，白村江での敗戦を受け，唐・新羅による

　日本侵攻を怖れた中大兄皇子(のちの天智天皇)は，防衛網の強化に着手した。これにより，対馬・壱岐・筑紫などの湾岸を防備するため，防人が制度化された。当初は諸国の兵士の中から3年交代で選ばれた。『万葉集』に収められた東国防人歌は，家族との別離や郷愁を詠んだ歌として知られている。　問4　律令制の下では，全国の行政区を五畿(山城・大和・河内・和泉・摂津)と七道(東海道・東山道・北陸道・山陰道・山陽道・南海道・西海道)に大別した。南海道は，畿内から四国に至る道，およびその沿道の国のこと。紀伊・淡路・阿波・讃岐・伊予・土佐の6国がこれに相当する。　問5　唐の僧であった鑑真は，日本からの要請を受けて渡日を試みたが5度失敗し，その間に失明する。753年，6度目の試みで来日を果たすと，聖武上皇らに授戒する。その後，東大寺に日本最初の戒壇を設け，大僧正となって唐招提寺を創建した。　問6　豊臣秀吉は，1585年，正親町天皇によって関白に任ぜられ，諸大名に惣無事令を出した。惣無事令は戦国大名の私戦を禁止し，領土紛争については秀吉の裁定に従うものとした。

問7　アの正徳の治は，6代将軍徳川家宣，7代将軍家継の代に新井白石が行った文治政治である。これは，1709～1716年にかけて行われた。エの享保の改革は，8代将軍吉宗により，1716～1745年にかけて行われた。イの寛政の改革は，11代将軍家斉の時代，老中・松平定信により1787～1793年にかけて行われた。ウの天保の改革は，12代将軍家慶の時代，老中・水野忠邦により1841～1843年にかけて行われた。

問8　柳沢吉保は5代将軍徳川綱吉に仕え，その寵を得て側用人に登用される。大老格まで上り詰めた人物だが，その他にも才能があり，綱吉から下屋敷として与えられた駒込の土地に，自ら指揮をして庭園を造営した。この六義園は和歌浦の名所などを縮景とし，現在も国の特別名勝に指定されている。

【4】問1　1　楽浪　　2　民本主義　　3　私有財産　　4　無条件降伏
　　問2　ア　　問3　(1)　アヘン戦争　　(2)　オランダ(王国)
　　問4　吉野作造　　問5　治安維持法　　問6　ポツダム宣言

〈解説〉問1 1 楽浪とは，楽浪郡のこと。前漢の武帝は，紀元前108年，衛氏朝鮮を滅ぼして朝鮮半島を直轄地とし，4郡を置いた。楽浪郡のほかには，真番郡，臨屯郡，玄菟郡がある。 2 民本主義は，大正デモクラシーの政治理論である。主権の所在ではなく，主権の運用において民意を尊重し，民衆の福利を実現させることを目指した。その結果，民本主義は，天皇主権に基づく明治憲法と矛盾することなく，普通選挙や政党政治を実現させる原動力となる。しかし，大正中期以降になると，その妥協的性格を批判され，急速に影をひそめていった。3 「私有財産制度ヲ否認スルコトヲ目的トシテ結社ヲ組織シ」とは，「共産主義政党を組織し」という意味。 4 Eの史料は，ポツダム宣言第13条である。ここには，「我々は日本政府が全日本軍の即時無条件降伏を宣言し，またその行動について日本政府が十分に保障することを求める。これ以外の選択肢は，迅速且つ完全なる壊滅があるのみである」と書かれている。 問2 『漢書』は，古代中国の班固(32〜92)を撰者とする前漢の歴史書である。Aの史料には，「百余国に分かれていて，定期的に漢に朝貢していた」と記されている。『漢書』地理志は，紀元前1世紀頃の日本と中国の関係を伝える史料として知られる。 問3 (1) アヘン戦争は，イギリスと清との間で，1840年11月から2年近くにわたり行われた戦争である。イギリスは，インドでつくったアヘンを清に密輸して莫大な利益を得ていたが，清はアヘンの販売や摂取を禁止したので戦争となった。結果は清の敗北に終わり，1842年に南京条約が結ばれ，清の半植民地化の端緒となった。
(2) Bの史料は，1844年，オランダ国王ウィレム2世から将軍徳川家慶へ送られた開国勧告の親書である。世界の大勢を説き，アヘン戦争で敗北した中国の二の舞にならないよう勧告している。 問4 吉野作造は，大正デモクラシーの理論的指導者であり，東京大学の教授などを務めた。民主主義が「国家の主権は国民にある」としているのに対し，民本主義は天皇主権を定めた明治憲法の枠の中で，民衆が政治に参加することを主張した思想である。 問5 Dの史料は，1925年に制定された治安維持法の第1条である。この法律は，普通選挙法の成

立により，議会に進出することが懸念された共産主義者，激化することが予想された社会運動を取り締まるために制定された。なお，同法は1928年，田中義一内閣によって改正され，最高刑が「死刑又ハ無期」となった。　問6　1945年7月26日，日本の無条件降伏を主な内容とするポツダム宣言が発表された。アメリカのトルーマン大統領，イギリスのチャーチル首相(途中からアトリーに交代)，ソ連のスターリン書記長がポツダムで会談し，蒋介石の承認を得て宣言された。鈴木貫太郎内閣は，8月6日の広島，同月9日の長崎への原爆投下，その間のソ連の参戦を見て，8月14日にポツダム宣言を受諾し，無条件降伏した。

【5】問1　モンスーン　　問2　イ，カ　　問3　グリーンツーリズム
　問4　氷河が形成したU字谷に海水が浸入して，陸地に深く入り込んだ
　入り江　　問5　タウンシップ制　　問6　アボリジニー　　問7　イ
　問8　①　鉄道　　②　自動車　　③　船舶　　④　航空

〈解説〉問1　一般的に，稲の生育には1000mm以上の年間降水量，生育
　期の高温が必要となる。東南アジアはモンスーンアジアとも呼ばれ，
　夏季のモンスーン＝季節風が降雨をもたらすため，稲の生育に適して
　いる。　　問2　エーヤワディー川はミャンマー国内を南下し，そのま
　まベンガル湾に注ぐ。チャオプラヤ川はタイを南下し，タイランド湾
　に注ぐ。メコン川は，中国からラオス，タイ，カンボジアを流れ，そ
　の河口はベトナムのホーチミンの南部に位置する。　　問3　グリーン
　ツーリズムとは，農山漁村において自然や文化，人々との交流を楽し
　む滞在型の観光のこと。近年，環境に配慮した滞在型の観光形態とし
　て注目されている。日本では，グリーンツーリズムを推進するため，
　1994年に農村漁村余暇法が制定された。なお，環境と自然について学
　びながら体験することをエコツーリズムといい，2007年にエコツーリ
　ズム推進法が制定されている。　　問4　フィヨルドは，氷河が山脈を
　削ってできたU字谷が沈降，または海水面が上昇することによって形
　成される。リアス海岸と異なり奥行きが広く，水深も深いため天然の
　良港となる。なお，フィヨルドは，ノルウェー語で「入り江」を意味

する。　問5　アメリカ合衆国では，中西部の開拓を促進するため，1785年に制定された公有地条例により，タウンシップ制(公有地の分割制度)が導入された。当初は有償で行われていたが，1862年のホームステッド法により，入植者が5年間そこに住み続けると，約65haの土地が供与されることになった。　問6　オーストラリアの先住民はアボリジニー，ニュージーランドの先住民はマオリという。いずれも迫害された歴史を持つが，近年では先住民としての権利が尊重されるようになった。なお，オーストラリアのウルル(世界遺産に登録された巨大な一枚岩)は，先住民アボリジニーにとって大切な聖地であるとして，現在，観光客の登山が禁止されている。　問7　設問のグラフを見ると，気温が1年を通して25～30度ある。また，降水量は，ほとんどない時期(冬季)と100mm以上降る月が6カ月あることから，乾季と雨季の違いが明瞭なイの「サバナ気候」と判断できる。　問8　①は旅客，貨物ともに輸送が激減していることから，鉄道と判断できる。②は旅客が3倍近く，貨物が4倍以上増加していることから，自動車があてはまる。③と④は少し紛らわしいが，貨物の割合が減少している③が船舶。輸送の割合が伸びている④が航空と判断できる。

【6】問1　(1)　エ　　(2)　ア　　問2　X　ばれいしょ　　Y　てんさい　Z　小麦　　問3　(1)　青いバナナ(ブルーバナナ)　　(2)　エ　(3)　地中海沿岸は，西ヨーロッパ北部と比べ，冬は暖かな気候がひろがっており，夏は気温が高い上に，天気が良く，日照時間が長いから。問4　シリコン・グレン　　問5　エ　　問6　シェンゲン協定　問7　イ

〈解説〉問1　(1)　Aは三角江ではなく，スペインのリア地方に見られるリアス海岸である。Bは楯状地ではなく，パリを中心としたケスタ地形。ハイデは，氷河が堆積物を運んだ荒れ地のこと。これは，Cの地域ではなくバルト海沿岸に点在する。正答のDは，スロベニアのカルスト地方であり，ここでは石灰岩によって形成されるカルスト地形がみられる。　(2)　ア　正答。Eの都市は，羊毛工業地として栄えたイ

ングランド北部のリーズ(ウエストヨークシャー州)である。なお，イのFの都市はライン川より北にあり，ドルトムントと考えられる。ザール炭田のある工業都市は，ザールラントであるため誤り。ウのGの都市は，チェコの首都プラハ。ここは製陶業ではなく，伝統的なガラス工芸で知られる。エのHの都市は，スウェーデンの首都ストックホルムだが，鉄鉱石の産地はビルバオではなくキルナ。ビルバオは，スペイン北部の鉄山の名前である。　問2　Xは，表の国の中では最も北に位置するポーランドの生産量が一番多い。ばれいしょは寒冷地での栽培が適していることから，これが該当する。YとZを比較すると，イタリア，ルーマニアの生産量はYよりZのほうが多くなっている。これは，両国の主食である小麦と判断できる。よって，残るYがてんさいとなる。てんさいは混合農業の根菜類として栽培されるため，フランスやポーランドの生産量は多いが，イタリアやルーマニアでは少ない。問3　(1)　青いバナナ(ブルーバナナともいう)は，西ヨーロッパの経済的・人口的に発展したバナナ型の形をした地帯である。なお，青いバナナの「青」は，伝統的にヨーロッパを示す色として青が使われてきたことに由来し，現在もEUの旗の色として使用されている。

(2)　アのコロンビアの旧宗主国はスペイン，イのケニアはイギリス，ウのチュニジアはフランスである。アフリカにおけるフランスの植民地は，エのアルジェリアのようなサハラ砂漠地域に多くあった。

(3)　イギリス人やドイツ人は，寒く長い冬の時期，温暖で日照時間の長い地中海沿岸を好んでリゾートに訪れる。また，地中海性気候の地域の夏は，雨が少なく乾燥するため，この気候の良さが好まれ，多くの観光客を呼び込んでいる。　問4　シリコン・グレンは，スコットランド中部に位置する3つの都市，ダンディー・インヴァークライド・エディンバラを結ぶ三角形の地域を指す。アメリカ西海岸のシリコンヴァレー(ICT産業が盛んなエリア)にちなみ，このように呼ばれている。　問5　表のアは，4カ国の中で人口が最も少ない。しかし，農業従事者一人当たりの農地面積が2番目に広く，一人当たり国民総所得も2番目に高い。これは，ニュージーランドと判断できる。イは，

面積が突出して広いカナダである。ウとエの比較では，一人当たり国民総所得が際だって低いウがイラク，残るエがイタリアとなる。

問6　シェンゲン協定は，1985年にルクセンブルグのシェンゲンで結ばれた協定で，1995年に実施された。これにより，協定加盟国間(主にEU諸国)では，域内の国民がパスポートやビザなしに往来できるようになった。このため，「人の移動自由化」ともいわれる。　問7　まず，表のエは原油，天然ガス，魚介類の輸出がトップ3を占めている。これには，北海油田があり，漁業も盛んなノルウェーが該当する。ウには，機械類の次に航空機がある。これは，トゥールーズにエアバスの本社があるフランスが該当する。アは，医薬品が2番目，精密機械が4番目を占めている。世界的な医薬品メーカーがあり，高級時計などの製造が盛んなスイスが該当する。この結果，残るイがベルギーとなる。なお，イの輸出品目には，ダイヤモンドがある。ベルギーはダイヤモンドの原石を輸入し，それを加工して輸出している。

【7】　①　追究　　②　考察　　③　総合　　④　探究　　⑤　伝統
　　　⑥　地理情報システム　　⑦　データ
〈解説〉①　「社会的な見方・考え方」は，社会科(中学校)，地理歴史科(高等学校)，公民科(高等学校)のすべての「教科の目標」の「柱書」の冒頭に使われている文言である。「課題を追究したり解決したりする活動」とは，諸資料や調査活動などを通して調べ，それを思考，判断，表現しながら，社会的事象の特色や意味などを理解したり，社会への関心を高めたりする学習を指している。　②　高等学校学習指導要領解説　地理歴史編は，今回の地理歴史科の改訂の基本的な考え方を，3点に集約して挙げており，そのうちの1つが「『社会的な見方・考え方』を働かせた『思考力，判断力，表現力等』の育成」である。本問の空欄①②を含む文章は，高等学校学習指導要領解説　地理歴史編の第1章　総説　第2節　地理歴史科改訂の趣旨及び要点　1　地理歴史科改訂の趣旨　「(2)　地理歴史科の改訂の基本的な考え方」の中に記されている。　③　地理歴史科は5科目で編成されており，すべての

生徒が履修する「地理総合」と「歴史総合」の標準単位数は，いずれも2単位となっている。　④　選択科目は3つあり，必履修科目である「地理総合」を履修したあと，選択科目の「地理探究」を履修することができる。同じく，必履修科目である「歴史総合」を履修したあと，選択科目の「日本史探究」「世界史探究」を履修することができる。なお，選択科目の標準単位数はいずれも3単位となっている。

⑤　教育内容の見直しについては，同解説の「第1章　総説　第2節 2地理歴史科改訂の要点　(3)　内容の改善・充実」の中に記されており，中央教育審議会答申が示した「学校種を超えて求められる事項の具体像」となっている。　⑥　教材や教育環境の充実については，「第1章　総説　第2節　2　(4)　学習指導の改善・充実等」の中に記されている。地理情報システム(GIS)とは，コンピュータを使って，地図データとさまざまな情報を統合させ，地理情報を収集，検索，加工，分析し，地図上に表現する情報処理体系である。　⑦　この場合のデータとは，コンピュータで，プログラムを運用できる形に記号化・数字化されたもの，コンピュータで処理されるデジタル情報などのことをいう。

2019年度　実施問題

中 学 社 会

【1】次のⅠ～Ⅳは, 現行の中学校学習指導要領「社会」の一部である。これを読んで, あとの[問1]～[問4]に答えよ。

Ⅰ

〔地理的分野〕

2　内容

(2)　日本の様々な地域

　ア　日本の地域構成

　　　地球儀や地図を活用し, 我が国の国土の位置, 世界各地との時差, 領域の特色と変化, 地域区分などを取り上げ, 日本の地域構成を大観させる。

　　　(略)

3　内容の取扱い

(4)　内容の(2)については, 次のとおり取り扱うものとする。

　ア　アについては, 次のとおり取り扱うものとすること。

　　(ア)　「領域の特色と変化」については, 我が国の海洋国家としての特色を取り上げるとともに, ┌─ A ─┐が我が国の固有の領土であることなど, 我が国の領域をめぐる問題にも着目させるようにすること。

　　　(略)

　　(ウ)　学習全体を通して, ┌─────あ─────┐ようにすること。

Ⅱ

〔歴史的分野〕

2　内容

(4)　近世の日本

　　イ　江戸幕府の成立と大名統制，鎖国政策，　B　制度の確立及び農村の様子，鎖国下の対外関係などを通して，ⓐ江戸幕府の政治の特色を考えさせ，幕府と藩による支配が確立したことを理解させる。

Ⅲ

〔公民的分野〕

2　内容

(3)　私たちと政治

　　ア　人間の尊重と日本国憲法の基本的原則

　　　　人間の尊重についての考え方を，基本的人権を中心に深めさせ，法の意義を理解させるとともに，民主的な社会生活を営むためには，法に基づく政治が大切であることを理解させ，我が国の政治が日本国憲法に基づいて行われていることの意義について考えさせる。また，日本国憲法が基本的人権の尊重，ⓑ国民主権及び　C　を基本的原則としていることについての理解を深め，日本国及び日本国民統合の象徴としての天皇の地位と天皇の国事に関する行為について理解させる。

Ⅳ

第3　指導計画の作成と内容の取扱い

1　指導計画の作成に当たっては，次の事項に配慮するものとする。

　(4)　第1章総則の第1の2及び第3章道徳の第1に示す道徳教育の目標に基づき，道徳の時間などとの関連を考慮しながら，第3章道徳の第2に示す内容について，社会科の　 D 　に応じて適切な指導をすること。

[問1]　文中の　 A 　～　 D 　にあてはまる語句をそれぞれ書け。

[問2]　文中の　 あ 　にあてはまる語句を書け。

[問3]　下線部ⓐに関し，中学校学習指導要領解説　社会編(平成20年9月[平成26年1月一部改訂]　文部科学省)では，次のように説明されている。文中の□□□□にあてはまる語句を書け。

　「江戸幕府の政治の特色」については，「その支配の下に大きな戦乱のない時期を迎えた」(内容の取扱い)ことなど，中世から近世への転換の様子を，中世の武家政治との違いに着目して考察し，□□□□で表現できるようにさせる。

[問4]　下線部ⓑについて，中学校学習指導要領解説　社会編(平成20年9月[平成26年1月一部改訂]　文部科学省)では，国民には，どのような権限があると記載しているか，書け。

(☆☆◎◎◎)

【2】次のⅠ～Ⅲの文を読んで，下の[問1]～[問5]に答えよ。

Ⅰ

> 地域調査では，資料・統計・地図などを用いて，調査対象となる地域の基礎的な情報をまず知っておくことが大切である。国土交通省 　A　 により公的に作成されている地形図は，日本全土を細かく分けて網羅した地図である。ⓐ地形図には等高線や縮尺，土地利用や建造物を表す地図記号など，一定の約束ごとがある。

Ⅱ

> 日本は周囲を海で囲まれた島国(海洋国)であり，日本列島の東には太平洋，本州とユーラシア大陸の間には日本海，北海道の北東部に隣接する 　B　 海，南西諸島の西には東シナ海が広がっている。また，深さ8000mをこえる世界有数の海溝があり，日本列島沿岸には，大陸棚が見られ，ⓑ豊富な天然資源があると考えられている。

Ⅲ

> 第二次世界大戦後は，先進国のみならず発展途上国も工業化を熱心に進めており，工業製品の生産において国際分業が進展するなど，産業のⓒグローバル化が進んでいる。その結果，私たちの身のまわりには輸入製品があふれている。このような動きをおし進めているのが多国籍企業であり，ⓓ日本企業もアジア各地に工場進出してきた。

[問1] 文中の 　A　 ， 　B　 にあてはまる語句をそれぞれ書け。

[問2] 下線部ⓐに関し，次の(1)～(3)に答えよ。

(1) 5万分の1の地形図において，計曲線は何mごとに引かれているか，書け。

(2) 2万5千分の1の地形図上で長さ3cmは，実際の距離で何mになるか，書け。

(3) 次の図は，何を表す地図記号か，書け。

図

[問3]　下線部ⓑに関し，次の表は，各国の原油，石炭，天然ガスの自給率(2013年)を表したものである。表中のA～Cにあてはまる資源名を書け。

表　各国の原油，石炭，天然ガスの自給率(2013年)(％)

資源名　　　国名	中国	アメリカ合衆国	オーストラリア	イギリス
A	95.0	110.4	577.9	20.1
B	43.7	53.5	62.2	61.5
C	72.1	93.0	175.3	50.0

(「日本国勢図会2016/17年版」から作成)

[問4]　下線部ⓒに関し，多文化社会とはどのような社会か，簡潔に説明せよ。

[問5]　下線部ⓓに関し，次の(1)，(2)に答えよ。

(1)　次の表は，中国，韓国，タイ，ベトナムにおける日本企業の現地法人の売上高と常時従業者数(2014年度)を表したものである。表中のDにあてはまる国名を書け。

表

国名	A	B	C	D
売上高（億円）	424,746	197,062	49,941	26,118
常時従業者（千人）	1,698	698	89	369

(「日本国勢図会2016/17年版」から作成)

(2)　日本企業がアジア各地に工場進出する理由を，次の語句をすべて使って簡潔に説明せよ。

労働力　　賃金

(☆☆☆◎◎◎)

【3】次のⅠ～Ⅲの文を読んで，下の[問1]～[問9]に答えよ。

Ⅰ

南アメリカ大陸の北部に位置するアマゾン盆地は，高温多雨であり，　A　とよばれる世界最大の熱帯林が広がる。ⓐブラジル高原周辺はカンポとよばれる熱帯の疎林と長草草原が広がる。アルゼンチン中央部には肥沃な大草原である　B　が広がり，農牧業が盛んである。アンデス山脈では高山気候がみられ，ⓑ高度に適した伝統的な農業が行われている。

ⓒラテンアメリカの国ぐにでは，大土地所有制とⓓモノカルチャー経済というほぼ共通した特色が存在している。大農園のことをブラジルでは　C　とよぶ。

Ⅱ

ロシアは，西部が低地，東部が高原と山脈からなり，　D　山脈により西のヨーロッパロシアと東のアジアに分けられる。北極海に面したツンドラから　E　とよばれる広大な針葉樹林帯，落葉広葉樹林帯を経て南部のⓔステップまで多様な自然環境がみられる。シベリアや極東地域では，防寒のために二重窓や暖房設備を完備している。

また，ⓕ建物を高床式にするなどの工夫もみられる。

Ⅲ

1967年，東南アジアの地域協力機構として，　F　が誕生した。当初はインドネシア，ⓖマレーシア，シンガポール，タイ，フィリピンの5か国でスタートし，加盟国内の政治的・経済的安定を目的としていた。戦争や内戦が終結し，政治面が安定すると，経済・社会・文化の面での協力をめざして加盟国を増やし，1999年にⓗカンボジアが加わり10か国になった。

[問1]　文中の　A　～　F　にあてはまる語句を，あとのア～シからそれぞれ1つずつ選び，その記号を書け。

ア　タイガ　　　　イ　リャノ　　　　ウ　メスチソ

エ　ファゼンダ　　オ　パンパ　　　　カ　ウラル

キ　アセアン　　　ク　エイペック　　ケ　セルバ

コ　スラブ　　　　サ　ドイモイ　　　シ　モンスーン

[問2]　下線部ⓐの南部に広がる，玄武岩が風化した土壌名として適切なものを，次のア～エから1つ選び，その記号を書け。

ア　ラトソル　　イ　チェルノーゼム　　ウ　ポドゾル

エ　テラローシャ

[問3]　下線部ⓑに関し，ペルー付近の標高約2000～3000mの地域で主に栽培されている作物として適切なものを，次のア～エから2つ選び，その記号を書け。

ア　じゃがいも　　イ　小麦　　ウ　米　　エ　カカオ

[問4]　下線部ⓒに関し，次の表は，アルゼンチン，コロンビア，チリ，ブラジルの輸出品目(上位4品目：2015年)を表したものである。チリにあたるものを表中のA～Dから1つ選び，その記号を書け。

表

国名	輸出品目：上位4品目　　(%)	輸出額
A	大豆(11.0)，機械類(8.0)，肉類(7.5)，鉄鉱石(7.4)	1,911億ドル
B	銅(26.8)，銅鉱(22.0)，野菜・果実(9.6)，魚介類(6.9)	634億ドル
C	植物性油かす(17.2)，自動車(10.5)，大豆(7.5)，大豆油(6.7)	568億ドル
D	原油(36.0)，石炭(12.8)，コーヒー豆(7.2)，装飾用切花(3.7)	357億ドル

(「世界国勢図会2017/18年版」から作成)

[問5]　下線部ⓓについて，簡潔に説明せよ。

[問6]　下線部ⓔについて，気候と植生にふれながら簡潔に説明せよ。

[問7]　下線部ⓕについて，その理由を書け。

[問8]　下線部ⓖに関し，政府が教育や就職の面でマレー系国民を優遇する政策をとっている。この政策を何というか，書け。

[問9]　下線部ⓗに関し，次の(1)，(2)に答えよ。

(1)　この国の位置を地図中のA～Fから1つ選び，その記号を書け。

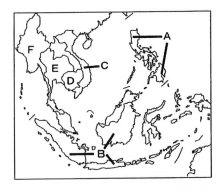

(2)　この国が1953年に独立する以前の旧宗主国名を書け。

(☆☆☆◎◎◎)

【4】次のⅠ～Ⅴの文を読んで，あとの[問1]～[問10]に答えよ。

Ⅰ

> 　6世紀に入ると国内では，地方豪族が反乱を起こし，朝廷内でも豪族の勢力争いが絶えなかった。6世紀末，厩戸皇子(聖徳太子)が(　①　)天皇の摂政となり，こうした争いをおさえ，天皇を中心とする政治の仕組みを整えようと，ⓐ政治改革にのりだした。

Ⅱ

> 　(　②　)天皇は，794年，都を現在の京都へ移した。そのころ唐に渡ったⓑ空海と最澄は，新しい宗派を伝え，仏教の発展の基礎を築いた。9世紀後半になると，藤原氏が政治の実権を握った。藤原氏は，朝廷の高い地位を独占し，ⓒ荘園と呼ばれる私有地を多く持つようになった。
>
> 　1086年，(　③　)天皇は，上皇となり院政を始めた。12世紀，朝廷内の実権争いから京都で二つの戦乱が起き，平氏が源氏を破って勢力を広げ，1167年，(　④　)が太政大臣になり政権を握った。

Ⅲ

> 1185年，壇ノ浦で平氏が滅んだ後，源頼朝は幕府を開いて武家政治を始めた。頼朝は，御家人に対して_ⓓ先祖伝来の所領の支配を保障し，新しい所領を与え，御家人は，それに忠誠を誓い奉公により報いた。
>
> 承久の乱の後，幕府の全国に対する支配力は一段と強くなった。また，_ⓔ全国に任命された地頭の力も強くなり，荘園・公領の領主と紛争をおこすことが多くなった。1232年には，_ⓕ御成敗式目が制定された。

Ⅳ

> 1582年，織田信長が明智光秀に倒され，_ⓖ豊臣秀吉が信長の後継者となり，全国統一を成し遂げた。秀吉の死後，1603年，徳川家康は征夷大将軍の宣下を受け，江戸幕府を開いた。

Ⅴ

> 新政府は，五箇条の御誓文を出して政治の方針を定めるとともに，年号を明治と改め，東京を新しい首都とした。中央政府のしくみも整えられたが，_ⓗ一部の藩の出身者が政治の実権をにぎった。税制の改革として，_ⓘ政府は国民に土地の所有権を認めたうえで，1873年に地租改正を実施した。

[問1] 文中の（ ① ）～（ ③ ）にあてはまる天皇を，（ ④ ）にあてはまる人物名をそれぞれ書け。

[問2] 下線部ⓓに関し，次の史料は，604年に出された憲法十七条の条文の一部である。史料中の □ にあてはまる語句を書け。

133

史料

> 一に曰く，和を以て貴しとなし，忤ふること無きを宗とせよ。
> 二に曰く，篤くを敬へ。
> 三に曰く，詔を承りては必ず謹め。君をば則ち天とす，臣をば則ち地とす。
> （『日本書紀』原漢文）

[問3]　下線部ⓑの空海によって開かれた高野山は，熊野古道などとともに，2004年にユネスコの世界遺産に登録されることとなった。この世界遺産の正式な登録名を書け。

[問4]　下線部ⓒに関し，荘園領主が税の負担を逃れるため，有力な貴族や寺社に差し出した荘園を何というか，書け。

[問5]　下線部ⓓに関し，このことを何というか，書け。

[問6]　下線部ⓔに関し，図1が示すように，地頭と領主の合意によって，荘園が分割されたことを何というか，書け。

図1

[問7]　下線部ⓕが制定された理由を，簡潔に説明せよ。

[問8]　下線部ⓖに関し，1585年の紀伊国平定の際，水攻めがおこなわれた城の名称を書け。

[問9]　下線部ⓗに関し，このような政府を何というか，書け。

[問10]　下線部ⓘに関し，図2は，個人の土地の所有権を認める地券である。図2中の四角で囲まれている部分を拡大したものがAである。

A中に書かれている内容を「地価(地價)」と「地租」の言葉を使い簡潔に説明せよ。但し，具体的な金額には触れなくてよい。

図2

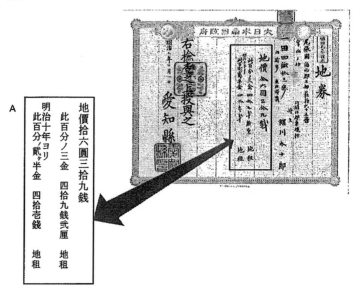

A
地價拾六圓三拾九錢
此百分ノ三金　　四拾九錢弐厘　　地租
明治十年ヨリ
此百分ノ貳ヶ半金　四拾壱錢　　　地租

(☆☆☆◎◎◎)

【5】次のⅠ～Ⅲの文を読んで，あとの[問1]～[問11]に答えよ。

Ⅰ

　　中国では，長い分裂の時代を経たのちの589年，随の　A　が全国を統一した。随は北朝の制度を受け継ぎ，ⓐ均田制，租調庸制，府兵制を実施し，試験による官僚登用制度の　B　を始めた。しかし，大土木事業や周辺諸国へのたびかさなる遠征は，人々を苦しめた。ⓑ高句麗遠征の失敗をきっかけに国内各地で反乱がおこり，随は短期間で滅亡した。

135

Ⅱ

ⓒイギリスでは，1603年，ステュアート朝の国王ジェームズ
1世が，王権神授説を唱えて専制政治を行った。1628
年，　　C　　が可決されたものの，チャールズ1世は議会を開か
ず専制政治を行った。そして1642年，ついに議会派と王党派の
内戦が勃発した。また，1689年に議会がまとめた権利の宣言を
ウィリアム3世とメアリ2世が受け入れ，王位についた。この革
命を　　D　　という。

イギリス領北米植民地は，イギリスの定めたⓓ印紙法に反対し，
1775年，独立戦争を起こし，翌年，独立宣言を発表した。この
宣言は　　あ　　らが起草し，人間の自由・平等，圧政に対する反
抗の正当性を主張したもので，ⓔフランス革命の人権宣言ととも
に，近代民主政治の基本原理が述べられている。

Ⅲ

19世紀のヨーロッパは，資本主義の拡大にともなって列強勢
力の関係が大きく変化した。また，オスマン帝国の弱体化によ
る，バルカン諸国間の領土拡張抗争が激化し，ⓕバルカン半島の
緊張は高まった。

1914年6月，サラエボ事件により列強はあいついで戦争になだ
れ込んでいき，この戦争は第一次世界大戦へと拡大していった。
ⓖ日本も日英同盟を根拠に参戦することとなった。ⓗ大戦中に，
交戦国は自国を有利に導くため，味方や中立国の間で秘密の約
束を交わしていた。

アメリカが参戦したことで，1918年11月ドイツは連合国と休
戦条約を結び，第一次世界大戦は終結した。翌年，パリでⓘ講和
条約が結ばれ，その後，アメリカ大統領　　E　　が提唱し
ていた国際連盟が成立した。

[問1]　文中の　A　～　E　にあてはまる語句や人物名をそれぞれ
書け。

[問2]　下線部ⓐについて，簡潔に説明せよ。

[問3]　下線部ⓑの説明として正しいものを，次のア〜エから1つ選び，
その記号を書け。

　ア　4世紀初め，中国東北地方から南下して楽浪郡を滅ぼし，朝鮮
半島北部を支配した。

　イ　辰韓からおこり，唐と結んで，676年，朝鮮最初の統一国家を
樹立した。

　ウ　馬韓北部からおこり，朝鮮西南に拠るが，660年に滅ぼされた。

　エ　大祚栄が建国した靺鞨人の国で，中国東北地方の東部を中心に
繁栄した。

[問4]　文中の　あ　にあてはまる人物を，次のア〜エから1つ選び，
その記号を書け。

　ア　トマス＝ペイン　　　　　イ　ジェファーソン＝デイヴィス

　ウ　ジェームズ＝モンロー　　エ　トマス＝ジェファソン

[問5]　下線部ⓒに関する説明として適切なものを，次のア〜エから1
つ選び，その記号を書け。

　ア　ウォルポールが首相となり，責任内閣制が形成されていった。

　イ　ロベスピエールはテルミドールのクーデタで権力を失い処刑さ
れた。

　ウ　ナントの王令の廃止によってユグノーの商工業者が大量に亡命
した。

　エ　フリードリヒ＝ヴィルヘルム1世が絶対王政の基礎をつくりあ
げた。

[問6]　下線部ⓓに関し，当時，イギリス領北米植民地の人々により次
のような主張が唱えられた。　　　に入る語句を書け。

　　　　　　　「代表なくして　　　なし」

[問7]　下線部ⓔに関し，1789年7月14日，国王と保守的な貴族による
国民議会への武力弾圧に対し，民衆が蜂起して襲撃したのはどこか，

書け。

[問8]　下線部⨍に関し，次の図は当時のバルカン半島の危機を表わす
　　風刺画である。当時のバルカン半島は何と呼ばれていたか，書け。

図

[問9]　下線部⨐に関し，ドイツからの輸入が途絶えたため，和歌山市
　　出身の由良浅次郎によって，国産化に成功したものは何か，次のア
　　〜エから1つ選び，その記号を書け。
　　ア　合成樹脂　　イ　合成繊維　　ウ　合成染料　　エ　合成洗剤
[問10]　下線部⨑に関し，1917年，イギリスがユダヤ人に対して，パ
　　レスティナの地に彼らが民族的郷土を設定することを認めた宣言を
　　何というか，書け。
[問11]　下線部⨒に関し，この条約の名称を書け。

(☆☆☆◯◯◯)

【6】 次のⅠ～Ⅲの文を読んで，下の[問1]～[問6]に答えよ。

Ⅰ

> 　大日本帝国憲法(明治憲法)は，欽定憲法かつ法律よりも改正の
> 手続きが厳格な　A　憲法であり，天皇主権の原理に立ってい
> た。しかし，憲法とは本来，国家権力を制限するものであると
> する　B　主義の観点から，不十分なものであった。それに対
> し，ⓐ日本国憲法は，国民主権を明確にし，条文の約3分の1を
> 基本的人権の規定にあてている。

Ⅱ

> 　ⓑ自由権の1つである精神の自由について，日本国憲法第21条
> 第2項で　C　を禁止し，通信の秘密を保障している。

Ⅲ

> 　20世紀になるとⓒ参政権が拡大され，福祉国家の実現が求め
> られるようになり，基本的人権としてⓓ社会権が位置づけられ
> た。日本国憲法第25条第1項では，「ⓔ健康で文化的な最低限度
> の生活を営む権利」を保障している。

[問1]　文中の　A　～　C　にあてはまる語句をそれぞれ書け。

[問2]　下線部ⓐに関し，次の(1)～(3)に答えよ。

(1)　条文で定められている内容について，次の文中の　ア　～
　　　ウ　にあてはまる語句をそれぞれ書け。

> 　憲法改正については，第96条で「各議院の総議員の　ア　以
> 上の賛成で，国会が，これを　イ　し，国民に提案してその
> 　ウ　を経なければならない」としている。

(2)　刑事裁判で抑留または拘禁された者が，裁判で無罪となった場合，
　　国に対して補償を求める権利を何というか，書け。

(3)　最高裁判所は，その性格上から「憲法の番人」と呼ばれている。
　　その理由を簡潔に説明せよ。

[問3]　下線部ⓑに関し，正当な法の定める手続きをふまえなければ刑罰を科せられることはないという考えを何というか，書け。

[問4]　下線部ⓒに関し，次の文中の＿＿＿にあてはまる語句を書け。

> 日本において直接民主制が採用されている制度として，衆議院議員総選挙の際におこなわれる＿＿＿の国民審査などがある。

[問5]　下線部ⓓに関し，労働三権をすべて書け。

[問6]　下線部ⓔに関し，この権利を何というか，書け。

(☆☆◎◎◎)

【7】次の文を読んで，下の[問1]～[問6]に答えよ。

> 　企業は，ⓐ三つの生産要素を用いて生産活動を行っている。ⓑ資本主義経済における企業の目的は，＿＿＿の追求であり，最大＿＿＿を求めて，労働者を雇い，投資を決定する。現代では，機械や工場・店舗などの設備投資のために巨額の資本が必要となる。そのため，多くの企業がⓒ株式会社の形態をとり，株主が株式と引き換えに資本金を出資している。
> 　近年では，取引先への過剰接待の禁止やⓓ消費者保護など法令遵守(コンプライアンス)の強化，ⓔ環境保全や省資源・省エネルギー，文化活動の支援(メセナ)，社会的なボランティア活動(フィランソロピー)などを通じて，企業の社会的責任を果たすことが求められている。

[問1]　下線部ⓐについて，その要素をすべて書け。

[問2]　下線部ⓑに関し，次の(1)，(2)に答えよ。

(1)　世界恐慌に際してアメリカのルーズベルト大統領が実施した，国が経済へ積極的に介入して有効需要を創出する政策を何というか，書け。

(2)　不安定な物価上昇を回避するために通貨を安定的に供給することを重視するマネタリズムを唱え，『選択の自由』を著した経済

学者は誰か，書け。

[問3] 文中の[　　　]にあてはまる共通の語句を書け。

[問4] 下線部ⓒに関し，株主の有限責任について，次の語句をすべて使って簡潔に説明せよ。

> 債権者　　出資分

[問5] 下線部ⓓに関し，悪質な売買契約を解約したり，不当な契約内容に無効を主張したりできる，2000年に制定された法律を何というか，書け。

[問6] 下線部ⓔに関し，次の(1)，(2)に答えよ。

(1) 1972年に汚染者負担の原則(PPP)を勧告した国際機関名を書け。

(2) 1994年に国連大学が提唱した，廃棄物を出さないという考え方を何というか，書け。

(☆☆◎◎◎)

地 理・歴 史

【1】次の文を読み，[問1]〜[問9]に答えよ。

インダス川流域では，前2600年頃から[　1　]やハラッパーを中心に高度な都市文明が栄えた。前1500年頃には，ⓐアーリヤ人が中央アジアから北インドに進出し，ガンジス川流域に小国家を建設した。

前500年頃になると，王や戦士の力がバラモンにまさるようになり，これに呼応して仏教やⓑジャイナ教などの新しい思想がうまれてきた。

前4世紀の終わり頃には，ガンジス川流域にインド最初の統一王朝である[　2　]朝が建国された。この王朝は，アショーカ王時代に最盛期を迎え，王はⓒ仏教の精神に基づく政治をおこない，国家の統一をはかった。[　2　]朝の崩壊後，アフガニスタンにおこった[　3　]朝は，ⓓガンダーラ地方を中心に中央アジアからガンジス川中流域まで支配した。ⓔ最盛期の王もあつく仏教を信じ，仏教は西北イ

ンドを中心に栄えた。

　仏教はその後も国家の保護を受け広まったが，4世紀の　4　朝の時代になると，民衆の間ではヒンドゥー教が信奉されるようになった。この時代には伝説上の王を神の化身として描く『マハーバーラタ』や『ラーマーヤナ』などの叙事詩が成立し，また，(f)戯曲などもつくられインドや東南アジアへ広まった。

　7世紀には，(g)ハルシャ王がヴァルダナ朝をおこして北インドの大半を支配したが，その死後，急速に衰退し，ラージプートと呼ばれるヒンドゥー諸勢力の抗争時代が続いた。

[問1]　　1　にあてはまる「死人の丘」の意味をもつ遺跡名を書け。

[問2]　　2　～　4　にあてはまる王朝名の組み合わせとして正しいものを，次のア〜カの中から1つ選び，その記号を書け。

	2	3	4
ア	グプタ	マウリヤ	クシャーナ
イ	グプタ	クシャーナ	マウリヤ
ウ	クシャーナ	マウリヤ	グプタ
エ	クシャーナ	グプタ	マウリヤ
オ	マウリヤ	グプタ	クシャーナ
カ	マウリヤ	クシャーナ	グプタ

[問3]　下線@に関し，次の(1)，(2)に答えよ。

　(1)　太陽などの自然を神格化し，その神々に捧げた最古の賛歌集を何と呼ぶか，書け。

　(2)　彼らの社会の発展につれて四つの身分がうまれ，これとジャーティ(区分)を結びつけて成立した社会制度を何と呼ぶか，書け。

[問4]　下線ⓑの始祖は誰か，書け。

[問5]　下線ⓒに関し，アショーカ王は武力による征服活動を放棄し，法による統治をめざした。この法のことをサンスクリット語で何と呼ぶか，書け。

[問6]　下線ⓓに関し，次の(1)，(2)に答えよ。

　(1)　この地方で栄えた仏教美術として最も適切なものを，あとのア

～エの中から1つ選び，その記号を書け，

(2) この地方で栄えた仏教美術の特徴を簡潔に書け。

[問7] 下線ⓔに関し，仏典結集を行った王は誰か，書け。

[問8] 下線ⓕに関し，『シャクンタラー』を著した宮廷詩人は誰か，書け。

[問9] 下線ⓖの王のあつい保護を受けた玄奘が学んだ，仏教教学研究の機関を何と呼ぶか，書け。

(☆☆☆◎◎◎)

【2】次の文を読み，[問1]～[問9]に答えよ。

七年戦争で多大な負債を抱えたイギリスは，植民地への課税と統治の強化をはかった。

1765年，イギリス本国政府が印紙法で課税すると，イギリス領13植民地は，本国議会に代表議員を送っていないとその<u>ⓐ不当性を主張し</u>，これを撤廃させた。さらに1776年7月4日，フィラデルフィアで<u>ⓑ独立宣言</u>を発表し，翌1777年<u>ⓒアメリカ合衆国</u>の成立をうたいイギリスと戦った。

1783年，パリ条約でイギリスは，アメリカ合衆国の独立を承認するとともに，ミシシッピ川以東の地をアメリカ合衆国に譲った。

その後アメリカ合衆国の発展はめざましく，西部開拓を積極的に推進した。この開拓の進展とともに<u>ⓓ南部</u>と<u>ⓔ北部</u>の利害が対立し，やがて1861年には<u>ⓕ南北戦争</u>に突入した。はじめは南部が優勢であったが，北部軍は1865年，南部の首都リッチモンドを占領して勝利した。

1889年に [　　　] 会議を主催して，ラテンアメリカへの影響力を強め

たアメリカ合衆国は，孤立主義から方針転換し，90年代には海外進出を強めた。共和党のマッキンリー大統領は，1898年にアメリカ＝スペイン戦争をおこし，カリブ海と太平洋へ進出する足場をきずいた。翌1899年には_ⓖ国務長官が門戸開放宣言を発表し，中国市場への進出もはかった。ついで共和党の_ⓗセオドア＝ローズヴェルト大統領は，積極的なカリブ海政策を推進した。

[問1]　　　　　にあてはまる語句を書け。

[問2]　下線ⓐに関し，参政権と納税義務は一体のものであるという植民地側の論理を表すスローガンは何か，書け。

[問3]　下線ⓑの起草者で，第3代アメリカ合衆国大統領である人物は誰か，書け。

[問4]　下線ⓒに関し，1787年に制定されたアメリカ合衆国憲法の特徴として，各州に大幅な自治権を認めながらも，中央政府の権限強化をめざす考えを何と呼ぶか，書け。

[問5]　下線ⓓに関し，奴隷制の存続を求めていた南部に対し，『アンクル＝トムの小屋』を著して，奴隷制反対の世論を盛りあげた作家を，次のア～エの中から1つ選び，その記号を書け。
　　　ア　トマス＝ペイン　　イ　ロック　　ウ　ジョン＝ケイ
　　　エ　ストウ

[問6]　下線ⓔに関し，イギリスとの対抗上，工業化のすすんだ北部の製造業者が求めていた貿易政策は何か，書け。

[問7]　下線ⓕに関し，次の(1)，(2)に答えよ。
　(1)　1862年，リンカンが西部農民の北部軍支持を獲得するために発布した法は何か，書け。
　(2)　1863年，南北戦争最大の激戦が行われ，戦没者追悼式典でリンカンが演説した地名を書け。

[問8]　下線ⓖの国務長官は誰か，書け。

[問9]　下線ⓗに関し，武力行使を伴う彼の外交方策を何と呼ぶか，書け。

(☆☆☆◎◎◎)

【3】次の文を読み，[問1]～[問9]に答えよ。

　　日本を代表する歴史的建造物や遺跡の中には，世界文化遺産に登録されたものがある。1993年，日本で初めて「法隆寺地域の仏教建造物」と「　1　」，翌年には「⒜古都京都の文化財」が，その後「原爆ドーム」，「⒝厳島神社」，「古都奈良の文化財」，「⒞日光の社寺」などが登録された。2000年以降も「⒟琉球王国のグスク及び関連遺産群」，「紀伊山地の霊場と参詣道」，「⒠石見銀山遺跡とその文化的景観」，「　2　－仏国土(浄土)を表す建築・庭園及び考古学的遺跡群－」などが登録されている。これらはいずれも，今日まで守り伝えられてきた貴重な国民的財産といえる。

　　また2017年に日本が推薦した「⒡長崎と天草地方の潜伏キリシタン関連遺産」が，今年6月に，ユネスコ世界遺産委員会において世界文化遺産に登録されることが決定した。さらに「⒢百舌鳥・古市古墳群」なども世界文化遺産登録に向けて期待が高まっている。

[問1]　　1　にあてはまる城郭名を，次のア～エの中から1つ選び，その記号を書け。

　　ア　熊本城　　イ　姫路城　　ウ　彦根城　　エ　犬山城

[問2]　　2　にあてはまる奥州藤原氏の繁栄の中心地となった地名を書け。

[問3]　下線⒜に関し，平安京までの都の変遷を古い順に並べたものとして正しいものを，次のア～エの中から1つ選び，その記号を書け。

　　ア　藤原京　→　長岡京　→　平城京　→　平安京

　　イ　藤原京　→　平城京　→　長岡京　→　平安京

　　ウ　平城京　→　藤原京　→　長岡京　→　平安京

　　エ　平城京　→　長岡京　→　藤原京　→　平安京

[問4]　下線⒝を一門の氏神にして，日宋貿易を政権の重要な経済基盤としたのは誰か，書け。

[問5]　下線⒞に関し，寛永年間の日光東照宮の大規模な造り替えの際に用いられた，霊廟建築様式の1つで，本殿と拝殿の間を相の間で結び，工字形に列ねた様式を何と呼ぶか，書け。

[問6]　下線ⓓは，日本，明，ジャワ島・スマトラ島・インドシナ半島
との間で交易した。明の海禁政策のもと行われたこの貿易を何と呼
ぶか，書け。

[問7]　下線ⓔに関し，その所在地とゆかりの深い戦国大名の正しい組
み合わせを，次のア～エの中から1つ選び，その記号を書け。

ア　島根県　－　毛利氏　　イ　島根県　－　京極氏

ウ　兵庫県　－　山名氏　　エ　兵庫県　－　尼子氏

[問8]　下線ⓕを領有していたキリシタン大名のうち，関ヶ原の戦いで
西軍に属したのは誰か，書け。

[問9]　下線ⓖは，古墳時代の最盛期であった4世紀後半から5世紀後半
にかけて築造されている。この時代までの被葬者とこの時代の被葬
者の政治的性格の違いについて，副葬品に着目し，簡潔に説明せよ。

(☆☆☆◎◎◎)

【4】次のA～Eの史料を読み，[問1]～[問8]に答えよ。

A　(寛仁二年十月)十六日乙巳，今日，女御藤原威子を以て皇后に立つ
るの日なり。(中略)ⓐ太閤，下官を招き呼びて云く，「和歌を読まむ
と欲す。必ず和すべし。」者。答へて云く，「何ぞ和し奉らざらむや。」
又云ふ，「誇りたる歌になむ有る。但し宿構に非ず。」者。「此の世
をば我が世とぞ思ふ望月の　かけたることも無しと思へば」。

『小右記』

B　此比都ニハヤル物。夜討，強盗，謀綸旨。召人，早馬，虚騒動。
生頸，還俗，自由出家。俄大名，迷者，安堵，恩賞，虚軍。本領ハ
ナル、訴訟人。文書入タル細葛。追従，讒人，禅律僧。　1　ス
ル成出者。器用ノ堪否沙汰モナク。モル、，人ナキ決断所。キツケ
ヌ冠上ノキヌ。持モナラハヌ笏持テ。内裏マジハリ珍シヤ。

『(X)』

C　昔ハ在々ニ殊ノ外銭払底ニテ，一切ノ物ヲ銭ニテハ買ハズ，皆米
麦ニテ買タルコト，某田舎ニテ覚タル事也。近年ノ様子ヲ聞合スル
ニ，元禄ノ頃ヨリ田舎ヘモ銭行渡テ，銭ニテ物ヲ買コトニ成タリ。

146

(中略)当時ハ旅宿ノ境界ナル故，金無テハナラヌ故，米ヲ売テ金ニシテ，商人ヨリ物ヲ買テ日々ヲ送ルコトナレバ，商人主ト成テ武家ハ客也。 『ⓑ政談』

D 第一条 (前略)大不列顚国ニ取リテハ主トシテ清国ニ関シ，又日本国ニ取リテハ其清国ニ於テ有スル利益ニ加フルニ， 2 ニ於テ政治上並商業上及工業上格段ニ利益ヲ有スルヲ以テ，両締約国ハ若シ右等利益ニシテ別国ノ侵略的行動ニ由リ(中略)侵迫セラレタル場合ニハ，両締約国孰レモ該利益ヲ擁護スル為メ必要欠クヘカラサル措置ヲ執リ得ヘキコトヲ承認ス 『日本外交文書』

E 彼等ハ玉座ヲ以テ胸壁トナシ，詔勅ヲ以テ弾丸ニ代ヘテ政敵ヲ倒サントスルモノデハナイカ。(中略)又，其内閣総理大臣ノ位地ニ立ッテ，然ル後ⓒ政党ノ組織ニ着手スルト云フガ如キモ，彼ノ一輩ガ如何ニ我憲法ヲ軽ク視，其精神ノアルトコロヲ理解セナイカノ一班ガ分ル。 『帝国議会衆議院議事速記録』

[問1] 1 ， 2 にあてはまる語句を書け。

[問2] (X)にあてはまる書名を，次のア〜エの中から1つ選び，その記号を書け。
ア 増鏡 イ 太平記 ウ 樵談治要 エ 建武年間記

[問3] 下線ⓐに関し，次の(1)，(2)に答えよ。
(1) この太閤は誰か，次のア〜エの中から1つ選び，その記号を書け。
ア 藤原基経 イ 藤原兼家 ウ 藤原道長
エ 藤原頼通
(2) この太閤の孫でない天皇は誰か，次のア〜エの中から1つ選び，その記号を書け。
ア 後一条天皇 イ 後三条天皇 ウ 後冷泉天皇
エ 後朱雀天皇

[問4] 史料Cから読み取れる，この時代の経済の状況について簡潔に書け。

[問5] 下線ⓑの著者を，あとのア〜エの中から1つ選び，その記号を

書け。

　　ア　新井白石　　イ　太宰春台　　ウ　伊藤仁斎　　エ　荻生徂徠

[問6]　史料Dで示されている協約を何と呼ぶか，書け。

[問7]　史料Eの演説を行った人物は誰か，書け。

[問8]　下線ⓒに関し，1913年に桂太郎が創立を宣言した政党を，次の
　　ア〜エの中から1つ選び，その記号を書け。

　　ア　立憲同志会　　イ　立憲国民党　　ウ　立憲政友会

　　エ　立憲改進党

(☆☆☆◎◎◎)

【5】次の文を読み，[問1]〜[問8]に答えよ。

　　工業とは，ⓐ農産物やⓑ鉱産物などの原材料を加工して，有用な製
品をつくる産業である。

　　産業革命以降は機械を導入した工場制機械工業が発達し，ⓒ工場が
特定の地域に集積する工業地域も形成されるようになった。ⓓヨーロ
ッパの鉄鋼業は，ミッドランド地方，ロレーヌ地方，ルール地方など
が中心であったが，第二次世界大戦後はⓔタラント，ダンケルク，フ
ォスなどに立地するようになった。また，スペインやⓕイタリアでは，
皮革や繊維産業の分野で，高い技術を生かして世界的なブランドを育
ててきた。

　　中国では対外開放政策が始まったのち，1979年以降，先進国の資本
や技術の導入を目的に，シェンチェンやチューハイなど5つの地域に，
　　1　　が設けられ，経済的な優遇措置がとられた。

　　工業の発達は，生活を豊かにする一方で，　　2　　とよばれる先進国
と発展途上国との間の経済格差や，大気汚染や水質汚濁などのⓖ環境
問題を引き起こすこととなった。

[問1]　　1　，　2　にあてはまる語句を書け。

[問2]　下線ⓐに関し，アメリカ合衆国西部では，牧場内に放牧地や牧
　　草地とは別に小さな区画を設け，肉牛に穀物を中心とする高カロリ
　　ーの濃厚飼料を与えて，出荷前の肉牛の肉量を増やし，肉質を高め

るための肥育をしている。この飼育場を何と呼ぶか，書け。

[問3]　下線ⓑに関し，次の表は，銅鉱，銀鉱，亜鉛鉱，ボーキサイト
の産出量上位5か国を表したものである。表中のア〜エの鉱産資源
のうち，亜鉛鉱にあたるものはどれか，1つ選び，その記号を書け。

表

ア		イ		ウ		エ	
国名	%	国名	%	国名	%	国名	%
オーストラリア	32.1	メキシコ	18.7	中　国	37.1	チ　リ	31.1
中　国	22.4	中　国	15.1	オーストラリア	11.7	中　国	9.5
ブラジル	14.2	ペルー	14.1	ペルー	9.9	ペルー	7.5
ギニア	7.0	オーストラリア	6.4	アメリカ	6.3	アメリカ	7.4
インド	6.7	チ　リ	5.9	インド	5.3	コンゴ民主	5.6

（『データブック　オブ・ザ・ワールド2018』などから作成）

[問4]　下線ⓒに関し，ビール工業や清涼飲料水工業は大都市周辺に立
地される傾向にある。その理由を，輸送に着目し，簡潔に説明せよ。

[問5]　下線ⓓに関し，ヨーロッパでは，のちのECやEUにつながるヨ
ーロッパ石炭鉄鋼共同体(ECSC)が1952年に設立され，当時の加盟国
は6か国であった。ベネルクス3国，旧西ドイツ，イタリアとあと1
つはどこか。国名を書け。

[問6]　下線ⓔに関し，次の図で，タラントとダンケルクの位置は，そ
れぞれA〜Dのどれにあたるか，正しい組み合わせを，あとのア〜
カの中から1つ選び，その記号を書け。

149

図

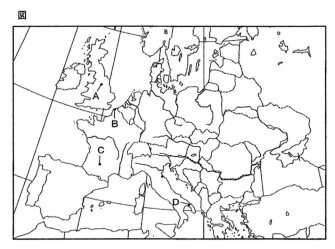

	タラント		ダンケルク
ア	A	－	C
イ	C	－	B
ウ	D	－	A
エ	B	－	D
オ	D	－	B
カ	C	－	A

[問7]　下線ⓕに関し，トリノやミラノを中心とした重工業地帯，南部の農業地域につぐ重要な産業地域という意味で，中小企業や職人による伝統工芸を中心とした産業に特色をもつ地域を何と呼ぶか，書け。

[問8]　下線ⓖに関し，1972年にストックホルムで開催された国際会議で採択された勧告に基づき，1973年に設置された地球環境問題に専門的に取り組む政府間の国際組織を何と呼ぶか，書け。

(☆☆☆○○○)

【6】次の文を読み，[問1]〜[問8]に答えよ。

　　<u>アフリカ大陸</u>の大部分は，地球上で最も古い陸地で，地殻変動が不活発な□□□□である。

　　アフリカは<u>鉱産資源</u>に恵まれており，<u>経済</u>の大部分を鉱産資源の<u>輸出</u>にたよっている国が多い。油田が分布する<u>北アフリカ</u>は，西アジアと並ぶ<u>産油地帯</u>となっている。

　　北アフリカでは，7世紀以降，アラブ人によってアラビア語が普及した。また，サハラ以南のアフリカにはイスラームが浸透し，東岸では<u>アラビア語の影響を受けた言語</u>が使われている。

[問1]　□□□□にあてはまる語句を書け。

[問2]　下線ⓐに関し，下の(1)〜(3)に答えよ。

図

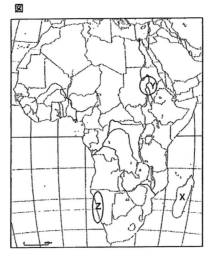

(1)　図中のXで示した島を何と呼ぶか，書け。

(2)　図中のYで示した地域の農業について正しく述べている文を，次のア〜エの中から1つ選び，その記号を書け。

　　ア　灌漑計画により，大規模に綿花の栽培を行っている。

　　イ　マレー系住民が大半を占める地域で，香辛料や米の栽培を行っている。

151

ウ　オアシス農業が発達し，綿花や米，小麦の栽培を行っている。

エ　アメリカ合衆国資本によるゴムの栽培を行っている。

(3)　図中のZで示した地域に，海岸砂漠が形成される理由を，簡潔に説明せよ。

[問3]　下線ⓑに関し，次のグラフはある鉱産資源の主な産出国を表したものである。この鉱産資源は何か，書け。

グラフ

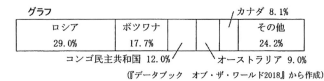

| ロシア 29.0% | ボツワナ 17.7% | | | カナダ 8.1% その他 24.2% |

コンゴ民主共和国 12.0%　　　オーストラリア 9.0%

（『データブック　オブ・ザ・ワールド2018』から作成）

[問4]　下線ⓒに関し，現在，ソフトウェア開発などのICT産業に力を入れ，「アフリカの奇跡」と呼ばれる高い経済成長率を維持しているアフリカの国はどこか，書け。

[問5]　下線ⓓに関し，次の表は，エジプト，ケニア，ザンビア，南アフリカ共和国の主な輸出品を示している。南アフリカ共和国にあてはまるものを，表中のア～エの中から1つ選び，その記号を書け。

表

国名	輸出額 (百万ドル)	主要輸出品の輸出額に占める割合（%）		
ア	21863	金 (11.8)	野菜と果実 (11.3)	原油 (8.0)
イ	5700	茶 (22.0)	切り花 (8.7)	野菜と果実 (7.5)
ウ	6505	銅 (73.8)	とうもろこし (2.9)	機械類 (2.3)
エ	76413	自動車 (12.3)	機械類 (9.5)	白金 (8.1)

（『データブック　オブ・ザ・ワールド2018』から作成）

[問6]　下線ⓔに関し，アラビア語で「日の沈む地」の意味をもち，アフリカ北西部の地域の総称を何と呼ぶか，書け。

[問7]　下線ⓕに関し，OPECに加盟しているアフリカの国を，次のア～エの中から1つ選び，その記号を書け。

ア　リビア　　イ　チュニジア　　ウ　ナミビア

エ　ニジェール

[問8]　下線ⓖの言語を，あとのア～エの中から1つ選び，その記号を

書け。

ア　タミル語　　イ　タガログ語　　ウ　スワヒリ語
エ　フィン語

(☆☆☆○○○)

【7】次の文は，現行の高等学校学習指導要領「地理歴史」に示されている各科目の内容の一部である。文中の　①　～　⑦　にあてはまる語句を書け。

世界史A

> 　現代世界の特質や課題に関する適切な主題を設定させ，歴史的観点から資料を活用して　①　し，その成果を論述したり　②　したりするなどの活動を通して，世界の人々が協調し　③　できる　④　な社会の実現について展望させる。

日本史A

> 　現代の社会やその諸課題が歴史的に形成されたものであるという観点から，　⑤　の歴史にかかわる身の回りの社会的事象と関連させた適切な主題を設定させ，資料を活用して　①　し，その解決に向けた考えを　⑥　する活動を通して，歴史的な見方や考え方を身に付けさせる。

地理A

> 　環境，資源・エネルギー，人口，食料及び居住・都市問題を地球的及び地域的視野からとらえ，地球的課題は地域を越えた課題であるとともに地域によって現れ方が異なっていることを理解させ，それらの課題の解決には　④　な社会の実現を目指した各国の取組や　⑦　が必要であることについて考察させる。

(☆☆○○○○○)

解答・解説

中　学　社　会

【1】問1　A　北方領土　　B　身分　　C　平和主義　　D　特質
問2　大まかに日本地図を描ける　　問3　自分の言葉　　問4　国の
政治を最終的に決定する権限

〈解説〉問1　A～Cに関しては，各分野の学習内容や学習指導要領を熟読
しておけば，前後の文脈から判断して答えることができる。Dは，社
会科の特質に応じた指導の重要性を述べている。社会科の目標は，主
として集団や社会とのかかわりという部分で，道徳教育と密接に関連
することを認識しておきたい。　問2　ここでは，略地図に東西南北
端などの領土を描き加えたり，様々な地域区分を描き入れたりするな
どの活動を取り入れ，日本の領域の広がり，東経135度の経線などに
留意することとされている。それにより，日本列島の島々の大まかな
形状，位置関係がわかる略地図を描けるようになることが求められて
いる。　問3　「自分の言葉」で表現する活動は，言語活動の充実を目
指した現行学習指導要領の方針を受けたもの。「自分の言葉で表現す
る(表現できる)」という文言は，特に歴史的分野において用いられて
いる。なお，これは新学習指導要領においても引き続き重視されてい
るので，しっかり理解しておきたい。　問4　「国民主権とはどのよう
な概念か」について，よく認識しておくこと。併せて，代表制民主主
義についても，その権力が国民の代表者によって保持されることを理
解しておきたい。

【2】問1　A　国土地理院　　B　オホーツク　　問2　(1)　100m
(2)　750m　　(3)　老人ホーム　　問3　A　石炭　　B　原油
C　天然ガス　　問4　さまざまな文化を持った人々がともに生活する
社会　　問5　(1)　ベトナム　　(2)　労働力が豊かで，賃金が安価な

ため

〈解説〉問1　A　地形図を作成しているのは，国土交通省国土地理院である。　B　北海道の北東部に隣接するのは，オホーツク海である。問2　(1)　5万分の1地形図では，計曲線は100mごと，主曲線は20mごととされている。2万5千分の1地形図では，それぞれその2分の1となる。　(2)　2万5千分の1地形図上の3cmは，3×25000＝75000(cm)＝750(m)である。　(3)　地図記号も時代の変遷とともに変化する。水車や桑畑は姿を消したため記載されなくなり，各地で増えた施設の新しい地図記号がつくられた。2000年代に入って新しく考案されたものに，図書館・博物館・風車などがある。問題の地図記号もその1つで，建物の中に杖があり，老人ホームを表している。　問3　表中のAは，オーストラリアで577.9％と突出している。これは，オーストラリアの重要な輸出品である石炭と考えられる。Bは，イギリスの3つの中では61.5％と最も高い。北海油田に由来する石油と考えられる。Cは，天然ガスである。　問4　多文化社会とは，民族的な違いによる差別をなくし，多様な文化を互いに尊重し合う社会のこと。これは，多文化主義に基づく。多文化主義とは，文化の多様性の尊重こそが国家の成長と繁栄につながるとする考え方で，エスノセントリズム(自民族中心主義)と対極にあるといえる。オーストラリアでは，白豪主義の反省から多文化主義を取り入れた。　問5　(1)　日本企業の海外進出数が最も多いのは中国，次いでアメリカ，タイの順。ベトナムは8位，韓国は10位となっている。売上高と常時従業者から判断して，Aが中国，Bがタイ。常時従業者が多いDがベトナム，Cが韓国と判断できる。
(2)　アジア各地には安価で豊富な労働力があるため，日本企業は工場を進出させた。しかし，これは日本国内で産業の空洞化を招く要因にもなった。

【3】問1　A　ケ　　B　オ　　C　エ　　D　カ　　E　ア　　F　キ
問2　エ　　問3　ア・イ　　問4　B　　問5　特定の一次産品の輸出に依存している経済　　問6　砂漠気候区に隣接し，弱い雨季がある

155

ため，草丈の低い草におおわれた草原　　問7　暖房による熱が伝わって凍土が融解し，建物が傾くのを防ぐため　　問8　ブミプトラ政策　　問9 (1) D　　(2)　フランス

〈解説〉問1　A　熱帯雨林は，セルバと呼ばれる。　B　温暖湿潤気候区に広がる草原は，パンパと呼ばれる。　C　大農園をブラジルではファゼンダという。メキシコ・ボリビア・ペルー・チリではアシエンダ，アルゼンチンではエスタンシアという。　D　ヨーロッパとアジアを分けるのは，古期造山帯に属するウラル山脈である。　E　ユーラシア大陸，北アメリカ大陸北部の亜寒帯地域に広がる針葉樹林をタイガという。　F　1967年に誕生した東南アジアの地域協力機構とは，アセアン(東南アジア諸国連合)である。　問2　テラローシャは間帯土壌の1つであり，肥沃で水はけが良いためコーヒー栽培に適している。ポルトガル語で「紫色の土」を意味する。　問3　ペルー付近の標高2000〜3000mの地域は，高山気候区に属する。気温が低いため，高温多雨地域で栽培される米と，高温多雨で無風帯の熱帯低地で栽培されるカカオは適さない。じゃがいもは，アンデスのチチカカ湖付近を原産地とする。小麦は，生育期には冷涼多雨，成熟期には温暖乾燥の気候を好む。低温少雨でも栽培可能である。　問4　Bは，銅と銅鉱で輸出品目の48％以上を占める。よって，チリが該当する。なお，Aはブラジル，Cはアルゼンチン，Dはコロンビアと考えられる。　問5　モノカルチャー経済とは，その国の輸出が少数の農産物や鉱物資源に依存する経済をいう。発展途上国に多く見られ，国際価格の変動や気候変動に影響を受けやすい。ガーナのココア，キューバの砂糖，スリランカの紅茶などが知られている。　問6　ステップは，もともと中央アジアの草原を意味するロシア語だが，今は草丈の短い短草草原全般を指す。砂漠気候区に隣接した地域に分布し，長い乾季と短い雨季がある。年降水量は250〜750mmで，樹木は育たず短草草原が一面に広がっている。　問7　シベリアでは，永久凍土の上に直に家屋を建てると，建物の暖房や夏と冬の気温差で地面が変動し，柱や壁が歪んでしまう。暖房の熱が地面に伝わって凍土が解け，建物が傾くのを防ぐ

ため，高床式となっている。 問8 マレーシアは多民族国家のため，経済的に豊かな中国系住民とマレー系住民の民族対立が続いた。両者の経済的格差を解消するため，マレー系住民を教育や就職の面で優遇するプミプトラ政策がとられている。 問9 (1) カンボジアは，インドシナ半島のベトナムとタイの間，海側の国である。 (2) ベトナム・カンボジア・ラオスを合わせた地域は，かつて「フランス領インドシナ連邦」と呼ばれた。

【4】問1 ① 推古 ② 桓武 ③ 白河 ④ 平清盛
問2 三宝 問3 紀伊山地の霊場と参詣道 問4 寄進地系荘園
問5 本領安堵 問6 下地中分 問7 御家人同士や御家人と荘園領主とのあいだの紛争を公平に裁く基準を明らかにするため
問8 太田城 問9 藩閥政府 問10 地価を設定し，その3%を地租としたが，明治10年から2.5%に税率が引き下げられた
〈解説〉問1 ① 推古天皇は欽明天皇の皇女で，崇峻天皇の没後，初の女性天皇として即位し，聖徳太子を摂政に任命した。 ② 桓武天皇は仏教政治の弊害を断つため，784年に平城京から長岡京に遷都し，794年には長岡京から平安京に遷都した。 ③ 白河天皇は後三条天皇の皇子で，1086年に堀河天皇に譲位して上皇となり，院政を開始する。以降，43年もの間，「治天の君」として院政を続けた。 ④ 平清盛は平安後期の軍事貴族で，保元の乱・平治の乱を勝ち抜いて政権を獲得し，1167年には武士として初めて太政大臣となった。
問2 三宝とは仏教のことを指し，具体的には仏・法・僧を意味する。
問3 紀伊山地の霊場と参詣道は，紀伊山地にある修験道の「吉野・大峯」，熊野信仰の「熊野三山」，真言宗の根本道場「高野山」の三大霊場，およびこれらを結ぶ参詣道が対象とされた。 問4 寄進地系荘園は初期荘園に対する語で，荘園領主が中央の権門勢家(有力な貴族や寺社)に荘園を寄進して生まれた。一定地域の開発予定地・耕地・村落も含まれるので，領域型荘園とも呼ばれる。
問5 鎌倉時代以降，先祖伝来の所領(本領)の支配・権利を認めること

を「安堵する」といった。また，鎌倉幕府は，本領の権利を保障するとともに，新たな所領を「新恩」として与えた。安堵と新恩は，合わせて「恩給」または「御恩」ともいう。　問6　下地中分は，荘園領主と地頭の間で土地(下地)を分割することをいう。鎌倉時代，それぞれの保有権と処分権を認め，互いに侵犯しないように取り決めた。なお，下地中分には，幕府による裁許の事例と当事者による和解の事例(和与中分)がある。　問7　御成敗式目は武士政権のための法令で，源頼朝以来の先例や道理と呼ばれた武家社会での慣習・道徳をもとに制定された。貞永元年に制定されたため，貞永式目とも呼ばれる。
問8　根来・雑賀一揆の平定に際し，豊臣秀吉は雑賀衆の籠城する紀州の太田城を水攻めで攻略した。　問9　明治新政府は，薩摩藩・長州藩・土佐藩・肥前佐賀藩の薩長土肥で主要な官職を独占する。中でも，薩摩藩と長州藩の出身者が重要なポストを占めたため，藩閥政府と呼ばれ非難された。　問10　地租改正では，当初地価の3％を地租として金納させた。しかし，その後地租改正反対一揆が起き，1877年に税率は2.5％に引き下げられている。

【5】問1　A　楊堅(文帝)　　B　科挙　　C　権利の請願　　D　名誉革命　　E　ウィルソン　　問2　成年男系に土地を均等に支給する政策(農民に一定の土地を与える政策)　　問3　ア　　問4　エ　　問5　ア　　問6　課税　　問7　バスティーユ牢獄　　問8　ヨーロッパの火薬庫　　問9　ウ　　問10　バルフォア宣言　　問11　ヴェルサイユ条約
〈解説〉問1　A　楊堅(文帝)は，北周の外戚として権力を握り，581年に禅譲革命によって隋を建国。589年に南朝の陳を滅ぼして，中国を再統一する。　B　それまでの九品中正が推薦式の官僚登用制度であったのに対し，科挙は学力試験を課した官僚登用制度であった。C　権利の請願は，議会の承認を経ない課税や不当な逮捕の停止など，11項目を国王チャールズ1世に要求した。　D　名誉革命は，国王を処刑した清教徒革命(ピューリタン革命)と異なり，流血を伴わない革命であったため，このように呼ばれる。　E　ウッドロー＝ウィルソン

は，民主党出身のアメリカ第28代大統領である。国際連盟の創設を提唱したが，アメリカは議会上院の反対により，国際連盟に加盟できなかった。　問2　隋代の均田制では当初，耕牛には給田せず，煬帝のときに良民の妻と奴婢への給田も廃止された。　問3　高句麗は，西晋末の混乱に乗じて313年に楽浪郡を滅ぼし，朝鮮半島北部まで領土を広げた。なお，イは新羅，ウは百済，エは渤海についての説明である。　問4　アメリカの独立宣言は，トマス＝ジェファソンらが起草し，ジョン＝アダムズとベンジャミン＝フランクリンが補足，修正して作成された。　問5　イギリスは，ジョージ1世の治世にウォルポールにより責任内閣制が形成された。なお，イとウはフランス，エはプロイセンについての説明である。　問6　大憲章以来，代議員の承認を得ない課税は不当という考え方があった。北米植民地の人々も，本国議会に代表(代議員)を送って審議に参加しない限り，課税は不当と考えた。　問7　バスティーユは，パリの東部外壁に築かれた要塞だったが，絶対王政期に牢獄として使用されるようになった。パリ市民は，ここに保管された武器・弾薬を求め，牢獄を襲撃した。

問8　バルカン半島では，オスマン帝国の弱体化以降，諸民族の独立要求や列強の思惑が絡み，緊張状態が続いた。歴史の節目ごとに紛争の発火点になったことから，ヨーロッパの火薬庫と呼ばれた。

問9　由良浅次郎は，1878年に和歌山市で生まれた。第一次世界大戦の勃発でドイツからの輸入染料が途絶えると，由良精工を設立し，合成染料の国産化に成功する。1915年には，フェノール(消毒剤・爆薬の原料)の合成にも日本で初めて成功し，「化学工業の先駆者」と呼ばれた。　問10　バルフォア宣言は，イギリス外相バルフォアが同国のユダヤ人協会会長・ロスチャイルドに送った書簡の中で表明された。

問11　パリ講和会議では，同盟国との講和条約が締結された。ドイツとはヴェルサイユ条約，オーストリアとはサン＝ジェルマン条約，ハンガリーとはトリアノン条約，ブルガリアとはヌイイ条約，オスマン帝国とはセーヴル条約が結ばれた。

【6】問1　A　硬性　　B　立憲　　C　検閲　　問2　(1)　ア　三分の二　イ　発議　ウ　承認　　(2)　刑事補償請求権　　(3)　法律や命令などが憲法違反かどうか，最終的に判断する権限を持っているため　　問3　罪刑法定主義　　問4　最高裁判所裁判官　　問5　団結権・団体交渉権・団体行動権(争議権)　　問6　生存権

〈解説〉問1　A　硬性憲法に対して，改正手続きが法律と同様の憲法を，軟性憲法という。　　B　立憲主義は，政府の統治を憲法に「立脚」して行うとする考え方である。これは，政府の権威や合法性が法の下に置かれていることを意味する。なお，統治者に絶大な権力を認めた憲法による統治は，外見的立憲主義と呼ばれる。　　C　検閲とは，公の機関が出版物などの内容を検査することをいう。　　問2　(1)　ア　憲法改正については，衆議院と参議院で，それぞれ総議員の三分の二以上の賛成を要する。　　イ　憲法改正の発議は，国会が行う。なお，発議とは，議員が議案を議院の議に付することを求めることをいう。ウ　国民投票法により，有効投票の過半数が改正案に賛成すれば，国民の承認を得たとみなされる。　　(2)　日本国憲法第40条に，「何人も，抑留又は拘禁された後，無罪の裁判を受けたときは，法律の定めるところにより，国にその補償を求めることができる」とある。　　(3)　憲法第81条に「最高裁判所は，一切の法律，命令，規則又は処分が憲法に適合するかしないかを決定する権限を有する終審裁判所」とある。なお，下級裁判所も違憲審査を行うことは認められている。

問3　憲法第31条には，「何人も，法律の定める手続によらなければ，その生命若しくは自由を奪われ，又はその他の刑罰を科せられない」とあり，罪刑法定主義を刑法上の原則としている。なお，罪刑法定主義は，何を犯罪とし，どのような刑罰が科されるかは，あらかじめ法律で定められていなければならないという原則である。　　問4　最高裁の裁判官は，任命後初めて行われる衆院選の際に審査を受ける。また，審査から10年経過した後に行われる衆院選の際にも，再び審査を受ける。ただし，これまでこの制度で実際に罷免された裁判官はいない。

問5　公務員は「全体の奉仕者」であるため, 労働三権の制約を受けている。特に警察官や消防官, 自衛官らは三権のいずれも認められていない。また, 団体行動権(争議権)は, いずれの公務員にも認められていない。　問6　社会権は, 社会の中で人間らしく生きていく権利であり, 生存権はこの中でも中核的な権利といえる。このほか憲法では, 教育を受ける権利(第26条), 勤労権(第27条), 労働三権(第28条)が社会権に分類される権利として保障されている。

【7】問1　土地・資本・労働　　問2　(1)　ニューディール政策(新規まき直し政策)　　(2)　フリードマン　　問3　利潤(利益)　　問4　株主は, 債権者に対して出資分以上の法的責任は負わない。　　問5　消費者契約法　　問6　(1)　経済協力開発機構(OECD)　　(2)　ゼロ・エミッション

〈解説〉問1　家計, 企業, 政府の三大経済主体の経済循環において, 家計は生産要素である土地・資本・労働を企業に提供し, 企業はこれらを用いて生産活動を行う。そして, 家計はその代価として, 企業から地代・利子・賃金を得る。　問2　(1)　ニューディール政策として, TVA(テネシー川流域開発公社)による公共事業と失業者の雇用, 全国産業復興法(NIRA)やワグナー法による労働者の権利拡大, 社会保障法の制定による社会保障の整備などが実施された。　　(2)　フリードマンは, ケインズ主義的な裁量的財政政策は, 物価上昇をもたらすだけで無効であることを主張した。彼の主張するマネタリズムは, 新自由主義的な経済理論の1つである。　問3　単に企業という場合, 一般的には営利企業のことを指す。企業は利潤の最大化のために活動する一方, 消費者は効用が最大化する消費行動を行うものとされる。なお, 効用とは財から得られる満足感のことをいう。　問4　会社が倒産しても, 株主は購入した株式が「紙くず」になる以上の損失を受けることはない。このように, 株式はリスクの範囲が明確で, 投資しやすい。ゆえに, 株式会社は, 投資者を広く募って経営規模を拡大させやすい。問5　消費者と事業者の間には, 情報力・交渉力などに関して大きな

格差が存在する。消費者契約法は，これを前提に消費者の利益擁護を図ることを目的とした法律である。事業者の違法な行為などによって結ばれた契約は，消費者契約法に基づいて取り消すことができる。

問6　(1)　経済協力開発機構(OECD)は，国家間の経済協力促進のために設立された国際機関である。「先進国クラブ」と呼ばれることもあるが，汚染者負担の原則(PPP)は，日本の法令にも導入されている。

(2)　emissionとは，英語で「排出」を意味する。ゼロ・エミッションは，社会全体で廃棄物の量をなるべくゼロに近づけていこうという試みで，日本でもダイオキシン問題をきっかけに，広く一般に注目されるようになった。

地 理・歴 史

【1】問1　モエンジョ＝ダーロ　　問2　カ　　問3　(1)　リグ＝ヴェーダ　　(2)　カースト制度　　問4　ヴァルダマーナ　　問5　ダルマ　問6　(1)　ア　　(2)　写実的で，ヘレニズム文化の影響を受けている。問7　カニシカ王　　問8　カーリダーサ　　問9　ナーランダー僧院
〈解説〉問1　モエンジョ＝ダーロは，インダス川下流域にあるインダス文明の遺跡。インダス川中流域のハラッパー，インド西部のドーラヴィーラと並ぶインダス文明を代表する遺跡である。　問2　2　インド最初の統一王朝はマウリヤ朝であり，アショーカ王はその第3代の王。3　クシャーナ朝は，1世紀にイラン系のクシャーン人が建てた王朝。4　グプタ朝は，チャンドラグプタ1世により，4世紀に建国された北インドの統一王朝である。　問3　(1)　リグ＝ヴェーダは，前1200〜前1000年頃に成立した最古のヴェーダである。　(2)　カーストは，ポルトガル語のカスタ(階級，血筋)に由来する言葉。カースト制度は，イギリス支配期に排他的な身分制度として強化された。　問4　ヴァルダマーナ(マハーヴィーラ)は，クシャトリア出身のジャイナ教の開祖。マハーヴィーラは，悟りを開いた後の尊称で「偉大な英雄」を意

味する。　問5　ダルマは「保つ」「支える」という動詞の派生語で，本来は支えること，保つことを意味したが，そこから「法則」「正義」などの意味が生じた。　問6　(1)　ガンダーラ仏教美術は，ヘレニズム文化由来のギリシア的で写実的な彫りの深い容貌が特徴であり，アの写真からはそれが見て取れる。なお，イはアジャンターの壁画，ウはマトゥラー出土のグプタ様式の仏像，エは仏像ではなく踊るシヴァ神の像である。　(2)　ガンダーラ地方で栄えた仏教美術とは，ガンダーラ美術のこと。ガンダーラ美術はヘレニズム文化の影響を受け，ギリシア的要素が濃い美術様式である。　問7　カニシカ王は，2世紀半ばのクシャーナ朝最盛期の王で，第4回仏典結集を行った。　問8　カーリダーサは，グプタ朝期の詩人で劇作家。チャンドラグプタ2世の宮廷詩人として，戯曲『シャクンタラー』や叙情詩『メーガドゥータ』などの作品を残した。　問9　ナーランダー僧院は仏教教学の研究機関で，グプタ朝のクマーラグプタ1世のころに建てられた。唐の玄奘や義浄もここで学んだが，12世紀にイスラーム勢力により破壊された。

【2】問1　パン＝アメリカ　　問2　代表なくして課税なし　　問3　ジェファソン　　問4　連邦主義　　問5　エ　　問6　保護関税政策(保護貿易)　　問7　(1)　ホームステッド法(自営農地法)　　(2)　ゲティスバーグ　　問8　ジョン＝ヘイ　　問9　棍棒外交

〈解説〉問1　南北アメリカ諸国が政治的・経済的に緊密な関係を結ぼうとする考え方を，パン＝アメリカ主義という。これについては，1826年にベネズエラのシモン＝ボリバルが提唱し，中南米会議が開かれている。1回目のパン＝アメリカ会議は，アメリカ合衆国の主導により，ワシントンで開かれた。　問2　本国議会に代表を送って審議をしなければ，課税は不当であると植民地側は考えていた。これは，代議員の承認がない課税は不当であるという，大憲章以来の理念に基づく考え方である。　問3　アメリカの独立宣言は，トマス＝ジェファソンが中心となって起草され，ジョン＝アダムスとベンジャミン＝フランクリンが補足，修正してつくられた。　問4　連邦主義は，連邦政府

の権限強化を認める考え方である。この考え方を支持する連邦派の中心人物がハミルトンで，反連邦派の中心人物はトマス＝ジェファソンであった。　問5　ストウは，アメリカの女性作家。その著作『アンクル＝トムの小屋』は，奴隷制廃止論の新聞「ナショナル・イーラ」に掲載され，北部の奴隷解放運動の高揚に影響を及ぼした。

問6　保護関税政策(保護貿易)は，外国の工業製品に対して保護関税を課し，それによって自国の工業を保護しようとする政策である。主に，北部の製造業者の要望を背景にしていたが，これに対し，南部は自由貿易を支持した。　問7　(1)　ホームステッド法(自営農地法)は，公有地に5年間定住・耕作した者に，160エーカーの土地を無償で与える法で，西部農民の北部軍支持を目的とした。　(2)　ゲティスバーグの戦没者追悼式典で，リンカンは「人民の，人民による，人民のための政治」という演説を行った。　問8　ジョン＝ヘイは，マッキンリー，セオドア＝ローズヴェルト大統領時代の国務長官である。1899年と1900年の2度にわたって門戸開放宣言を発し，門戸開放・機会均等・領土保全を説いた。　問9　棍棒外交は，軍事力を背景としたカリブ海政策である。セオドア＝ローズヴェルト大統領は，「棍棒を手に，話は穏やかに」を基本に，カリブ海周辺地域におけるアメリカの権益を確保した。

【3】問1　イ　　　問2　平泉　　　問3　イ　　　問4　平清盛　　　問5　権現造(り)　　　問6　中継貿易　　　問7　ア　　　問8　小西行長　　　問9　この時代までの副葬品の中には，銅鏡や腕輪形石製品などが多く，被葬者の司祭者的性格がうかがえるが，この時代の副葬品の中には，鉄製武器や武具が多く見られ，被葬者の武人的性格がうかがえる。

〈解説〉問1　姫路城は，白壁が美しいことから，別名白鷺城と呼ばれる名城である。日本の城郭建築を代表する史跡建造物として評価され，世界文化遺産に指定された。　問2　平泉は，2011年に世界文化遺産に指定されている。平泉は岩手県に位置し，1094年に藤原清衡が居館を構えて以来，藤原3代の本拠として繁栄した。　問3　藤原京は，

694～710年の都。平城京は，710～784年の都。長岡京は，784～794年の都。平安京は，794年以後の都である。

問4　平清盛は，平安後期の軍事貴族。厳島神社を一門の氏神とし，摂津の大輪田泊を修築して，盛んに日宋貿易を行った。　問5　権現造(り)は，京都・北野天満宮の建築様式として知られる。この建築様式の代表例としては，徳川家康を東照大権現として祀る日光東照宮がある。　問6　中継貿易は，他国から輸入したものを自国で使用せず，別の国にそのまま輸出する貿易である。琉球王国は，朝貢貿易で入手した中国の物産を使って南海諸国と貿易を行い，繁栄した。

問7　石見銀山は，石見国(現在の島根県西部)の銀山で，大内氏・尼子氏・毛利氏が争奪戦を展開したが，1562年以降，毛利氏が所有した。後に，豊臣氏と毛利氏との共同管理となり，関ヶ原の戦い後は徳川氏が所有した。　問8　小西行長は肥後宇土城の城主で，天草地方を含む肥後の南半分を豊臣秀吉に与えられた。アゴスチニョ(アウグスティヌス)という洗礼名を持つキリシタン大名で，関ヶ原の戦いでは西軍に属した。しかし，敗れて捕らわれ，六条河原で刑死する。　問9　副葬品の内容から，古墳時代前期(3世紀後半～4世紀)は，被葬者が司祭的性格を持っていたことがうかがわれる。これに対し，中期(4世紀末～5世紀)には，被葬者の武人的性格が強まったことを示している。

【4】問1　1　下克上(下剋上)　2　韓国(大韓帝国)　問2　エ
問3　(1)　ウ　(2)　イ　問4　貨幣経済が社会に浸透してきている。　問5　エ　問6　日英同盟(日英同盟協約)　問7　尾崎行雄　問8　ア

〈解説〉問1　1　史料Bは「二条河原落書」。「下克上する成出者」とは，「下克上する成り上がり者」の意味である。　2　史料Dは，日英同盟協約の第一条。日本が清国で有する利益に加え，韓国に於いても政治上・商業上・工業上の利益を有することが述べられている。
問2　史料Bが「二条河原落書」であることから，建武年間について述べられていることが分かる。『建武年間記』は，一般には『建武記』

と呼ばれ，建武政権が発した法令などを収載している。なお，アの『増鏡』は，南北朝時代の歴史物語。イの『太平記』は，南北朝時代の軍記物語。ウの『樵談治要』は，一条兼良が足利義尚に請われて撰した政道書である。　問3　(1)　寛仁二年は，1018年のこと。平安時代の太閤は，摂政や関白の尊称として使われた。史料Aは，娘の威子を皇后に立てることに成功した藤原道長が，それを誇る和歌を詠んだ逸話を記している。　(2)　後三条天皇は，母親が三条天皇の皇女であり，藤原氏との外戚関係はない。　問4　史料Cの2文目に，「元禄ノ頃ヨリ田舎ヘモ銭行渡テ，銭ニテ物ヲ買コトニ成タリ。」とある。このことから，貨幣経済が浸透している様子が読み取れる。　問5　『政談』は，儒学者であり思想家の荻生徂徠が，8代将軍・徳川吉宗の諮問に応じて，幕政改革について意見を述べた政論書である。　問6　史料Dは，日英同盟協約の第一条。「別国ノ侵略的行動ニ由リ」とは，ロシアを想定したものとなっている。　問7　尾崎行雄は，「憲政の神様」と呼ばれた政治家。史料Eに見える「其内閣総理大臣ノ地位ニ立ッテ，然ル後政党ノ組織ニ着手スルト云フガ如キモ」とあるのは，首相の桂太郎が尾崎行雄ら憲政擁護勢力に対抗するため，立憲同志会を結成しようとしたことを指している。　問8　立憲同志会は，桂太郎が憲政擁護勢力に対抗するために結成した政党。桂の死後は，加藤高明が総裁に迎えられた。

【5】問1　1　経済特区　　2　南北問題　　問2　フィードロット　　問3　ウ　　問4　製品の重量が大きくなることから，消費量が多い大都市への輸送費を節約するため。　　問5　フランス　　問6　オ　　問7　第三のイタリア(サードイタリー)　　問8　国連環境計画(UNEP)
〈解説〉問1　1　経済特区とは，外国の資本や技術の導入が認められている特別な地域のこと。1979年にシェンチェン，チューハイ，スワトウ，アモイ，1988年にハイナン島に設けられた。　　2　南北問題は，先進国と発展途上国との経済格差を指す。先進国は北半球の温帯・冷帯地域に多く，発展途上国が熱帯地域に多いことから，この呼び方が定着

和歌山県の社会科

した。　問2　アメリカやオーストラリアには，大規模なフィードロットがいくつもある。その多くは大企業経営で，生後15カ月程度の肉牛に高カロリーの濃厚飼料を与え，肉質を高めて出荷する。

問3　オーストラリアが1位のアはボーキサイト，メキシコが1位のイは銀鉱，チリが1位のエは銅鉱。亜鉛鉱は，中国が1位のウとなる。なお，主な鉱産資源の産出量1位の国については，事前にしっかり把握しておくこと。　問4　ビールや清涼飲料水は，製品が重い。このため，輸送費用がかからないよう，消費地に近い大都市周辺に工場が立地される。市場指向型工場立地の典型である。　問5　1952年に設立されたヨーロッパ石炭鉄鋼共同体の加盟国は，ベネルクス3国(ベルギー・オランダ・ルクセンブルク)と旧西ドイツ・イタリア・フランスである。　問6　タラントはイタリアの南部，タラント湾に面しており，Dが該当する。ダンケルクは，フランスのベルギーとの国境近くにあり，Bが該当する。　問7　イタリアには，ミラノ・トリノ・ジェノヴァを中心とする北部の重工業地帯と，南部の農業を中心とする地域がある。これに加え，近年は中小企業や職人による伝統工業が営まれている地域が，第三のイタリア(サードイタリー)として注目されている。問8　国連環境計画(UNEP)は国連の補助機関で，環境に関する活動の調整と国際協力の推進を目的としている。地球温暖化対策にも意欲的に取り組んでおり，本部はナイロビにある。

【6】問1　安定陸塊　　問2　(1)　マダガスカル島　　(2)　ア
(3)　寒流のベンゲラ海流が影響して，雨を降らせるような上昇気流が発生しないため，砂漠が形成される。　問3　ダイヤモンド
問4　ルワンダ　問5　エ　問6　マグレブ　問7　ア
問8　ウ
〈解説〉問1　安定陸塊とは，先カンブリア紀の造山運動以降に激しい地殻変動を受けなかった地域をいう。アフリカ大陸の大部分は安定陸塊で，ロシア，インド，オーストラリアなどもこれに相当する。
問2　(1)　マダガスカル島はマダガスカル共和国の領土で，その面積

167

は日本の約1.6倍，世界第4位の大きさである。数千種類もの動物が生息していることで知られる。　(2)　Yの地域は，ナイル川流域の乾燥地域である。エジプト，スーダンなどの砂漠気候区では灌漑農業が行われ，綿花の栽培が盛んに行われている。　(3)　Zの地域は，ナミブ砂漠である。ナミブ砂漠や南アメリカ大陸のアタカマ砂漠など低緯度の大陸西岸沿いには，海岸砂漠が形成される。亜熱帯高圧帯からの下降気流に加え，海岸沿いを寒流のベンゲラ海流が流れている。このため，空気の下層は冷涼，上層は温暖の安定構造となり，上昇気流が発生しない。この結果，降雨がなく，砂漠が形成される。　問3　ダイヤモンドは，産出量の29％をロシアが占め，ボツワナ，コンゴ民主共和国がそれに続く。この3国だけで，6割近くを産出していることになる。　問4　ルワンダのGDP成長率は，2015年が6.9％，2016年が6.0％で，高い経済成長を続けている。ツチ族とフツ族の対立から内戦が勃発，大量虐殺などが行われて混乱が続いたが，1990年代の終わりから経済は回復に向かった。なお，ICTとは情報通信技術(Information and Communication Technology)のこと。　問5　南アフリカ共和国では，政府の進める優遇政策により，自動車産業が発達して工業化が進んでいる。輸出額において，自動車が12.3％を占めるエが，南アフリカ共和国に該当する。なお，アは金の輸出比率が高いエジプト，イは茶の輸出比率が高いケニア，ウは銅の輸出比率が高いザンビアである。

問6　マグレブは，アフリカ北西部，主にモロッコ・アルジェリア・チュニジア一帯の総称。マグレブには，東方に対する西方の意味合いがある。　問7　OPEC(石油輸出国機構)の現加盟国は，イラン・イラク・クウェート・サウジアラビア・ベネズエラ・アルジェリア・カタール・ガボン・リビア・アラブ首長国連邦・ナイジェリア・アンゴラ・エクアドル・赤道ギニア・コンゴ共和国の15カ国である。

問8　スワヒリ語は，バンドゥー語とアラビア語が混じり合ってできた。語彙の約半数はアラビア語に由来するとされ，商業用語として普及した。ケニア，タンザニア，ウガンダでは公用語になっている。なお，バンドゥー語は，東アフリカ北部の海岸地帯に住むバンドゥー族

の言語である。

【7】① 探究　② 討論　③ 共存　④ 持続可能　⑤ 近現代　⑥ 表現　⑦ 国際協力

〈解説〉設問文の世界史Aは，内容の「(3)　地球社会と日本」に示されている。ここでは，地球規模で一体化した構造をもつ現代世界の特質と展開過程を理解させ，人類の課題について歴史的観点から考察させることが求められている。日本史Aは内容の「(3)　現代の日本と世界」に示されている。ここでは，第二次世界大戦後の政治や経済，国際環境，国民生活や文化の動向について，現代の諸課題と近現代の歴史との関連を重視して考察させることが求められている。地理Aは「(1)現代世界の特色と諸課題の地理的考察」に示されている。ここでは，世界諸地域の生活・文化及び地球的課題について，地域性や歴史的背景を踏まえて考察し，現代世界の地理的認識を深めるとともに，地理的技能及び地理的な見方や考え方を身に付けさせることが求められている。なお，解答に当たっては，①の「探求」など書き間違いをしやすい語句には注意すること。

2018年度　実施問題

中　学　社　会

【1】次のⅠ〜Ⅳは，現行の中学校学習指導要領「社会」の一部抜粋である。これを読んで，あとの[問1]〜[問4]に答えよ。

Ⅰ

〔地理的分野〕

2　内容

(1)　世界の様々な地域

(略)

(2)　日本の様々な地域

(略)

3　内容の取扱い

(1)　内容の(1)及び(2)については，⒜この順序で取り扱うものとする。

Ⅱ

〔歴史的分野〕

2　内容

(5)　近代の日本と世界

ア　欧米諸国における　　A　　革命や⒝産業革命，アジア諸国の動きなどを通して，欧米諸国が近代社会を成立させてアジアへ進出したことを理解させる。

(略)

カ　経済の世界的な混乱と社会問題の発生，昭和初期から第二次世界大戦の終結までの我が国の政治・外交の動き，中国などアジア諸国との関係，欧米諸国の動き，戦時下

の国民の生活などを通して，軍部の台頭から戦争までの経過と，大戦が人類全体に惨禍を及ぼしたことを理解させる。

Ⅲ

〔公民的分野〕

1 目標

(3) 国際的な相互依存関係の深まりの中で，世界平和の実現と人類の　B　の増大のために，各国が相互に主権を尊重し，各国民が協力し合うことが重要であることを認識させるとともに，自国を愛し，その平和と繁栄を図ることが大切であることを自覚させる。

Ⅳ

第3 指導計画の作成と内容の取扱い

1 指導計画の作成に当たっては，次の事項に配慮するものとする。

(2) 各分野の履修については，第1，第2学年を通じて地理的分野と歴史的分野を　C　して学習させることを原則とし，第3学年において歴史的分野及び公民的分野を学習させること。各分野に配当する授業時数は，地理的分野120単位時間，歴史的分野　D　単位時間，公民的分野100単位時間とすること。これらの点に留意し，各学校で創意工夫して適切な指導計画を作成すること。

[問1] 文中の　A　～　D　にあてはまる語句または数字を書け。

[問2] 下線部ⓐに関し，中学校学習指導要領解説　社会編(平成20年9月[平成26年1月一部改訂]　文部科学省)では，次のように説明されている。文中の(　ア　)～(　ウ　)にあてはまる語句を書け。

> ②　地理的分野の目標を実現するために，最初に世界を地理
> 的に認識するための基礎・基本である世界の地域構成を
> (　ア　)する学習を位置付け，それに続いて世界の諸地域の
> 学習など世界の地理的認識を養う項目を設定し，その後に
> 世界地理の学習を踏まえて日本の地理に関する学習を位置
> 付け，(　イ　)から日本の国土認識を深め，全体として地理
> 的な見方や(　ウ　)を身に付けることができるような内容構
> 成としていること。

[問3]　下線部⑥に関し，現行の中学校学習指導要領「社会」では，ど
のような観点から取り扱うように示されているか。次のア～エの中
から1つ選び，その記号を書け。
ア　欧米諸国の進出に対するアジア諸国の対応と変容という観点
イ　伝統的な文化の上に欧米文化を受容するという観点
ウ　工業化による社会の変化という観点
エ　欧米諸国における近代社会の成立という観点

[問4]　Ⅱのカに関し，現行の中学校学習指導要領「社会」では，内容
の取扱いについて次のように示されている。文中の(　ア　)，
(　イ　)にあてはまる語句を書け。

> (6)　内容の(5)については，次のとおり取り扱うものとする。
> 　　カ　カについては，世界の動きと我が国との関連に着目
> 　　して取り扱うとともに，(　ア　)と(　イ　)の実現に努め
> 　　ることが大切であることに気付かせるようにすること。

(☆☆☆☆◎◎)

【2】次の文を読んで，あとの[問1]～[問5]に答えよ。

> 　　紀伊半島の大部分を占める紀伊山地は，三重県，奈良県，⑧和
> 歌山県にまたがる標高1,000～2,000m級の山岳地帯であり，日本
> 有数の多雨の⑥気候である。

　また，紀伊山地には，多様な信仰の形態を育んだ「高野山」「熊野三山」「吉野・大峯」の3つの霊場があり，都をはじめ各地から多くの人々が訪れ，日本の宗教・文化の発展と交流に大きな影響を及ぼした。

　2004年には，「高野山」「熊野三山」「吉野・大峯」と，そこに至る「熊野参詣道」「高野山町石道」「大峯奥駈道」及び「文化的景観」は，ⓒ世界遺産のうち，文化遺産として登録された。

　日本には現在，この他に，北海道の「知床」，ⓓ東京都の「小笠原諸島」，広島県の「厳島神社」，沖縄県の「琉球王国のグスク及び関連遺産群」，岐阜県と富山県の「白川郷・五箇山の合掌造り集落」，福岡県など8県にわたる「明治日本の産業革命遺産－ⓔ製鉄・製鋼，造船，石炭産業－」等の世界遺産がある。

[問1]　下線部ⓐに関し，次の表は，国内における生産量について和歌山県が上位に位置するみかん，キウイフルーツ，すもも，ももの生産量(上位4県：2014年)を表したものである。表中のA～Cにあてはまる県名を書け。

表

農産物名	果実の生産：上位4県（％）	生産量（全国計）
みかん	和歌山（19.9），A（14.7），B（14.3），熊本（10.8）	874,700 t
キウイフルーツ	A（23.1），福岡（19.1），和歌山（12.3），神奈川（6.2）	31,600 t
すもも	C（32.5），長野（15.5），和歌山（12.8），山形（8.8）	22,300 t
もも	C（33.9），福島（21.4），長野（11.9），和歌山（7.9）	137,000 t

（「日本国勢図会2016/2017年版」から作成）

[問2]　下線部ⓑに関し，次の(1)，(2)に答えよ。

(1)　次のA～Dは，札幌・東京・富山・那覇の各都市の気温と降水量を表したものである。A～Dはそれぞれどの都市のものか，その組み合わせとして正しいものを，あとのア～エの中から1つ選び，その記号を書け。

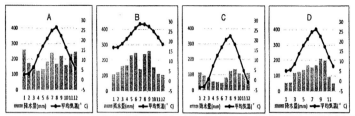

（気象庁 web サイト　各地の気温・降水量平年値　1981年～2010年の平均から作成）

ア　A　那覇　　　B　富山　　　C　東京　　　D　札幌
イ　A　富山　　　B　那覇　　　C　札幌　　　D　東京
ウ　A　札幌　　　B　那覇　　　C　富山　　　D　東京
エ　A　東京　　　B　那覇　　　C　札幌　　　D　富山

(2)　瀬戸内の気候の特色を，2つの山地名を用いて，簡潔に説明せよ。

[問3]　下線部ⓒに関し，1972年，ある機関の総会で「世界の文化遺産および自然遺産の保護に関する条約」が採択された。その機関を何というか，書け。

[問4]　下線部ⓓに関し，次の(1)，(2)に答えよ。

(1)　東京都に属し，日本の国土の東端と南端に位置する島を何というか，それぞれ書け。

(2)　東京都などの大都市圏において発生しているスプロール現象について，簡潔に説明せよ。

[問5]　下線部ⓔに関し，次の表は，日本の鉄鋼業の主要原料である鉄鉱石と原料炭の輸入先(2014年)を表したものである。表中のA，Bにあてはまる国名を書け。

表

鉄鉱石			原料炭　（※2）		
輸入先	数量 （千t）	%	輸入先	数量 （千t）	%
A	82,886	60.8	A	43,149	72.5
ブラジル	36,942	27.1	B	6,854	11.5
南アフリカ共和国	6,339	4.6	ロシア	4,299	7.2
B	4,178	3.1	アメリカ合衆国	3,060	5.1
インド	1,794	1.3	インドネシア	1,582	2.7
ロシア	1,532	1.1	中国	150	0.3
計（※1）	136,379	100.0	計（※1）	59,493	100.0

（「日本国勢図会2016/2017年版」から作成）

※1　その他を含む。

※2　原料炭は，ほかの産業でも使われるが，本表は鉄鋼業関係のもののみ。

(☆☆☆◎◎◎)

【3】次のⅠ～Ⅲの文を読んで，あとの[問1]～[問8]に答えよ。

Ⅰ

インド半島を中心とした南アジアの北部は，新期造山帯に属しており，急峻なヒマラヤ山脈がはしる。その南側には，ヒマラヤ山脈から供給された土砂の堆積によって　A　平原が形成され，インダス川や@ガンジス川が流下している。インド半島は⑥安定陸塊となっており，平坦なデカン高原が広がる。デカン高原には，　B　とよばれる肥沃な黒土が分布する。

南アジアでは，季節風の影響によって，雨季と乾季が明瞭に分かれる地域が多いことに加え，地域による降水量の差異も大きい。こうした自然条件に適応して©商品作物の栽培が行われている。

Ⅱ

アフリカの多くの国では，カカオやコーヒーなどの農産物や，金や銅のような鉱産物など，⒟一次産品の輸出に国の収入が大きく依存している。

鉱産物の輸出国の中には，近年の資源価格の高騰により経済が成長している国もあり，⒠南アフリカ共和国などはレアメタルの産出国としても注目されている。一方，鉱産物の分布は偏っているため，⒡南南問題が生じている。

Ⅲ

オセアニアは，オーストラリア大陸やニュージーランド，太平洋の島々からなる。オーストラリア大陸の北から東にかけては，ニューギニア島を含むメラネシアや，グアム島を含むミクロネシア，さらにその東にはイースター島やタヒチ島を含む　C　と呼ばれる島々が点在している。ハワイ諸島やタヒチ島は，太平洋プレートのマグマ溜まりである　D　によってつくられた高い山をもつ火山島である。

オセアニアの深刻な環境問題の一つに，⒢地球温暖化などによる海面上昇がある。サンゴ礁の島々はもともと標高の低い土地で成り立っているため，わずかな海面上昇でも土地が水没してしまう危険にさらされている。

[問1]　文中の　A　～　D　にあてはまる語句を書け。

[問2]　下線部⒜を「聖なる川」と考えるヒンドゥー教に関する説明として適切なものを，次のア～エの中から1つ選び，その記号を書け。

ア　一神教であり，宗教的な対象として偶像を崇拝しない。

イ　世界の宗教別人口の中で最も多くの割合を占める。

ウ　牛は，崇拝の対象であり，牛肉は食べないが，牛乳をタンパク質源として利用する。

エ　喜捨などの五行を行うことが求められ，飲酒が禁止されている。

[問3] 下線部ⓑに関し，先カンブリア時代の古い地層が広範囲に露出
している平坦な地形を何というか，書け。

[問4] 下線部ⓒに関し，次の表は，バナナ，茶，ジュート(黄麻)，綿
花の生産国(上位4か国：2013年)を表したものである。表中のA〜D
にあてはまる生産物名の組み合わせとして正しいものを，下のア〜
エの中から1つ選び，その記号を書け。

表

生産物名	生産国：上位4か国　　(%)	生産量 (世界計)
A	中国(25.7)，インド(24.7)，アメリカ合衆国(11.6)，パキスタン(8.8)	2,454万 t
B	中国(36.0)，インド(22.6)，ケニア(8.1)，スリランカ(6.4)	535万 t
C	インド(25.8)，中国(11.3)，フィリピン(8.1)，ブラジル(6.5)	10,671万 t
D	インド(56.8)，バングラデシュ(40.6)，中国(1.0)，ウズベキスタン(0.6)	342万 t

（「世界国勢図会2016/17年版」から作成）

ア　A　綿花　　　　B　茶　　　　　C　バナナ　　　D　ジュート

イ　A　バナナ　　　B　ジュート　　C　綿花　　　　D　茶

ウ　A　綿花　　　　B　ジュート　　C　バナナ　　　D　茶

エ　A　バナナ　　　B　茶　　　　　C　綿花　　　　D　ジュート

[問5] 下線部ⓓに関し，次の表は，一次産品の輸出に依存している代
表的な国であるガーナ，ザンビア，ナイジェリア，ボツワナの輸出
品目(上位3品目)をそれぞれ表したものである。表中のA，Bにあて
はまる鉱産資源名を書け。

表

国名	輸出品目：上位3品目　　(%)	輸出額
ガーナ	金[非貨幣用](42.6)，A (23.8)，カカオ豆(10.9)	126億ドル (2013年)
ザンビア	銅(74.3)，無機化合物(3.0)，機械類(2.4)	97億ドル (2014年)
ナイジェリア	A (72.9)，液化天然ガス(8.5)，石油製品(6.1)	1,029億ドル (2014年)
ボツワナ	B (84.4)，ニッケル鉱(4.2)，銅鉱(1.7)， 機械類(1.7)	79億ドル (2014年)

（「世界国勢図会2016/17年版」から作成）

[問6] 下線部ⓔに関し，1948年から1991年まで実施されていた，白人
以外の人種を差別する政策を何というか，書け。

[問7]　下線部⑥について，簡潔に説明せよ。

[問8]　下線部⑧に関し，次の(1)〜(3)に答えよ。

(1)　次の図は，世界の二酸化炭素排出量割合(2013年)を表したもの
である。図中のA，Bにあてはまる国名を，下のア〜カの中から1
つずつ選び，その記号を書け。

図

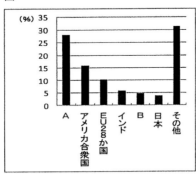

（「世界国勢図会2016/17年版」から作成）

ア　カナダ　　イ　オーストラリア

ウ　中国　　　エ　ブラジル

オ　ロシア　　カ　サウジアラビア

(2)　地表から放射される熱エネルギーの大部分を吸収し，地表に戻
すはたらきをする二酸化炭素やメタンガスなどの気体を総称して
何というか，書け。

(3)　1992年，リオデジャネイロで開催され，「気候変動枠組み条約」
などが調印された会議の名称として適切なものを，次のア〜エの
中から1つ選び，その記号を書け。

ア　国連環境開発特別総会

イ　持続可能な開発に関する世界首脳会議

ウ　国連人間環境会議

エ　国連環境開発会議(地球サミット)

（☆☆☆◎◎◎）

【4】次のⅠ～Ⅴの文を読んで，あとの[問1]～[問5]に答えよ。

Ⅰ

> 天武天皇は684年，「真人」や「朝臣」といった姓で豪族を新しい身分秩序に編成する制度である(　①　)を定めた。また，中国の都城にならって日本で最初の本格的都城である(　②　)の造営をはじめたが，その完成前に亡くなった。天武天皇の後を継いだ皇后の(　③　)は，それらの諸政策を引き継ぎ，689年には，飛鳥浄御原令を施行し，690年に庚寅年籍を作成して，民衆の把握を進めた。

Ⅱ

> 平安遷都から9世紀末ころまでの文化を，弘仁・貞観文化とよび，平安京において貴族を中心とした文化が発展した。
>
> 大学での学問も重んじられ，貴族は一族子弟の教育のために，寄宿舎にあたる大学別曹を設けた。また，書道では，唐風の書が広まり，(　④　)・空海・橘逸勢は三筆と称せられた。

Ⅲ

> 14世紀の沖縄では，北山・中山・南山の3地方勢力が成立して争っていたが，1429年，中山王の(　⑤　)が三山を統一し，琉球王国をつくりあげた。その後，明や日本と国交を結ぶとともに，海外貿易をさかんにおこなった。琉球王国は，1609年，薩摩の大名である(　⑥　)氏に征服された。薩摩藩は，琉球にも検地・刀狩をおこなって兵農分離をおし進めた。琉球王国は，謝恩使，@慶賀使を幕府に派遣した。

Ⅳ

> 1787年，8代将軍徳川吉宗の孫で白河藩主の松平定信が老中となり，一橋家から迎えられたⓑ11代将軍を補佐した。松平定信は，天明の大飢饉によって高まった社会不安をしずめるために，

　きびしい緊縮政策と荒廃した農村の復興とを中心とする改革を進めた。

　農村に対しては，出稼ぎを制限し，帰農をすすめて農業人口の確保に努めた。

　また，江戸市中では©七分積金の制度を設けた。

V

　明治政府にとって，江戸幕府が欧米諸国と結んだ不平等条約の改正は，ⓓ富国強兵政策の推進による国家の近代化を目指すために重要課題であった。1879年，外務卿になった(　⑦　)は欧化政策を進めた。1886年，イギリス商船の(　⑧　)が暴風雨のため紀州の沖合で難破，沈没し，イギリス人船長と船員はボートで脱出したが，日本人乗客25名全員が亡くなる事件が起こった。

[問1]　文中の(　①　)～(　⑧　)にあてはまる語句を書け。

[問2]　下線部ⓐに関し，適切に述べているものを，次のア～エの中から1つ選び，その記号を書け。

　　ア　琉球国王の代がわりごとにその就任を感謝する使者

　　イ　将軍の代がわりごとにその就任を奉祝する使者

　　ウ　薩摩藩主の代がわりごとにその就任を奉祝する使者

　　エ　天皇の代がわりごとにその即位を奉祝する使者

[問3]　下線部ⓑにあてはまる人物を，次のア～エの中から1つ選び，その記号を書け。

　　ア　徳川家斉　　イ　徳川慶喜　　ウ　徳川家重　　エ　徳川家継

[問4]　下線部©について簡潔に説明せよ。

[問5]　下線部ⓓの政策の1つとして，殖産興業に力をそそぎ，フランスの製糸技術を取り入れ，群馬県に設立した官営模範工場を何というか，書け。

(☆☆☆◎◎◎)

【5】次の文を読んで，あとの[問1]～[問10]に答えよ。

　　ユーラシア大陸では，古くから三つの道が東西文化の交流と相互の発展に大きな役割を果たしてきた。三つの道の一つは，南ロシアの草原地帯から東へ向かい，カザフ草原から⑧モンゴル高原をへて中国にいたる草原の道である。また，草原の道の南側に位置し，山脈のふもとのオアシス都市を結び，東西の地域の拡大と発展のなかでひらけていった⑥オアシスの道がある。そして，地中海から紅海やペルシア湾をとおり，アラビア海をわたってインド，さらには東南アジアや中国にいたる南方海上の⑥海の道がある。

　　⑨8世紀には，ムスリム(イスラーム)商人がインド・東南アジア・中国に進出した。

　　14世紀以降，東南アジアの海域には，インド・西アジア・ヨーロッパ・中国から航行する商人が増加し，海上の東西交易と内陸部を結ぶ接点となった港町を中心に建設された(　①　)国家があらわれた。

　　15世紀半ばから17世紀末にかけて，世界的に国際商業活動が活発になり，インド洋・東南アジア・東アジアを結ぶインド洋貿易圏は⑥商業の時代をむかえた。これまでヨーロッパには，ムスリム商人やイタリア商人らをとおして，アジアの物産が供給されてきたが，ポルトガル・スペイン・オランダ・イギリス・フランスは，貿易拠点を確保して，アジアの海の商業の時代に参入するようになった。

　　18世紀に入ると，オランダは，ヨーロッパで需要が増加した(　②　)の栽培に乗り出し，ジャワ戦争などをとおして，ジャワ島全域を支配下においた。1830年以降，ジャワ島では，⑨オランダが栽培すべき作物の種類と土地，生産量，必要な労働者数などを指示した制度により，食料が自給できなくなり飢饉が頻発するようになった。

　　イギリスは，19世紀はじめ，(　③　)を国際貿易港とすると

もに，1826年，ペナン・マラッカ・（　③　）による海峡植民地を
つくった。また，中国貿易をほぼ独占し，イギリス・清・イン
ドによる⑥三角貿易により膨大な利益を得た。

[問1]　文中の（　①　）にあてはまる語句を書け。

[問2]　文中の（　②　）にあてはまる農産物は何か。次のア〜エの中か
ら1つ選び，その記号を書け。
　　　ア　ブドウ　　イ　オリーブ　　ウ　コーヒー　　エ　小麦

[問3]　文中の（　③　）にあてはまる地名を書け。

[問4]　下線部@に関し，1206年，クリルタイでモンゴル帝国の成立を
宣言した人物は誰か，その名前を書け。

[問5]　下線部⑥に関し，次のア〜エを年代の古いものから順に並べよ。
　　　ア　マケドニアのアレクサンドロス大王による東方遠征
　　　イ　前漢の武帝による西域進出
　　　ウ　アケメネス朝のダレイオス1世による領域拡大
　　　エ　唐の高宗による領域拡大

[問6]　下線部ⓒに関し，明の洪武帝がおこなった海禁政策とはどのよ
うなものか，簡潔に説明せよ。

[問7]　下線部@に関し，8世紀の出来事について適切に述べているも
のを，次のア〜エの中から1つ選び，その記号を書け。
　　　ア　アッバース朝がひらかれ，第2代カリフのマンスールによって
イラク平原の中心に円形の首都バグダードが造営された。
　　　イ　アラビア半島に，フェニキア語やヘブライ語と同系統の言語に
属するアラビア語を話すアラブ人があらわれた。
　　　ウ　メッカの商人ムハンマドは，唯一神アッラーの言葉を授けられ
た預言者としてイスラーム教をとなえた。
　　　エ　北アフリカにおこったファーティマ朝は，エジプトを征服して
首都カイロを造営した。

[問8]　下線部ⓔに関し，次の文中の（　①　）〜（　③　）にあてはまる
語句の組み合わせとして正しいものを，あとのア〜エの中から1つ

選び，その記号を書け。

> 14世紀末には，マレー半島西南部にマラッカ王国が形成され，明の支援を受け東西貿易の中継地として発展していった。(①)商人が綿織物・宝石・銀などを，(②)商人が陶磁器や絹などを，(③)商人が香辛料や米などをもたらした。

- ア ① ジャワ ② 中国 ③ ムスリム
- イ ① 中国 ② ムスリム ③ ジャワ
- ウ ① ムスリム ② ジャワ ③ 中国
- エ ① ムスリム ② 中国 ③ ジャワ

[問9] 下線部⑥に関し，オランダが行った制度は何と呼ばれるか，書け。

[問10] 下線部⑧に関し，アヘン戦争の結果，1842年，イギリスと清の間で締結された南京条約の内容として適切に述べているものを，次のア～エの中から1つ選び，その記号を書け。

- ア 清は，天津などの11港の開港，キリスト教布教の自由，アヘン貿易の公認などを認めた。
- イ 清は，香港の割譲と上海など5港の開港，賠償金の支払いなどを認めた。
- ウ 清は，朝鮮の独立と遼東半島，台湾，澎湖諸島の割譲，賠償金の支払いを認めた。
- エ 清は，遼東半島南部の租借権，長春・旅順間の鉄道の利権などを認めた。

(☆☆☆◎◎◎)

【6】次のⅠ，Ⅱの文を読んで，あとの[問1]～[問7]に答えよ。

Ⅰ

> 日本国憲法は第41条で，「⒜国会は，国権の最高機関であつて，国の唯一の A 機関である。」と規定している。これは主権者たる国民の意見を直接に代表する国会が，国政全体において最

も重要であることによる。同時に，それは天皇に直属する行政府が中心であるという⑥明治憲法下の統治機構観からの転換を意味する。

　国会議員に対しては，憲法で不逮捕特権，ⓒ免責特権が認められるとともに，国から一定の⑥報酬を支給されることが規定されている。

Ⅱ

　基本的人権は，人間は生まれながらに自由で平等であるという考えにもとづく。

　日本国憲法は第14条で，「すべて国民は，法の下に平等であつて，人種，信条，性別，　B　又は門地により，政治的，経済的又は社会的関係において，差別されない」と法の下の平等を定めている。このような憲法の規定にもかかわらず，現実には，日本にもさまざまな差別問題がある。長い歴史的背景をもつ⑥被差別部落問題，戦前の植民地政策に源を発する在日韓国・朝鮮人問題，アイヌ民族に対する差別などがそれである。

　性別による差別については，1979年に⑥国際連合の総会で女子差別撤廃条約が採択され，日本でも1985年に職場における男女平等の基本的事項を定めた　C　法が制定された。

[問1]　文中の　A　～　C　にあてはまる語句を書け。

[問2]　下線部⑥に関し，次の表中のア～エにあてはまる語句または数字を書け。

　表　国会の種類

種類	内容
ア	毎年1月に召集され、会期は150日間。
臨時会	内閣が必要と認めた時、またはいずれかの議院の総議員の　イ　分の1以上の要求があった時に召集される。
特別会	衆議院が解散され、総選挙がおこなわれた日から　ウ　日以内に召集される。
参議院の　エ	衆議院が解散されている時に、緊急の必要がある場合に開催される。

[問3] 下線部ⓑに関し，次の(1)，(2)に答えよ。

　(1)　君主によって制定された憲法を何というか，書け。

　(2)　外交権や陸海軍の統帥権など，統治権の総攬者としての天皇が議会の協力なしに行使できる機能を何というか，書け。

[問4] 下線部ⓒはどのような権利か，簡潔に説明せよ。

[問5] 下線部ⓓに関し，国会議員が法律の定めるところにより，国庫から受け取る報酬を何というか，書け。

[問6] 下線部ⓔに関し，1922年に結成された，被差別部落の解放をめざす運動の中心的な組織を何というか，書け。

[問7] 下線部ⓕに関し，次の(1)～(3)に答えよ。

　(1)　1945年，サンフランシスコ会議で採択された，国際連合の組織と活動について定めた取り決めを何というか，書け。

　(2)　国際連合に関する説明として適切なものを，次のア～エの中から1つ選び，その記号を書け。

　　ア　最高決議機関である総会は，全加盟国1国1票で構成し，全会一致を原則としている。

　　イ　常任理事国の拒否権発動により安全保障理事会が機能しなくなった場合に，「平和のための結集」決議にもとづいて緊急特別総会が開催される場合がある。

　　ウ　加盟国による国際紛争の軍事的解決が禁止され，紛争の平和的解決の原則が提唱されている。

　　エ　本部はスイスのジュネーヴにおかれている。

　(3)　安全保障理事会において，常任理事国である5か国の国名をすべて書け。

（☆☆○○○）

【7】次のⅠ～Ⅲの文を読んで，あとの[問1]～[問9]に答えよ。

　Ⅰ

> ⓐ1929年10月に起こった株価暴落をきっかけに，資本主義世界では企業の倒産や労働者の失業など大きな経済的混乱が起こ

った。この混乱に対して，イギリスやフランスは⒝ブロック経済で対応した。ソビエト連邦は，五か年計画を推進していたので株価暴落の影響を受けることなく，経済成長を続けた。

　イギリスの経済学者である(　①　)は，不況の原因が社会全体の有効需要の不足にあると考え，完全雇用の実現には，政府の積極的な財政政策などによる有効需要の創出が必要であるとした。

Ⅱ

　第二次世界大戦後の新たな国際経済の秩序をつくろうとする努力が，アメリカを中心として1944年のブレトン＝ウッズ会議から始まり，国際復興開発銀行(IBRD)，国際通貨基金(IMF)，⒞関税及び貿易に関する一般協定(GATT)などの国際的経済組織がつくられていった。

　1950年代半ばから1970年代初めにかけて，⒟日本経済の実質国民総生産(GNP)は平均して年率10％という，国際的にも極めて高い率で成長した。1968年には，西ドイツを抜いて資本主義世界でアメリカに次いで第2位となった。しかし，他の国々との軋轢も増し，1980年代にはとりわけ日米間の貿易摩擦が深刻になった。

　また，1985年のプラザ合意をきっかけにして円高が急速に進み，輸出依存の日本経済は大きな打撃をこうむった。⒠企業の中には，円高の影響を回避するために生産拠点を海外に移すものも多くなるなどの動きがみられた。

Ⅲ

　1958年の国民健康保険法の改正と1959年の国民年金法の制定により，すべての国民が加入する国民皆保険・国民皆年金の制度が1961年に実現した。

　しかし，自営業者は　A　，民間企業雇用者は　B　，公務

員は C に加入するなど制度が複雑であることや，(f)国民年金しか給付されない自営業者と厚生年金が上乗せされる民間企業雇用者との給付に格差があることなどの問題が指摘されている。

「福祉国家」を実現させるためには，社会福祉の内容を充実させ，高齢者や障害のある人など社会的弱者に対して優しい社会をつくることが大切である。(g)高齢者や心身に障害のある人たちが，社会の中で他の人々と同じように生活するという考え方を実現させるために生活に不便な障害を取り除くまちづくりを行うことも重要である。

[問1] 文中の(①)にあてはまる人物名を書け。

[問2] 文中の A ～ C にあてはまる語句の組み合わせとして正しいものを，次のア～エの中から1つ選び，その記号を書け。

ア　A　国民健康保険　　B　健康保険　　　C　共済組合
イ　A　健康保険　　　　B　国民健康保険　C　共済組合
ウ　A　共済組合　　　　B　国民健康保険　C　健康保険
エ　A　国民健康保険　　B　共済組合　　　C　健康保険

[問3] 下線部(a)に関し，この出来事を何というか，書け。

[問4] 下線部(b)について，簡潔に説明せよ。

[問5] 下線部(c)に関し，この協定の目的を書け。

[問6] 下線部(d)に関し，1954年から1970年にかけての好景気について，年代の古いものから順に並べたものを，次のア～エの中から1つ選び，その記号を書け。

ア　岩戸景気　→　いざなぎ景気　→　神武景気
　　　→　オリンピック景気

イ　いざなぎ景気　→　オリンピック景気　→　岩戸景気
　　　→　神武景気

ウ　神武景気　→　岩戸景気　→　オリンピック景気
　　　→　いざなぎ景気

エ　神武景気　→　岩戸景気　→　いざなぎ景気

187

　　　→　オリンピック景気

[問7]　下線部ⓔに関し，国内の産業が衰退していく現象を何というか，書け。

[問8]　下線部ⓕに関し，次の条文中の(　①　)，(　②　)にあてはまる語句を書け。

【国民年金制度の目的】

第1条　国民年金制度は，日本国憲法第25条第2項に規定する理念に基き，老齢，障害又は死亡によつて国民生活の安定がそこなわれることを国民の(　①　)によつて防止し，もつて健全な国民生活の維持及び(　②　)に寄与することを目的とする。

　　　　　　　　　(国民年金法　昭和34年4月16日法律第141号)

[問9]　下線部ⓖのような考え方を何というか，書け。

　　　　　　　　　　　　　　　　　　　　　　(☆☆◎◎◎)

解答・解説

中　学　社　会

【1】問1　A　市民　　B　福祉　　C　並行　　D　130
　　問2　ア　大観　　イ　広い視野　　ウ　考え方　　問3　ウ
　　問4　ア　国際協調　　イ　国際平和

〈解説〉問1　A　現行の中学校学習指導要領では，「3　内容の取扱い」の項で，「市民革命」については欧米諸国における近代社会の成立という観点から，例えばフランス革命など，代表的な事例を取り上げるようにすることと示されている。　B　公民的分野の3番目の目標では，これからのよりよい社会を築いていくために解決すべき課題として，

「世界平和の実現と人類の福祉の増大」を掲げている。　C　ここに示されている(2)の文章は，「指導計画の作成に当たっての配慮事項」として4つ提示されているうちの2つ目である。その前段では，「社会科の基本的構造」＝「地理的分野及び歴史的分野の基礎の上に公民的分野を学習する構造」を踏まえて，第1学年と第2学年で地理的分野と歴史的分野を並行して学習させ，さらに第3学年では最初に歴史的分野を学習することとしている。　D　歴史的分野については，第3学年の最初で学習するので，第1学年と第2学年とで合わせて90単位時間，第3学年の最初で40単位時間，3学年合わせて130単位時間を履修させることになる。　問2　ア　地理的分野の内容の大項目は「(1)　世界の様々な地域」と「(2)　日本の様々な地域」の2つであり，その取り扱う順序については，この順序通りに取り扱うものとした。まず，世界の地域構成を「大観」して，続いて世界の諸地域を学習して世界の地理的認識を養い，その後に日本の地理を学習するとしている。

イ　前述のような順番で指導することで，「広い視野」つまり「国際的な視野」という空間的な広がりをもって，日本の国土を認識することができるとしている。　ウ　地理的な「考え方」とは，「日本や世界にみられる諸事情を地域という枠組みの中で考察する」ということである。　問3　選択肢アは「アジア諸国の動き」を取り扱う際の観点であり，イは近代文化についての学習で気付かせるべきことであり，エは「市民革命」を取り扱う際の観点である。　問4　ア　日本と諸外国の歴史や文化が相互に深くかかわっていることを考えさせて，国際協調の精神を育成することが求められる。　イ　学習指導要領解説社会編では，カの項目について，「日本が多くの国々，特にアジア諸国の人々に対して多大な損害を与えたこと，各地への空襲，沖縄戦，広島・長崎への原子爆弾の投下など，我が国の国民が大きな戦禍を受けたことなどから，大戦が人類全体に惨禍を及ぼしたことを理解させ，『国際協調と国際平和の実現に努めることが大切であること』に気付かせる」と記述されている。

【2】問1　A　愛媛県　　B　静岡県　　C　山梨県　　問2　(1)　イ
(2)　中国山地と四国山地が季節風をさえぎり，通年で晴れの日が多く
温暖であり，雨量が少ない。　　　問3　UNESCO(ユネスコ　国際連合
教育科学文化機関)　　　問4　(1)　東端…南鳥島　　南端…沖ノ鳥島
(2)　郊外化が進行して市街地が周辺部へと無秩序に拡大することで都
市機能が拡散する現象。　　　問5　A　オーストラリア　　B　カナダ
〈解説〉問1　A　愛媛県は冬でも温暖な気候と，県西部や瀬戸内海の
島々の急斜面の段々畑を利用してみかん栽培がさかんである。しかし，
国内の産地間競争が激しく，またオレンジの輸入も自由化されたので，
キウイフルーツなど他の果物も栽培する農家が増えている。　　B　静
岡県の駿河湾沿岸や伊豆半島南部は，暖流の影響により温暖で駿河湾
沿岸の丘陵地を中心にみかん栽培が盛んである。　　C　甲府盆地の扇
状地では，かつては養蚕が盛んだったが，現在は果樹栽培が中心とな
っている。　　問2　(1)　A　降水量のグラフがU字型になっていて，梅
雨と台風の季節を除いて夏の降水量が冬よりも少ないことから富山で
ある。　　B　1, 2月を除く月の平均気温が20度以上である。よって那
覇である。　　C　12〜2月の平均気温が0度以下である。よって札幌で
ある。　　D　降水量が夏に多く，冬に少ないことから，東京である。
(2)　夏の太平洋からの南東季節風は四国山地がさえぎり，冬のユーラ
シア大陸からの北西季節風は中国山地がさえぎるため，全体に降水量
が少なく，月平均では100mmほどしかない。　　問3　条約の通称は世
界遺産条約である。世界遺産には，文化遺産(遺跡や建造物)・自然遺
産(景観美・生物多様性)・その双方を満たす複合遺産の3種類があり，
有形の不動産が対象となっている。　　問4　(1)　東端である南鳥島は
北緯24度18分，東経153度59分の西太平洋にある低平な三角形の隆起
サンゴ礁。面積約1.5km²で気象庁や自衛隊の施設がある。一方，南端
である沖ノ鳥島は，北緯20度25分，東経136度05分にある無人島で，
満潮時は露岩のみの環礁である。水没防止のための護岸工事を行い，
領土と200海里排他的経済水域が守られた。　　(2)　「スプロール」とは
「虫食い状」のことである。住宅や都市施設，工場などが，都市周辺

の地価の安い地域を求めて，虫食い状に建設され郊外へ広がり，農地・住宅・工場などが混在する状態をいう。　問5　A　オーストラリアの鉄鉱石は，1960年代から急速に開発が進み，輸出量が多い。西部が主産地で，石炭は東部が主産地で，ともに日本への輸出が多い。　B　カナダは鉱山資源に恵まれ，鉄鉱石・石炭だけでなくレアメタルも豊富である。

【3】問1　A　ヒンドスタン　　B　レグール　　C　ポリネシア　D　ホットスポット　　問2　ウ　　問3　楯状地　　問4　ア　問5　A　原油　　B　ダイヤモンド　　問6　アパルトヘイト(人種隔離政策)　　問7　発展途上国のうち，有力な資源をもつ国ともたない国との間の経済格差が拡大した問題。　　問8　(1)　A　ウ　　B　オ　(2)　温室効果ガス　　(3)　エ
〈解説〉問1　A　ヒンドスタン平原は，ヒマラヤ山脈とデカン高原の間に広がる沖積平野で，ユーラシアプレートとインドプレートの間の凹地にガンジス川が運ぶ土砂が堆積して形成された。　B　レグールは，溶岩台地をつくる玄武岩の風化土壌で，熱帯黒色土の一つである。気候や植生より，母材となる岩石や地形・地下水の影響を強く受けて生成する間帯土壌であり，黒色綿花土ともよばれ，肥沃で綿花栽培に適している。　C　ポリネシアは，太平洋の島々を分ける3大区分の一つで，ほぼ経度180度以東の地域で，ニュージーランド，ツバルなどの5独立国がある。ハワイ諸島，サモア諸島などの島々がある。　D　ホットスポットとは，マントルの深いところの熱源からマグマが上昇してきて火山活動が起こる地点である。現在ハワイ諸島の中でホットスポット上にあって火山活動が活発なのはハワイ島で，キラウエア山などがある。　問2　ヒンドゥー教徒は牛を神聖な動物としているので牛肉は食べない。しかし，タンパク質は乳製品や豆類から摂取している。　問3　先カンブリア時代に地殻運動や火成作用を受け，古生代以後は地殻運動を受けなかった大陸地殻を安定陸塊という。楯状地，卓上地，構造平野などがその代表的なものである。　問4　Aはパキス

タンが上位に入っているので綿花である。Bは，ケニアとスリランカが上位に入っているので茶である。Cは，フィリピンが上位に入っているのでバナナである。　問5　A　ナイジェリアはアフリカ有数の産油国で，ニジェール川デルタに多くの油田がある。OPEC加盟国でもある。　B　ボツワナでは，ダイヤモンド，ニッケル，コバルト，銅鉱などの鉱山資源が豊かで，おもに欧米先進国の資本でその採掘が行われている。問6　植民地支配を行った白人が，特権的支配と高水準の生活を維持するために，アパルトヘイト(人種隔離政策)を制度化した。1991年にアパルトヘイトの廃止が決定され，1994年の全人種参加の選挙で黒人のマンデラ氏が大統領に就任した。　問7　1973年の石油危機など1970年代の一次産品価格の値上げは，資源を有する発展途上国と，有しない発展途上国の間の経済格差を拡大させ，南南問題は，発展途上国の結束を阻害する原因となっている。

問8　(1)　A　1990年の時点では，世界最大の二酸化炭素排出量国はアメリカ合衆国で，世界の23.4%を排出しており，中国は10.3%で，EU，ロシアに次いでの第4位だった。しかしその後工業化や車の増加等により2014年の時点では28.2%で第1位となっている。　B　1990年の時点でロシアは10.6%で，アメリカ，EUに次いで世界第3位だったが，2014年では全体の4.5%で第5位となった。割合だけでなく，総排出量も，1人当たり排出量も，GDP当たり排出量も減少している。

(2)　地球温暖化のおもな原因は温室効果ガス(温暖化ガス)の増加であるといわれ，地球温暖化が進むと，海水面の上昇や，砂漠化，生態系の変化などの現象がおこるといわれている。　(3)　国連環境開発会議では，「持続可能な開発」を掲げた「環境と開発に関するリオ宣言」やその行動計画である「アジェンダ21」が採択された。また，「気候変動枠組み条約」の他に，「生物多様性条約」も調印された。

【4】問1　①　八色の姓　②　藤原京　③　持統天皇　④　嵯峨天皇　⑤　尚巴志　⑥　島津　⑦　井上馨　⑧　ノルマントン号　問2　イ　問3　ア　問4　町々に町費節約を命じて，節

約分の7割を積み立てさせ，金や米を蓄えた。　　問5　富岡製糸場
〈解説〉問1　①　「八色の姓」制定の目的は，壬申の乱後の豪族の身分
　秩序を再編成することであった。　②　藤原京は694年から710年まで
　の持統・文武・元明各天皇の宮都である。中国の長安などをモデルに
　都城制を採用したことが確認されている最初の都である。　③　持統
　天皇は天智天皇の皇女で，天武天皇の皇后となり，天皇の死，次いで
　草壁の皇子の死により即位した。　④　嵯峨天皇は平安初期の天皇で，
　桓武天皇の皇子である。薬子の乱の処理，蔵人・検非違使の設置など
　を行い，弘仁格式などを編集させた。　⑤　尚巴志は，首里を首都，
　那覇を外港とした。琉球王国の商船は，明・日本以外に，朝鮮や東南
　アジア諸国と中継貿易を行い，王国は明や日本の文化を吸収して栄え
　た。　⑥　琉球王国は島津家久に征服され，その支配下に入った。薩
　摩藩は農村支配を確立するとともに，琉球産の砂糖を上納させ，また，
　中国との冊封関係を維持させ朝貢貿易を行わせて利益を得た。
⑦　井上馨の改正案は，ⅰ　治外法権の撤廃と関税率の引き上げ，ⅱ
裁判官に外国人を任用，ⅲ　内地雑居を承認，などであった。井上は
日本の近代化を宣伝するため，東京の日比谷に洋風の鹿鳴館を建設し，
各国外交官を招いて頻繁に舞踏会を催した。　⑧　イギリス人のみを
救助するという船長の非人道的行為に対し，イギリス領事は船長を無
罪とした。その後世論の高まりで禁固3ヶ月に処せられたが，賠償は
認められず，国民には外国人判事に対する不信が広がり，三大事件建
白運動が盛り上がる契機ともなった。　問2　アは琉球王国が派遣し
た謝恩使である。慶賀使も謝恩使も，外国人が将軍に入貢するように
見せるため，中国風の風俗が強制された。　問3　松平定信の失脚後，
家斉は側近を重用して幕政を混乱させ，将軍職を譲った後も大御所と
して実権を握り続けた。家斉の治世を大御所時代という。
問4　1782年から1787年にかけて東北地方を中心に天明の飢饉が起こ
ったが，松平定信が藩主だった白河藩では「領内に餓死者なし」とい
われ，定信はその藩政改革の手腕を買われて，田沼失脚後の老中にな
ったとされる。1787年に江戸市中で打ちこわしが始まり，そのような

中で老中となった定信に課された課題は，江戸に秩序を取り戻すことであり，飢饉・打ちこわし対策として囲い米や七分積金の制を実施した。　問5　富岡製糸場は1872年に設立され，フランス人技術者の指導により，フランスの製糸機械を導入して近代的熟練工を養成し，各地の機械製糸業の発達に貢献した。

【5】問1　港市　　問2　ウ　　問3　シンガポール　　問4　チンギス＝ハン　　問5　ウ→ア→イ→エ　　問6　倭寇対策のため，民間人との海上交易を禁止し，朝貢国とだけ外交を結ぶ政策のこと。
　　問7　ア　　問8　エ　　問9　強制栽培制度　　問10　イ
〈解説〉問1　港市国家は，港町を中心として発達した国家で，主として東南アジアに関して用いられる。14世紀以降では，マレー半島のマラッカ王国，その後継国家であるジョホール王国，スマトラ島のアチェ王国，ジャワ島のバンテン王国が代表的な港市国家であり，すべてイスラーム国家でもある。　問2　アのブドウは，キリスト教の儀礼で用いるワインの原料として中世からヨーロッパで栽培され，イのオリーブは，古代から地中海地域で栽培された。ともに18世紀に需要が増加してはいないので誤りである。エの小麦は，18世紀にノーフォーク農法によりイギリスなどで生産が増大しており，ジャワ島とは関係ないので誤りである。　問3　シンガポールは，イギリスが1819年に自由港として拠点を確保して，1824年に領有した。1826年にはペナンとマラッカと合わせて海峡植民地が形成された。関税が徴収されないため，多くの交易船を呼び込み繁栄した。1833年には人口2万人を数えている。　問4　テムジンは，モンゴル全部族を統一して，1206年のクリルタイでモンゴル帝国の君主となり，チンギス＝ハンと称した。なおクリルタイは，集会を意味するモンゴル語である。モンゴル帝国の最高議決機関で，君主選出，対外戦争や法令発布などが協議された。問5　アのアレクサンドロス大王の東方遠征の開始は，前334年である。イの武帝による西域進出の始まりである張騫の派遣は，前139年である。ウのダレイオス1世は，前522年に即位した。エの高宗は，649年

に即位した。なおウのダレオイス1世は，前500年のペルシア戦争，エの高宗は，663年の白村江の戦いを手掛かりにしてもよい。　問6　海禁政策は，民間貿易と私的な海外渡航を禁止する一方で，貿易量や旅程を厳しく規制した朝貢貿易のみを許可した政策である。15世紀前半にインド洋方面に行われた鄭和の南海諸国遠征によって，東南アジアなどからの朝貢貿易が活発化した。なお16世紀後半になると海禁政策に反発して，後期倭寇が活発化した。このため明は海禁政策を緩和した。　問7　イのアラブ人は，紀元前からアラビア半島を中心に交易活動に従事していたので誤りである。ウのムハンマドがイスラーム教をとなえたのは，7世紀前半であるので誤りである。エのファーティマ朝によるカイロ造営は，10世紀後半であるので誤りである。

問8　①のムスリム商人は，ダウ船を駆使して，インドの綿織物や宝石，ヨーロッパの銀などを東南アジアにもちこんだ。②の中国商人は，ジャンク船を駆使して，中国の絹や陶磁器などを東南アジアにもちこんだ。③のジャワ商人は，ジャワ島中部のマタラム王国で栽培された米などを取引した。　問9　強制栽培制度は，ジャワ戦争やベルギーの独立で財政難に見舞われたオランダ財政再建の為に，1830年に総督ファン＝デン＝ボスによってジャワ島で導入された。コーヒー・サトウキビ・藍などの商品作物の栽培を村落ごとに割り当て，安い公定価格で買い上げて，オランダ政府が販売した。商品作物栽培に特化したため，食糧不足で飢饉が生じた。19世紀後半に廃止された。

問10　アの天津など11港の開港やアヘン貿易の公認などは，1860年の北京条約であるので誤りである。ウの朝鮮の独立や台湾の割譲などは，1895年の下関条約であるので誤りである。エの遼東半島南部の租借権や長春・旅順間の鉄道利権などの承認は，1905年のポーツマス条約であり，清とも関係ないので誤りである。

【6】問1　A　立法　　B　社会的身分　　　C　男女雇用機会均等
問2　ア　常会(通常国会)　　イ　4　　ウ　30　　エ　緊急集会
問3　(1)　欽定憲法　　(2)　天皇大権　　問4　院内での発言や表決に

ついて，院外で責任を問われない権利。　　問5　歳費　　問6　全国
水平社　　問7　(1)　国連憲章　　(2)　イ　　(3)　アメリカ合衆国・
イギリス・フランス・ロシア・中国

〈解説〉問1　A　この規定から，国会単独立法の原則と国会中心立法の
原則が導かれる。B　人が社会において占める継続的な地位のことを
指す。　C　勤労婦人福祉法を全面改正する形で，男女雇用機会均等法
が制定された。　　問2　ア　主に本予算(当初予算)が審議される。
イ　臨時会は臨時国会ともいう。　　ウ　内閣は総辞職するので，特別
会(特別国会)では首班指名選挙が必ず行われる。　　エ　本問の表のタ
イトルは「国会の種類」となっているが，緊急集会は国会ではない。
次の国会開会後10日以内に衆議院の同意が得られない場合，緊急集会
で採られた措置は失効する。　　問3　(1)「欽」とは天子に関する物事
に付けて敬意を表する文字。欽定憲法の対義語は民定憲法。日本国憲
法は，形式的には大日本帝国憲法の改正手続によって制定されたが，
国民主権を基本原則とすることから，民定憲法であると理解されてい
る。　　(2)　軍の統帥権は天皇大権に属しており，議会や内閣による干
犯は認められなかった。これを「統帥権の独立」といい，後に軍部の
暴走を引き起こすこととなった。　　問4　免責されるのは院外での責
任。すなわち民事や刑事上の責任。ゆえに，ヤジなどによって院内で
懲罰を受けることはある。また，所属政党から処分を受けたり選挙で
落選したりするという形で政治的責任をとることもある。　　問5　歳
費の他にも，国会議員には期末手当や文書通信交通滞在費，立法事務
費などの諸手当も支給されている。　　問6　全国水平社は1922年に設
立された組織。設立時に水平社創立宣言が採択された。　　問7　(1)　国
連憲章は1944年のダンバートン・オークス会談による提案をもとに作
成された。翌年6月のサンフランシスコ会議にて採択され，10月に発
効。51カ国を原加盟国として，国連が発足した。　　(2)　朝鮮戦争の際
に，安全保障理事会が拒否権の乱発で機能しなかったことから，「平
和のための結集」決議が採択された。なお，アは，原則として多数決
による。ウは，軍事的解決を直接的に禁止する規定はない。エは，ニ

ューヨークに置かれている。　(3)　安全保障理事会は常任理事国と非常任理事国の15理事国で構成される。実質事項の決議は9理事国以上の賛成と，拒否権を発動する常任理事国が存在しないことが要件となる。

【7】問1　ケインズ　　問2　ア　　問3　世界恐慌(大恐慌)　　問4　自国と植民地間の貿易の利益を優先し，その他の国から輸入する製品に対して，高い関税をかける保護貿易政策。　　問5　貿易に対する制限の撤廃と貿易促進のため。　　問6　ウ　　問7　産業の空洞化　問8　①　共同連帯　　②　向上　　問9　ノーマライゼーション

〈解説〉問1　ケインズは『雇用・利子および貨幣の一般理論』において，有効需要に着目することで，市場経済にも政府の経済政策には積極的意義があることを明らかにした。この有効需要とは，実際に貨幣の支出を伴う需要のこと。　問2　A　自営業者や農家，無業者らは国民健康保険に加入する。B　民間企業の従業員は健康保険に加入する。C　国家公務員や地方公務員，私立学校の教職員はそれぞれの共済組合に加入する。　問3　「世界恐慌」という場合，1929年のニューヨーク株式市場における株価大暴落(暗黒の木曜日)を発端とする恐慌を指すことが多い。　問4　ブロック経済の他，通貨切り下げ競争も実施された。こうした保護貿易の推進が第2次世界大戦の要因になったことへの反省から，大戦後には国際的自由貿易体制の推進が目指されることになった。　問5　当初はITO(国際貿易機関)の創設が目指されたが，実現せず，その代替としてGATTが締結された。ただし，1990年代にWTO(世界貿易機関)が設立されたことで，GATTの機能は発展的に継承された。　問6　神武景気は1954〜1957年の好況。当時の経済白書に「もはや戦後ではない」という文言が登場した。岩戸景気は1958〜1961年にかけての好況。1960年には政府によって国民所得倍増計画が策定された。オリンピック景気は東京オリンピック開催に伴う1962〜1964年の好況。いざなぎ景気は1965〜1970年の好況。輸出拡大によって支えられた好況だった。　問7　特に製造企業において，生

産拠点を人件費や原材料費が安い発展途上国に移転する動きが高まることで，先進国内の雇用が減少したり，技術流出が進んでしまったりすることが懸念される。こうした現象を「産業の空洞化」という。

問8　かつて，国民年金は自営業者らのみを加入対象としていたが，現在では会社員や公務員など，20歳以上のすべての国民を加入対象とする基礎年金となっている。　問9　建築物の段差などを解消することによって移動をしやすくするバリアフリーや，障害者や高齢者だけでなく健常者にとっても使いやすい製品とするために，ユニバーサルデザインを導入することなども，ノーマライゼーションの具体的取組みといえる。

2017年度　実施問題

中　学　社　会

【1】次のⅠ～Ⅲは，現行の中学校学習指導要領「社会」の一部である。これを読んで，あとの[問1]～[問4]に答えよ。

Ⅰ

〔地理的分野〕

1　目標

(1)　日本や世界の地理的事象に対する関心を高め，ⓐ広い視野に立って我が国の国土及び世界の諸地域の地域的特色を考察し理解させ，地理的な見方や考え方の基礎を培い，我が国の国土及び世界の諸地域に関する　　A　　を養う。

Ⅱ

〔歴史的分野〕

2　内容

(1)　歴史のとらえ方

　イ　身近な地域の歴史を調べる活動を通して，地域への関心を高め，地域の具体的な事柄とのかかわりの中で我が国の歴史を理解させるとともに，受け継がれてきた　　B　　や文化への関心を高め，歴史の学び方を身に付けさせる。

　ウ　学習した内容を活用してそのⓑ時代を大観し表現する活動を通して，各時代の特色をとらえさせる。

Ⅲ

〔公民的分野〕

2　内容

(2)　私たちと経済

ア　市場の働きと経済

　　　身近な消費生活を中心に経済活動の意義を理解させると
ともに，　C　の働きに着目させて市場経済の基本的な
考え方について理解させる。また，現代の生産や金融など
の仕組みや働きを理解させるとともに，社会における企業
の役割と責任について考えさせる。その際，ⓒ社会生活に
おける職業の意義と役割及び雇用と労働条件の改善につい
て，勤労の権利と義務，労働組合の意義及び労働基準法の
精神と関連付けて考えさせる。

[問1]　文中の　A　～　C　にあてはまる語句を書け。

[問2]　下線部ⓐに関し，平成26年1月に一部改訂された中学校学習指
導要領解説　社会編(平成20年9月　文部科学省)において，「広い視
野」には2つの意味が含まれていると記載されている。その2つの意
味を書け。

[問3]　下線部ⓑは，どのような活動のことか，説明せよ。

[問4]　下線部ⓒに関し，平成26年1月に一部改訂された中学校学習指
導要領解説　社会編(平成20年9月　文部科学省)では，次のように説
明されている。文中の(　①　)～(　③　)にあてはまる語句を書け。

　　　「社会生活における職業の意義と役割及び雇用と労働条件の
　　改善について，勤労の権利と義務，労働組合の意義及び労働
　　基準法の精神と関連付けて考えさせる」については，職業の
　　意義や雇用などについては，それが(　①　)を維持・向上させ
　　るだけでなく，個人の(　②　)を生かすとともに，個人と社会
　　とを結び付け，社会的分業の一部を担うことによって社会に

（　③　）し，社会生活を支えるという意義があることについて
考えさせることを意味している。(略)

(☆☆☆☆◎◎◎)

【2】次のⅠ〜Ⅲの文を読んで，あとの[問1]〜[問7]に答えよ。

Ⅰ

日本では，夏は南東からの季節風によって東海，四国南部，
九州地方などで雨が多い。一方，冬は北西からの季節風が吹き，
日本海上空で暖流の　　A　　海流からの水蒸気を受け，すじ状
の雲となって山にぶつかり，ⓐ東北地方の日本海側や北陸，山陰
地方に多量の雪を降らせる。

初夏にはオホーツク海気団と　　B　　気団との間にできた梅
雨前線帯が，日本列島付近をゆっくりと北上し，北海道を除い
て梅雨となる。初夏から秋には，ⓑ梅雨や台風などによって多量
の雨がもたらされ，洪水や土砂災害をしばしば引き起こす。

Ⅱ

ⓒ排他的経済水域が設定されたことで，日本では，1973年頃を
ピークに　　C　　漁業が衰退し，沖合漁業が拡大した。しかし，
1980年代後半以降，漁獲量は著しく減少し，かわって水産物の
輸入が急増して，ⓓ日本は世界最大の水産物輸入国となった。そ
の背景には，円高の影響で世界各地からの水産物の輸入が容易
になったことや，水産物に対する消費者の嗜好が多様化したこ
となどがある。

Ⅲ

> 　日本は原料や燃料，食料品を輸入して工業製品を輸出する| D |貿易の形をとり続けてきた。
>
> 　日本の貿易は，第二次世界大戦後は自動車などの工業製品の輸出が大きく増加して貿易黒字となり，諸外国との間で⒠貿易摩擦が起きた。1980年代後半からは，円高やアジアでの工業発展により，アメリカとEU諸国だけでなく，中国をはじめとするアジア諸国からの輸入が増えた。また，日本国内で生産した部品などを，中国や⒡ASEAN諸国で組み立て，それを日本やアメリカ，EUに輸出するという貿易も増加した。

[問1]　文中の| A |～| D |にあてはまる語句を書け。

[問2]　下線部ⓐに関し，次の(1)～(3)に答えよ。

(1)　おもに6月から8月にかけて，太平洋側に吹きつける冷たく湿った北東風を何というか，書け。

(2)　三陸海岸などで見られる，山地が海に沈み込み，谷の部分に海水が入り込んでできた出入りの多い海岸地形を何というか，書け。

(3)　次の表は，東北地方6県の人口(2014年)，面積(2014年)，農業産出額(2014年)，製造品出荷額等(2013年)をそれぞれ表している。表中のウ，カにあたる県名を書け。

表

県名	人口 （千人）	面積 （k㎡）	農業産出額（億円）			製造品出荷額等 （億円）
			米	果実	畜産	
ア	2,328	7,282	602	22	690	37,420
イ	1,935	13,784	529	248	475	47,879
ウ	1,321	9,645	388	833	880	15,283
エ	1,284	15,275	471	103	1,410	22,807
オ	1,131	9,323	668	642	357	24,114
カ	1,037	11,638	773	63	332	11,164

（「日本国勢図会2015/16年版」、農林水産省「生産農業所得統計平成26年版」から作成）

[問3]　下線部ⓑに関し，次の(1)，(2)に答えよ。

(1)　海水が，気圧の低下によって吸い上げられたり，強風によって

　　　沿岸部に吹き寄せられたりすることで海面が上昇し，海水が陸上
　　　にあふれ出して，沿岸部の低地が浸水する現象を何というか，書
　　　け。
　(2)　濃尾平野西部などに見られる，洪水から集落を守るために周囲
　　　を堤防で囲んだ地域を何というか，書け。

[問4]　下線部ⓒについて，簡潔に説明せよ。

[問5]　下線部ⓓに関し，次の表は，日本の主要水産物輸入高(上位3か
　　　国・地域：2014年)をそれぞれ表したものである。表中のA〜Cの水
　　　産物名の組み合わせとして正しいものを，下のア〜エの中から1つ
　　　選び，その記号を書け。

表

水産物名	輸入先上位3か国・地域　　(%)	輸入額
A	チリ(62.4)，ノルウェー(21.5)，ロシア(9.6)	1,901億円
B	ベトナム(20.9)，インド(16.8)，インドネシア(16.7)	2,262億円
C	台湾(21.1)，韓国(12.0)，中国(10.9)	1,869億円

※ 生鮮・冷凍品のみとし、調製品（加工したもの）は含まない。

（「日本国勢図会2015/16年版」から作成）

ア　A　まぐろ　　　　B　えび　　　　　C　さけ・ます
イ　A　さけ・ます　　B　まぐろ　　　　C　えび
ウ　A　まぐろ　　　　B　さけ・ます　　C　えび
エ　A　さけ・ます　　B　えび　　　　　C　まぐろ

[問6]　下線部ⓔに関し，日本の輸出超過に対して，諸外国から輸入拡
　　　大と市場開放が求められてきた。日本の対応について適切に述べて
　　　いるものを，次のア〜エの中から1つ選び，その記号を書け。
　ア　関説の引き下げや，外需主導型経済から内需主導型経済への転
　　　換をはかった。
　イ　関税の引き上げや，外需主導型経済から内需主導型経済への転
　　　換をはかった。
　ウ　関税の引き下げや，内需主導型経済から外需主導型経済への転
　　　換をはかった。
　エ　関税の引き上げや，内需主導型経済から外需主導型経済への転

換をはかった。

[問7] 下線部⑥に関し，次の(1)，(2)に答えよ。

(1) ASEANの本部が置かれているインドネシアの都市名を書け。

(2) 次の表は，シンガポール，タイ，フィリピン，マレーシアから日本への主要輸出品目(上位4品目：2014年)を表したものである。表中のBにあたる国名を書け。

表

国名	主要輸出品　　(%)	輸出額(億円)
A	液化天然ガス(45.3)，機械類(19.3)，石油製品(9.2)，合板(3.0)	30,867
B	機械類(34.5)，肉類(5.7)，プラスチック(4.9)，魚介類(4.9)	22,995
C	機械類(42.7)，果実(9.1)，銅鉱(4.3)，船舶(3.3)	10,763
D	機械類(33.1)，医薬品(13.7)，科学光学機器(7.1)，プラスチック(3.7)	8,339

(「日本国勢図会2015/16年版」から作成)

(☆☆☆☆◎◎◎)

【3】次の文を読んで，あとの[問1]〜[問8]に答えよ。

　ヨーロッパは，ユーラシア大陸の西端に位置する。北西ヨーロッパは全体的に日本より高緯度にあるが，大陸の東側に比べると温暖な⒜西岸海洋性気候である。アルプス山脈の南側，地中海沿岸やアドリア海沿岸は地中海性気候となっている。また，北極圏内では，夏は1日中太陽が沈まない(①)となり，冬は日照時間が極端に短くなる。

　ヨーロッパ南部には，急峻な山々からなるアルプス山脈がある。一方，中央部は平原が広がり，安定陸塊のためほとんど地震がない。また，パリ盆地では⒝ケスタ地形を利用し，ブドウ栽培が行われている。⒞オランダでは，国土の多くが海面下にあるため，工夫して耕作地を広げてきた。

　農業についても特色がみられ，ピレネー山脈やアルプス山脈の南側では地中海式農業が行われ，北側ではかつては⒟混合農業が盛んに行われてきた。また，アルプスでは夏季に高地牧場での移牧がみられる。

政治・経済面では，1992年にマーストリヒト条約が調印され，1993年に(e)ECはEUへと発展した。さらに，1995年には(　②　)協定によって，実施国間では国境管理が廃止され人々の移動が自由化された。日常生活において，国境近くに暮らす人々は，国境を越えての買い物や通勤も可能になった。

EUの統合が進むと，自動車や電気機械などの労働集約的な工業は，安価な労働力を求めてEU東部の国々に進出し始めた。EU域内の関税の撤廃といったEUの工業政策によって，EU域内の工業は分散する傾向がみられるが，イギリスのロンドン盆地からライン川周辺，北イタリアにかけては工業ベルトとして開発され，(f)ヨーロッパの経済や文化の中軸となる地域となっている。しかし，原料資源やエネルギー資源に乏しく，大量の(g)エネルギーを諸外国から輸入している。そのため，EUは域内での共通のエネルギー政策を模索している。

[問1] 文中の(　①　)，(　②　)にあてはまる語句を書け。

[問2] 下線部@に関し，北西ヨーロッパの気候に影響を与えている海流を何というか，書け。

[問3] 下線部ⓑに関し，次の(1)，(2)に答えよ。

(1) ケスタ地形とはどのような地形か，簡潔に書け。

(2) 次の表は，ブドウの生産国(上位5か国：2013年)を表したものである。表中のAにあてはまる国名を書け。

表

農産物名	生産国上位5か国　　(生産量　千t)
ブドウ	中国 (11,550)，　A　(8,010)，アメリカ合衆国 (7,745)，スペイン (7,480)，フランス (5,518)

(「世界国勢図会2015/16年版」から作成)

[問4] 下線部ⓒに関し，低湿地を干拓してつくった土地を何というか，書け。

[問5] 下線部@について，簡潔に説明せよ。

[問6]　下線部ⓔに関し，次の(1)，(2)に答えよ。

(1)　EC発足当時の加盟国は6か国であった。その加盟国をすべて書け。

(2)　1999年，EUにおいて導入された単一通貨を何というか，書け。

[問7]　下線部ⓕに関し，EUの旗の色に由来した名称がつけられているこの地域を何というか，書け。

[問8]　下線部ⓖに関し，次の表は，ドイツ，フランス，オランダ，スウェーデンの発電量の内訳(2012年)をそれぞれ表したものである。表中のBにあてはまる国名を書け。

表　　　　　　　　　　　　　　　　　　　　　　　　（単位　億kWh）

国名	水力	火力	原子力	風力	太陽光
A	278	4,234	995	507	264
B	791	163	640	72	0
C	636	553	4,254	149	40
D	1	931	39	50	3

（「世界国勢図会2015/16年版」から作成）

（☆☆☆○○○）

【4】次のⅠ～Ⅳの文を読んで，あとの[問1]～[問8]に答えよ。

Ⅰ

　　律令制度のもと，民衆は班田収授法によってⓐ口分田が与えられた。そして，戸籍に基づいて毎年作成される（　A　）により，性別や年齢に応じて税が課せられた。

　　その後，人口増加による口分田不足を補うため，ⓑヤマト政権は，743年に墾田永年私財法を出し，開墾した土地の私有を永年にわたって保障した。また，この頃，仏教による鎮護国家の思想によって国の安定を図ろうとした。

Ⅱ

> 摂政・関白であった©藤原氏を外戚としない後三条天皇は，荘園の増加が公領を圧迫していることに対し，1069年に(　B　)の荘園整理令を出した。このことにより，貴族や寺社の支配する荘園と，朝廷が任命した国司が支配する公領が明確になり，荘園公領制が形成されていった。
>
> ⓓ鎌倉幕府は，承久の乱後，西国に集中する上皇方の貴族や武士の所領に新しく地頭を設置した。

Ⅲ

> ⓔ豊臣秀吉は，経済的な基盤として近畿地方を中心に約200万石の蔵入地をもち，佐渡・石見大森・但馬生野などの主要な鉱山も直轄にして，天正大判などの貨幣を鋳造した。さらに，京都・伏見・大坂・堺などの重要都市も支配した。
>
> また，1585年，秀吉は朝廷から関白に任じられ，翌年，(　C　)に就任した。

Ⅳ

> ⓕ明治政府は，1872年，地主・自作農に対して(　D　)を交付し，土地の所有権を確定したが，地価の不均衡をさけられなかった。そこで政府は，翌年に地租改正条例を公布した。
>
> しかし，高い地価に農民が強く反発し，茨城や三重・愛知・岐阜・堺などの県で地租改正反対一揆が発生したため，1877年，政府はⓖ地租を軽減する措置をおこなった。

[問1]　文中の(　A　)～(　D　)にあてはまる語句を書け。

[問2]　下線部ⓐに関し，口分田は何歳から与えられたか，書け。

[問3]　下線部ⓑに関し，次の(1)，(2)に答えよ。

　(1)　聖武天皇が，近江の紫香楽宮で発した巨大な仏像の鋳造を命じた詔は何か，書け。

(2)　聖武天皇が在位中に起こった出来事について，適切に述べているものを，次のア～エの中から1つ選び，その記号を書け。

ア　恵美押勝の乱の後，道鏡は法王の位に就いた。

イ　唐僧の鑑真が来日し，戒律を伝えた。

ウ　長屋王の変が起こり藤原氏が朝廷における地位を確立した。

エ　貨幣の流通を促すため朝廷が蓄銭叙位令を出した。

[問4]　下線部ⓒに関し，清和天皇の勅を得て，臣下で最初の摂政となったのは誰か，書け。

[問5]　下線部ⓓに関し，次の(1)，(2)に答えよ。

(1)　守護の職務である大犯三箇条とは何か，内容を簡潔に書け。

(2)　将軍と御家人の主従関係において，御家人をおもに地頭に任命することによって先祖伝来の所領の支配を保障したことを何というか，書け。

[問6]　下線部ⓔに関し，全国の戦国大名に発した惣無事令とはどのようなものか，簡潔に書け。

[問7]　下線部ⓕに関し，次の(1)，(2)に答えよ。

(1)　1872年，近代的銀行制度を導入するために公布した条例を何というか，書け。

(2)　1890年に実施された第1回衆議院議員総選挙について，その際，選挙権を有していた選挙人の条件を書け。

[問8]　下線部ⓖに関し，1877年，地租は地価の何パーセントから何パーセントに変更されたか，書け。

(☆☆☆◎◎◎◎)

【5】次の文を読んで，あとの[問1]～[問8]に答えよ。

ⓐ日清戦争後，勢力を拡張しようとした列強が，清の領土内において利権獲得に乗り出していた。白蓮教の流れをくんだ宗教結社で，山東省の自衛組織でもある(　①　)が「扶清滅洋」を唱え，北京の公使館地区を包囲した。しかし，ⓑ日本，ロシアを含

む8か国は，共同で公使館地域の解放にあたるため，軍隊の派遣に踏み切り，北京を占領し鎮圧した。

　この出来事の後，清では，保守的，排外的な傾向が後退し，立憲君主制への移行，ⓒ科挙の廃止など，近代国家に向けて，（　②　）という政治改革が行われたが，巨額の費用がかかり，税負担が増したため地方の有力者や民衆から反発が強まった。

　ⓓ1911年10月，四川省で暴動が起こり，軍隊の中にいた革命派が蜂起し，その動きが各省に広がり，1か月のうちに大半の省が清から離反して独立した。翌年1月，南京でアジア最初の共和国である中華民国の建国が宣言され，ⓔ孫文が臨時大総統に就任した。清朝は，最後の皇帝　A　が退位し，滅亡するとともに，ⓕ2000年以上にわたる中国の皇帝政治が終わった。

　しかし，中華民国の内政は安定せず，軍閥が各地に分立し抗争が起こる中，1919年，孫文の指導のもとに中華革命党を改組し，上海で（　③　）党が成立した。孫文の死後，後継者となった　B　は，軍を率いて北伐を行い，南京に政府を樹立した。

　第二次世界大戦後の内戦の中，1949年，農民の支持を集めた共産党の人民解放軍が，都市でも労働者の支持を得て優勢となり，　C　を中央人民政府の主席に，周恩来を首相とする中華人民共和国の樹立を宣言した。

[問1]　文中の　A　～　C　にあてはまる人物名を書け。

[問2]　文中の（　①　）～（　③　）にあてはまる語句を書け。

[問3]　下線部ⓓに関し，次の(1)，(2)に答えよ。

(1)　1895年，日本と清が結んだ条約名は何か，書け。

(2)　1898年，山東半島の威海衛を租借地とした国はどこか，書け。

[問4]　下線部ⓑに関し，8か国に含まれない国はどこか。次のア～エの中から1つ選び，その記号を書け。

ア　オランダ　　イ　イタリア　　ウ　ドイツ
エ　オーストリア

[問5]　下線部ⓒに関し，この制度が始まった頃のヨーロッパの出来事
として，適切に述べているものを，次のア～エの中から1つ選び，
その記号を書け。

ア　イギリスでは，ウィリアム1世がノルマン朝を開いた。

イ　教皇に即位したグレゴリウス1世は，新たにイタリアの統治者
となったランゴバルド人のキリスト教化をはかった。

ウ　ローマ帝国が東西に分割され，コンスタンティノープルが東ロ
ーマ帝国の首都となった。

エ　コンスタンティヌス1世は，ミラノ勅令を出し，キリスト教を
公認した。

[問6]　下線部ⓓに関し，この出来事がきっかけとなって起こった革命
を何というか，書け。

[問7]　下線部ⓔに関し，1924年に決定した「連ソ・容共・扶助工農」
とはどのようなことか，簡潔に説明せよ。

[問8]　下線部ⓕに関し，紀元前221年，中国を統一した国名を書け。

(☆☆☆◎◎◎)

【6】次のⅠ～Ⅲの文を読んで，あとの[問1]～[問7]に答えよ。

Ⅰ

> ヨーロッパでは，16世紀ごろまでに　　A　　への権力の集中
> が進み，　　A　　が絶対的な権力をもつ絶対王政が成立した。
> 絶対王政がⓐ社会契約説を背景にしたⓑ市民革命によって倒され
> ることで，国民を基盤とする国家が生まれた。
>
> 　19世紀以降，政治の役割はしだいに広がり，社会活動の基盤
> 整備や，教育や福祉などのサービスの提供もそれに含まれるよ
> うになった。こうして，政治の担い手としての国家は，平和な
> 秩序の実現だけを行う夜警国家から，より広く国民生活へサー
> ビスを提供する福祉国家に変わってきた。その結果，国家，特
> にⓒ行政の機能と権限が拡大し，行政国家ともよばれるようにな
> った。

Ⅱ

　　米ソ冷戦の下で1950年に⒟朝鮮戦争が起こると，GHQの指令
によって警察予備隊が創設された。1952年，警察予備隊は
　　B　　に，1954年には，自衛隊に改められ，国防の任務が加
えられた。

　　自衛隊の最高指揮権は，文民である内閣総理大臣がもち，自
衛隊の隊務を統括する防衛大臣も文民である。これをシビリア
ン・コントロール(文民統制)の原則という。また，日本の防衛政
策は，⒠専守防衛に徹することを原則としている。

Ⅲ

　　日本国憲法は，「内閣は，行政権の行使について，国会に対し
連帯して責任を負ふ」(第66条)と規定し，　　C　　制を採用して
いる。そして，「内閣総理大臣は，国会議員の中から国会の議決
で，これを指名する」(第67条)と定め，内閣総理大臣が国務大臣
を任命する場合は「その　　D　　は，国会議員の中から選ばれ
なければならない」(第68条)としている。このように内閣は，
⒡国会の信任を基盤としている。

[問1]　文中の　　A　　～　　D　　にあてはまる語句を書け。

[問2]　下線部⒜に関し，『リバイアサン』を著した人物は誰か，書け。

[問3]　下線部⒝に関し，1689年，イギリス議会が制定した権利宣言を
　　国王が承認して発布した法律を何というか，書け。

[問4]　下線部⒞に関し，次の(1)，(2)に答えよ。

　(1)　効率性や透明性の向上を目的として，各府省から一定の事務や
　　事業を分離して設立された法人を何というか，書け。

　(2)　国の行政委員会の1つで，警察庁の管理などを行う機関を何と
　　いうか，書け。

[問5]　下線部⒟に関し，1948年，朝鮮半島に成立した2つの国の正式
　　国名を書け。

[問6]　下線部ⓔは，どのような防衛戦略の姿勢のことか，説明せよ。

[問7]　下線部ⓕに関し，次の(1)，(2)に答えよ。

(1)　衆議院で内閣の不信任決議案が可決された場合，内閣はどのような対応をとらなければならないか，簡潔に書け。

(2)　次のア〜カのうち，内閣の権限にあたるものを2つ選び，その記号を書け。

ア　条約の承認　　　イ　予算の作成
ウ　憲法改正の発議　エ　法律の執行
オ　拒否権の行使　　カ　最高裁判所長官の任命

(☆☆◎◎◎)

【7】次のⅠ〜Ⅲの文を読んで，あとの[問1]〜[問9]に答えよ。

Ⅰ

> 　第二次世界大戦後，ⓐ農地改革によって多くの自作農が創設され，農家間の所得格差は緩和された。しかし，1950年代になると，農業と他産業のⓑ所得の格差が深刻になり始めた。そこで，この格差を縮小することを目的に1961年に（　①　）法が制定された。しかし，こうした政策にもかかわらず，自立経営農家は育たなかった。
>
> 　政府は，食糧管理制度によって米などの価格を規制する一方，ⓒ米の過剰生産をおさえるために生産調整をおこなってきたが，1995年，主要食糧の需要及び価格の安定に関する法律の施行により，米の流通や価格について大幅な自由化がはかられた。また，1999年からはⓓ米の関税化が実施されるようになった。

Ⅱ

　　日本で公害が最初に社会問題になったのは，明治時代中頃に
起きた(e)足尾銅山鉱毒事件である。銅山から排出された鉱毒によ
り，多くの農産物・魚類に被害が出た。

　　日本の公害問題が深刻化したのは，高度経済成長の頃である。
重化学工業化が急速に進展する中で，さまざまな産業公害が全
国で発生し，相次いで(f)公害訴訟が起きた。このため，1967年，
公害対策基本法が制定された。

　　公害対策の結果，生産活動による産業公害は減少した。しか
し，他方で1970年代から80年代に都市公害や生活公害が発生す
るなど，公害の種類と発生源は多様化してきた。このような公
害・環境問題の新しい展開を踏まえて，1993年には(　②　)法が
制定され，国・地方公共団体・事業者・国民の責務が明記され
た。

Ⅲ

　　ドイツでは19世紀後半に，疾病，労働，災害，老齢，廃疾に
関する(g)世界最初の社会保険制度が創設された。しかし，この制
度は社会主義者鎮圧法とともにつくられたため，「アメとムチの
政策」とよばれた。

　　国民の立場に立ち，国民の生存権を保障するという意味での
近代的な社会保障制度は，1942年の(　③　)報告にもとづいて制
度化されたイギリスの社会保障制度である。

　　(h)日本の社会保障制度は，日本国憲法第25条の生存権の保障を
基本理念として充実が図られてきた。

[問1]　文中の(　①　)～(　③　)にあてはまる語句や人物名を書け。
[問2]　下線部(a)に関し，戦前の地主制の復活を防止するために1952年
　に制定された法律を何というか，書け。
[問3]　下線部(b)に関し，国民所得の三面等価の原則について，簡潔に

213

説明せよ。

[問4]　下線部ⓒに関し，1970年から政府が行った，米の作付け面積を制限したり他の作物へ転作したりする政策を何というか，書け。

[問5]　下線部ⓓに関し，ウルグアイ・ラウンドでの合意に基づいて1995年に設立された，GATTを引き継ぐ常設の国際機関を何というか，書け。

[問6]　下線部ⓔに関し，この問題を解決するために，天皇に直訴した人物は誰か，書け。

[問7]　下線部ⓕに関し，四大公害病をすべて書け。

[問8]　下線部ⓖに関し，ドイツの首相として社会保険制度を創設した人物は誰か，書け。

[問9]　下線部ⓗに関し，次の(1)，(2)に答えよ。

(1)　平成28年度の日本の一般会計予算のうち，社会保障関係費はどれだけか。最も適切な金額を，次のア～エの中から1つ選び，その記号を書け。

ア　約26兆円　　イ　約32兆円　　ウ　約36兆円
エ　約42兆円

(2)　現在，日本の公的年金制度で採用されている賦課方式とはどのような方式か，簡潔に書け。

(☆☆◎◎◎)

地 理 ・ 歴 史

【1】次の文を読み，[問1]～[問9]に答えよ。

エジプトでは，ⓐ毎夏になると上流域の降雨により川が増水し，水が引くと肥沃な土壌を残したため，豊かな農業が営まれた。紀元前3000年頃には，統一王朝が成立し，古王国時代・中王国時代・ⓑ新王国時代の3期に区分される繁栄した時代をむかえた。

前12世紀頃から次第に勢力が衰えはじめたエジプトは，前6世紀に

は⊙アケメネス朝に，さらに前4世紀にはアレクサンドロス大王に征服された。アレクサンドロス大王の死後，エジプトにはギリシア系の＿＿＿＿が成立するが，前30年に⊙ローマの属州となった。

7世紀にイスラーム勢力の侵攻を受けてからは，エジプトのイスラーム化が進み，新都カイロを建設した⊙ファーティマ朝，続いてアイユーブ朝，マムルーク朝とエジプトを中心としたイスラーム王朝が繁栄していった。

16世紀にマムルーク朝は⊙オスマン帝国に滅ぼされ，属州になった。その後，⊙ナポレオン軍の侵攻の際に活躍したムハンマド＝アリーにより，エジプトの近代化が図られた。そして彼は，シリア領有をめぐってオスマン帝国と対立し，⊙2度にわたるエジプト＝トルコ戦争を起こし，勝利した。しかし，エジプトの強大化を恐れたヨーロッパ列強の介入を招くこととなった。

[問1] ＿＿＿＿にあてはまる王朝名を書け。

[問2] 下線⊙に関し，次の(1)，(2)に答えよ。

 (1) 「エジプトはナイルの賜物」と歴史書に記したギリシアの歴史家は誰か，書け。

 (2) ナイル川の定期的な氾濫から考えられたとされる暦は何か，書け。

[問3] 下線⊙に関し，自らをイクナートンと称し，テル＝エル＝アマルナに遷都して，宗教改革を行ったのは誰か，書け。

[問4] 下線⊙のダレイオス1世が各州においた長官を何と呼ぶか，書け。

[問5] 下線⊙に関し，カエサルの養子で，元首政をはじめたのは誰か，書け。

[問6] 下線⊙に関し，次の(1)，(2)に答えよ。

 (1) この王朝が創始された場所を，次のア～エの中から1つ選び，その記号を書け。

 ア　エチオピア　　イ　サウジアラビア　　ウ　スーダン
 エ　チュニジア

(2)　この王朝の時代，カイロに創建された，イスラーム世界における最古とされるマドラサを何と呼ぶか，書け。

[問7]　下線ⓕに関し，オスマン帝国が恩恵的措置として，外国人に与えた領事裁判権，租税免除などの特権を何と呼ぶか，書け。

[問8]　下線ⓖに関し，次の(1)，(2)に答えよ。

(1)　この時，発見されたロゼッタ＝ストーンに刻まれた文字を手がかりにヒエログリフの解読に成功したのは誰か，次のア～エの中から1つ選び，その記号を書け。

　　ア　シャンポリオン　　　イ　ヴェントリス
　　ウ　ローリンソン　　　　エ　シュリーマン

(2)　ナポレオンがエジプトに侵攻した目的を，インドという語句を用いて，簡潔に書け。

[問9]　下線ⓗの結果起こったこととして正しく述べられている文を，次のア～エの中から1つ選び，その記号を書け。

　　ア　トルコの支配下にあったバルカン半島のギリシアが独立した。
　　イ　ロシアの南下政策により，トルコはクリミア半島を奪われた。
　　ウ　ムハンマド＝アリーに，エジプト総督の世襲権が認められた。
　　エ　イギリスは，ベルリン会議でキプロス島の統治権を獲得した。

（☆☆☆◎◎◎）

【2】次の文を読み，[問1]～[問10]に答えよ。

　現在の北京の地は，古来から華北の重要な地域であった。この地域は，ⓐ戦国時代に燕の都となり，それ以降も北方民族に対する防衛拠点として重視されてきた。

　10世紀には，契丹が建てたⓑ遼の都の一つとなり，ついで，女真族が建国した金もこの地を都とすることになった。さらにⓒモンゴル帝国のⓓフビライ＝ハンが，この地を大都と称し，国号を中国風の＿＿＿＿に改め，中国全土の支配を完成させていった。また，ⓔマルコ＝ポーロやⓕモンテ＝コルヴィノもこの地を訪れている。

　漢民族の皇帝として，初めてこの地を都としたのは，明の第3代

⑧永楽帝といわれ，彼によって北京と改称された。明が滅亡した後も，北京は清の都として長く栄えた。

　⑪辛亥革命によって建国した中華民国では，首都は北京から離れることになったが，第二次世界大戦後，①中華人民共和国が成立し，この地が再び首都となった。

[問1]　　　　　にあてはまる国号を書け。

[問2]　下線⑧に関し，この時代に農業生産が大いに高まった理由を，農具・農法に着目して簡潔に書け。

[問3]　下線⑪の建国者は誰か，書け。

[問4]　下線⑥のオゴタイ＝ハンが都としたのはどこか，書け。

[問5]　下線⑩に関し，次の(1)，(2)に答えよ。

　(1)　フビライ＝ハンが行ったことについて，正しく述べられている文を，次のア〜エの中から1つ選び，その記号を書け。

　　ア　朝鮮半島では高麗を服属させ，南方ではジャワにまで遠征軍を送った。

　　イ　東トルキスタン全域を新疆と称して領有し，台湾などにも出兵した。

　　ウ　イスラーム教徒の宦官鄭和に命じて，南海諸国に大艦隊を派遣した。

　　エ　ロシア諸侯を服属させ，ドイツ・ポーランド連合軍もやぶった。

　(2)　フビライ＝ハンがチベット仏教の高僧につくらせ，公文書に用いられたチベット系の文字を何と呼ぶか，書け。

[問6]　下線⑥が口述した旅行談を，ルスチアーノが旅行記にまとめた。その旅行記を何と呼ぶか，書け。

[問7]　下線⑥について，この地を訪れた目的を簡潔に書け。

[問8]　下線⑧が設けた皇帝の補佐機関において，事実上の宰相となる首席を何と呼ぶか，書け。

[問9]　下線⑪に関し，次の(1)，(2)に答えよ。

　(1)　辛亥革命の発端となる武装蜂起が起きた都市を，次のア〜エの

中から1つ選び，その記号を書け。

　　ア　西安　　イ　重慶　　ウ　南京　　エ　武昌

(2)　1912年1月，中華民国建国の際，臨時大総統に選出されたのは誰か，書け。

[問10]　下線①に関し，1972年に中華人民共和国を訪問し，米中和解の共同声明を発表したアメリカの大統領は誰か，書け。

(☆☆☆◎◎◎)

【3】次の文を読み，[問1]～[問9]に答えよ。

　日本では古代から，麻をいろいろな形で使用していた。ⓐ縄文時代の遺跡からも麻が出土している。ⓑ律令制度では中央政府の財源として麻布が納められ，天平文化を代表する和歌集である　　1　　の中にも，麻を詠んだ歌が多数納められている。このように日本人と麻との係わりは，数千年続いてきた。

　一方で，木綿は戦国時代に朝鮮から日本に伝えられ，当初は軍事用の素材として注目された。保温性のある木綿は合戦時の兵の衣服に適しており，またⓒ鉄砲の火縄としても重宝された。ⓓ江戸時代に入ると木綿は日常衣類として急速に広まり，木綿稼ぎと呼ばれた糸紡ぎ，機織りなどが農家の重要な副業になった。

　17世紀末から18世紀初頭にかけて，ⓔ生糸がさかんに輸入された。その後，ⓕ明治時代に製糸の機械化が進み，ⓖ殖産興業の方針により，群馬県に　　2　　が建設された。

[問1]　　1　　にあてはまる和歌集を，次のア～エの中から1つ選び，その記号を書け。

　　ア　万葉集　　イ　古今和歌集　　ウ　和漢朗詠集

　　エ　新古今和歌集

[問2]　　2　　にあてはまる官営模範工場は何か，書け。

[問3]　下線ⓐとして最も適切なものを，次のア～エの中から1つ選び，その記号を書け。

　　ア　紫雲出山遺跡　　イ　三内丸山遺跡　　ウ　岩宿遺跡

エ　登呂遺跡

[問4]　下線ⓑに関し，京での労役に代えて麻布を納入した税を何と呼ぶか，書け。

[問5]　下線ⓒに関し，正しく述べられている文を，次のア～エの中から1つ選び，その記号を書け。

ア　南蛮人は鉄砲や火薬などをもたらし，主に日本の銀と交換した。

イ　長篠合戦で織田信長は鉄砲を活用して，今川義元を打ちやぶった。

ウ　文禄の役で，日本は鉄砲を主力として戦ったが，尚巴志率いる朝鮮水軍の活躍などにより，次第に戦況は不利になった。

エ　日本布教を目指したイエズス会の宣教師フランシスコ＝ザビエルによって，鉄砲は日本に伝えられた。

[問6]　下線ⓓに関し，江戸時代を代表する木綿の産地を，次のア～エの中から1つ選び，その記号を書け。

ア　土佐　　イ　会津　　ウ　河内　　エ　銚子

[問7]　下線ⓔに関し，幕府が1604年に糸割符制度を設けた目的を簡潔に書け。

[問8]　下線ⓕに関し，次の表は，1885年と1899年の日本の輸出入品の上位4位までを示したものである。表中の　A　～　C　にあてはまる輸出入品の組み合わせとして正しいものを，下のア～エの中から1つ選び，その記号を書け。

表

	年　度	1位	2位	3位	4位
輸出	1885年	A	緑茶	水産物	石炭
	1899年	A	B	絹織物	石炭
輸入	1885年	B	砂糖	綿織物	毛織物
	1899年	C	砂糖	機械類	鉄類

（『日本貿易精覧』から作成）

	A	B	C
ア	生糸 —	綿花 —	綿糸
イ	生糸 —	綿糸 —	綿花
ウ	綿糸 —	生糸 —	綿花

　　エ　綿糸　―　綿花　―　生糸

[問9]　下線⑧に関し，明治時代に行われた政策について述べられた文として適切でないものを，次のア～エの中から1つ選び，その記号を書け。

　　ア　関所や宿駅・助郷制度の撤廃など封建的諸制度の撤廃を行った。

　　イ　前島密の建議により，飛脚に代わる官営の郵便制度を整えた。

　　ウ　有事の際に軍事輸送を行わせるため，三菱に手厚い保護を与えた。

　　エ　資材と資金を石炭や鉄鋼などの重要産業部門に集中した。

　　　　　　　　　　　　　　　　　　　　　　　　　　　　　(☆☆☆◎◎◎)

【4】次のA～Eの史料を読み，[問1]～[問8]に答えよ。

　A　乙丑，詔して曰く，「聞くならく，墾田は⒜養老七年の格に依りて，限満つる後，例に依りて収授す。是に由りて農夫怠倦して，開ける地復た荒る，と。今より以後，任に私財と為し，(中略)咸悉くに永年取る莫れ。

　　　　　　　　　　　　　　　　　　　　　　　　　　　　　『続日本紀』

　B　今日山城⒝国人集会す。上は六十歳，下は十五六歳と云々。同じく一国中の土民等群衆す。今度⒞両陣の時宜を申し定めんがための故と云々。しかるべきか。但し又下極上のいたりなり。

　　　　　　　　　　　　　　　　　　　　　　　　　　　　『大乗院寺社雑事記』

　C　一　天子諸芸能の事，第一御　　　1　　　也。

　(中略)

　　　一　⒟紫衣の寺，住持職，先規希有の事也。近年猥りに勅許の事，且は臈次を乱し，且は官寺を汚し，甚だ然るべからず。

　　　　　　　　　　　　　　　　　　　　　　　　　　　　　『大日本史料』

　D　御旗本ニ召置かれ候御家人，御代々段々相増候。御蔵入高も先規よりハ多く候得共，御切米御扶持方，其外表立候御用筋の渡方ニ引合候ては，畢竟年々不足の事ニ候。(中略)それニ付，御代々御沙汰

　　　　　　　　　　　　　　　　　　　220

之無き事ニ候得共，万石以上の面々より 2 差し上げ候様ニ仰せ付けらるべしと思召し，左候ハねば御家人の内数百人，御扶持召放さるべきより外は之無く候故，御恥辱を顧みられず仰せ出され候。

『御触書寛保集成』

E　第一条　両締約国間に外交及び領事関係が開設される。両締約国は，大使の資格を有する外交使節を遅滞なく交換するものとする。また，両締約国は，両国政府により合意される場所に領事館を設置する。

　　　（中略）

　　第三条　大韓民国政府は， 3 総会決議第一九五号(Ⅲ)に明らかに示されているとおりの朝鮮にある唯一の合法的な政府であることが確認される。

『条約集』

[問1]　 1 ～ 3 にあてはまる語句を書け。

[問2]　史料Aが出された頃の社会の状況について述べられた文として，最も適切なものを，次のア～エの中から1つ選び，その記号を書け。

　ア　新羅と結んで筑紫の国造磐井が大規模な戦乱を起こした。
　イ　鎮護国家思想による国分寺建立の詔が出された。
　ウ　坂上田村麻呂が胆沢城を築いた。
　エ　醍醐天皇の子で左大臣の源高明が左遷された。

[問3]　下線ⓐの法令を何と呼ぶか，書け。

[問4]　下線ⓑとはどのような人々か，簡潔に書け。

[問5]　下線ⓒはある戦いを継続していると考えられるが，その戦いについて述べられた文として適切なものを，次のア～エの中から1つ選び，その記号を書け。

　ア　御内人の中心人物の平頼綱が有力御家人の安達泰盛を滅ぼした。
　イ　戦いは足利直義が敗死した後も続き，長期化した。
　ウ　法華一揆は延暦寺と衝突し，焼打ちを受けて，一時京都を追われた。

エ　守護大名は細川方と山名方にわかれて戦い，京都は戦火に焼か
　　れて荒廃した。

[問6]　下線ⓓに関し，紫衣事件で譲位した人物を，次のア〜エの中か
　　ら1つ選び，その記号を書け。

ア　明正天皇　　イ　後桜町天皇　　ウ　後水尾天皇

エ　光格天皇

[問7]　史料Dに関し，この改革によって大名の負担は増加したが，代
　わりに軽減されたのはどのようなことか，書け。

[問8]　史料Eに関し，次の(1)，(2)に答えよ。

(1)　この史料が示す条約を何と呼ぶか，書け。

(2)　この条約が締結された時の日本の首相は誰か，書け。

（☆☆☆◎◎◎）

【5】次の文を読み，[問1]〜[問8]に答えよ。

　島国に住む私たちにとって，ⓐ国境は日常的には意識されにくい。
しかし，ⓑヨーロッパ列強の分割統治を経験したⓒアフリカやⓓ西ア
ジアには，列強によって恣意的に線引きされた直線的な国境が多く見
られる。また，ⓔ国境をめぐって二国間の紛争が生じる場合もある。

　20世紀後半には，人々の国境を越えた移動が活発になった。発展途
上国の人々の移動は，先進国に向かうことが多く，ⓕドイツやⓖフラ
ンスなどの西ヨーロッパ諸国には，地中海沿岸や北アフリカから移動
した人々が定住し，母国の伝統や文化を守った新しい社会を形成して
いる。このように，世界の人々の移動は，ⓗ現代世界の国境を越えた
経済や文化の広がりを示している。

[問1]　下線ⓐについて，次の(1)，(2)に答えよ。

(1)　日本の領海は，基線からその外側何海里の線までの海域か，書
　け。

(2)　国連海洋法条約に基づいて，基線からその外側200海里までに
　設定された水域を何と呼ぶか，書け。

[問2]　下線ⓑによる植民地支配のもとで，プランテーションが各地に

222

開かれた。次の表は，プランテーション農業における代表的な作物であるカカオ豆，コーヒー豆，天然ゴム，バナナの生産量上位5か国を表したものである。表中のア～エの農作物のうち，カカオ豆にあたるものはどれか，1つ選び，その記号を書け。

表

ア		イ		ウ		エ	
国名	万t	国名	千t	国名	千t	国名	千t
インド	2758	タイ	3863	コートジボワール	1449	ブラジル	2965
中国	1208	インドネシア	3108	ガーナ	835	ベトナム	1461
フィリピン	865	ベトナム	949	インドネシア	778	インドネシア	699
ブラジル	689	インド	900	ナイジェリア	367	コロンビア	653
エクアドル	600	中国	865	カメルーン	275	インド	318

（『データブック　オブ・ザ・ワールド 2016』から作成）

[問3] 下線ⓒに関し，サハラ以南の国々の多くにみられる，モノカルチャー経済とは何か，簡潔に説明せよ。

[問4] 下線ⓓに関し，次の(1)，(2)に答えよ。

(1) 各国にまたがる高原地域に居住し，牧畜や農業に従事する人々で，自治・独立の要求が強い民族を何と呼ぶか，書け。

(2) 世界の主要な産油国が原油価格の安定などを目的として，1960年に設立した国際機関を何と呼ぶか，書け。

[問5] 下線ⓔに関し，日本がロシアに対して返還を求めている，日本固有の領土を何と呼ぶか，書け。

[問6] 下線ⓕの標準時はグリニッジ標準時より1時間進んでいる。日本が1月1日午前7時であるとき，ドイツは何時であるか，次のア～エの中から1つ選び，その記号を書け。

ア　12月31日午後11時　　イ　1月1日午前1時
ウ　1月1日午後1時　　　エ　1月1日午後3時

[問7] 下線ⓖのパリ盆地では，内側に緩く，外側に急崖を向けた丘陵が同心円状に並んだ地形がみられる。この地形を何と呼ぶか，書け。

[問8] 下線ⓗに関し，地域あるいは国家の範囲を越え，さまざまな活動が地球規模で行われるようになることを何と呼ぶか，書け。

（☆☆○○○）

【6】次の文を読み，[問1]～[問6]に答えよ。

　　アメリカ合衆国が位置する_ⓐ北アメリカ大陸は，広大な地域である。

　　気候は，西経100度付近を境として東西で大きく異なり，東側には湿潤地域，西側には_ⓑ乾燥地域が広がる。

　　よりよい生活と自由を求めて，アメリカ合衆国に_ⓒ移住を希望する人は多い。

　　ⓓアメリカ合衆国の農業は，地域の自然条件を反映した適地適作となっていて，大きな資本力をもつ，[　　]と呼ばれる農業関連企業が，世界の食料供給に多大な影響を与えている。また，工業では，ⓔ20世紀に世界最大の工業国に発展した。

[問1]　[　　]にあてはまる語句を書け。

[問2]　下線ⓐに関し，下の(1)，(2)に答えよ。

図

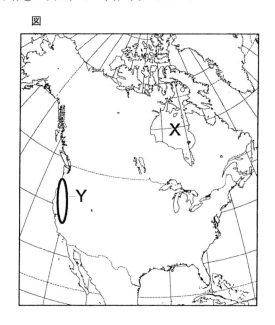

(1)　図中のXで示した湾を何と呼ぶか，書け。

(2)　図中のYで示した地域について，最も多く分布する気候を，次

のア～エの中から1つ選び，その記号を書け。

　ア　Aw気候　　イ　Cfa気候　　ウ　BS気候　　エ　Cs気候

[問3]　下線⑥に関し，ロッキー山脈の東部に広がる台地状の大平原を
　　何と呼ぶか，書け。

[問4]　下線ⓒに関し，次の(1)，(2)に答えよ。

　(1)　スペイン語を話すラテンアメリカ系の移民を何と呼ぶか，書け。

　(2)　アメリカ合衆国の社会は「サラダボウル」に例えられる。これ
　　は，どのような社会を表しているか，簡潔に説明せよ。

[問5]　下線ⓓに関し，正しく述べられている文を，次のア～エの中か
　　ら1つ選び，その記号を書け。

　ア　北東部から五大湖周辺地域にかけては，混合農業が盛んである。

　イ　中西部の比較的湿潤な地域は，コーンベルトと呼ばれ，酪農が
　　行われている。

　ウ　南部では綿花プランテーションが繁栄し，19世紀中頃には綿花
　　王国と呼ばれた。

　エ　太平洋岸ではフィードロットと呼ばれる企業的な肥育場で，肉
　　牛の肥育が行われている。

[問6]　下線ⓔに関し，次の(1)～(3)に答えよ。

　(1)　工業都市とその主な産業の正しい組み合わせを，次のア～オの
　　中から2つ選び，その記号を書け。

　　ア　アトランタ　―　造船

　　イ　シアトル　―　食品

　　ウ　デトロイト　―　出版

　　エ　ヒューストン　―　宇宙開発産業

　　オ　ボルティモア　―　鉄鋼

　(2)　1970年代以降，工業化が進んだ「サンベルト」に対して，北緯
　　37度線以北の地域を何と呼ぶか，書け。

　(3)　次の表は，アメリカ合衆国の貿易相手国の上位5か国を表した
　　ものである。表中の　　ア　　，　　イ　　にあてはまる国名を書け。

表

輸出相手国	割合（%）	輸入相手国	割合（%）
ア	19.3	中国	19.9
イ	14.8	ア	14.8
中国	7.6	イ	12.5
日本	4.1	日本	5.7
イギリス	3.3	ドイツ	5.3

（『データブック　オブ・ザ・ワールド2016』から作成）

（☆☆◎◎◎◎）

【7】次の文は，現行の高等学校学習指導要領「地理歴史」に示されている各科目の目標の一部である。文中の　①　～　⑦　にあてはまる語句を書け。

世界史B

　世界の歴史の大きな枠組みと展開を　①　に基づき地理的条件や　②　と関連付けながら理解させ，文化の多様性・　③　と現代世界の特質を広い視野から考察させることによって，歴史的思考力を培い，国際社会に　④　に生きる日本国民としての自覚と資質を養う。

日本史B

　我が国の歴史の展開を　①　に基づき地理的条件や　⑤　と関連付けて総合的に考察させ，我が国の　⑥　と文化の特色についての認識を深めさせることによって，歴史的思考力を培い，国際社会に　④　に生きる日本国民としての自覚と資質を養う。

地理B

> 現代世界の地理的事象を系統地理的に，現代世界の諸地域を
> ⑦ を踏まえて地誌的に考察し，現代世界の地理的認識を
> 養うとともに，地理的な見方や考え方を培い，国際社会に
> ④ に生きる日本国民としての自覚と資質を養う。

(☆☆☆○○○)

解答・解説

中 学 社 会

【1】問1 A 地理的認識　B 伝統　C 価格　問2 ・世界的
視野からとらえるということ。　　・多面的・多角的に考察するとい
うこと。　　問3 学習した内容の比較や関連付け，総合などを通し
て，政治の展開，産業の発達，社会の様子，文化の特色など他の時代
との共通点や相違点に着目しながら，「つまりこの時代は」「この時代
を代表するものは」など各時代の特色を大きくとらえ，言葉や図など
で表したり，互いに意見交換したりする学習活動のこと。

問4 ① 家計　② 個性　③ 貢献

〈解説〉問1 A 「我が国の国土及び世界の諸地域に関する地理的認識を
　養う」は，地理的分野が目指す総括的な目標を示している。　B 現
　行の中学校学習指導要領「社会」では，「社会参画，伝統や文化，宗
　教に関する学習の充実」が図られていることをおさえておく。
　問2 出題の解説によると，現行の中学校学習指導要領「社会」の地
　理的分野の改訂の要点の1つに「世界に関する地理的認識の重視」が
　ある。下線部ⓐはこれを反映した記述となっている。　問4 出題の

解説では，「家計を維持・向上させる上で，雇用と労働条件の改善が重要であることについて気付かせ，産業構造の変化や就業形態の変化，(中略)などと関連付けながら考えさせること」もあわせて述べているので理解しておきたい。

【2】問1　A　対馬　　B　小笠原　　C　遠洋　　D　加工
問2　(1)　やませ　　(2)　リアス海岸(リアス式海岸)　　(3)　ウ　青森県　　カ　秋田県　　問3　(1)　高潮　　(2)　輪中　　問4　沿岸から200海里の水域で，沿岸国に生物・非生物資源の探査・開発に関する主権的権利が認められているもの。　　問5　エ　問6　ア
問7　(1)　ジャカルタ　　(2)　タイ

〈解説〉問1　A・B　海流や気団に影響される気候の特徴は，世界や日本の各地域の農業の特徴を理解するうえでも欠かせない要素である。C　遠洋漁業の衰退は，1973年の第1次石油危機による燃料の高騰や，1982年の国連海洋法条約以降各国が200海里の排他的経済水域を設けたことなどが背景にある。　　問2　(2)　陸上の谷が，地盤の沈降や海水準の上昇によって海面下に沈んだ細長い湾をおぼれ谷という。リアス海岸はその一種。　　(3)　ウ　米の産出額が6県の中で最も少ない一方，果実の産出額が最も多い。リンゴの主産地である青森県である。カ　米の産出額が6県の中で最も多く，製造品出荷額等が最も少ない。「あきたこまち」などのブランド米を多く生産している米の単作地帯の秋田県である。　　問3　(1)　高潮は台風が接近しているときなどに起こりやすい。また，満潮と重なると被害が拡大する。　　問5　まず，輸入額が最も多く，輸入先上位3か国がいずれも亜熱帯・熱帯地域であるBはえびと判断する。残る2つのうち，輸入先上位3か国がいずれも極地に近い地域を含むAが，寒海漁であるさけ・ますである。
問6　関税を引き下げることで輸入を拡大し，内需主導型経済に転換することで輸出に頼るばかりではない経済体制を作ろうとした。
問7　(2)　まず輸出全体ではなく，日本向け輸出の主要品目であることを間違えないようにしよう。Aは液化天然ガスや石油製品が多いの

でマレーシアである。Bはコンピュータなどの機械類が多く，肉類や魚介類も目立つのでタイである。Cは果実が2番目に多いので，バナナを多く日本に輸出しているフィリピンである。Dは上位4品目とも工業製品なので，狭い国土で技術集約的な工業化を進めたシンガポールである。

【3】問1　①　白夜　　②　シェンゲン　　問2　北大西洋海流
問3　(1)　急な斜面と緩やかな斜面が組み合わさった地形のこと。
(2)　イタリア　　問4　ポルダー　　問5　作物栽培の輪作と家畜の飼育を組み合わせた農業のこと。　　問6　(1)　フランス，ドイツ(西ドイツ)，イタリア，ベルギー，オランダ，ルクセンブルグ　　(2)　ユーロ　　問7　ブルーバナナ(青いバナナ)　　問8　スウェーデン
〈解説〉問1　①　白夜に対し，冬に1日中太陽が姿を見せない現象を極夜という。　　②　EUに関する条約は，マーストリヒト条約→シェンゲン協定→アムステルダム条約(1999年発効)→リスボン条約(2009年発効)という流れをおさえておきたい。　　問2　北大西洋海流は暖流である。暖流の海流とその上を吹く偏西風のために，高緯度のわりに温和な西岸海洋性気候になっている。　　問3　(1)　地盤の差別侵食により生じた侵食平野である。ロンドン盆地もこの例である。　　(2)　イタリアでは地中海式農業が行われ，ぶどう・オレンジ・オリーブなど地中海性気候の夏の乾燥に耐えられる耐乾性の強い作物が栽培されている。問4　ポルダーとして開拓された土地は農牧地や農地として利用され，特に集約的な酪農が発達している。　　問6　(1)　加盟国を同じくしていたECSC(ヨーロッパ石炭鉄鋼共同体)，EEC(ヨーロッパ経済共同体)，EURATOM(ヨーロッパ原子力共同体)が統合され，1967年にEC(ヨーロッパ共同体)が結成された。　　問8　Aは火力の多さが目立つが，風力と太陽光も4か国の中で最大なので，再生可能エネルギーに力を入れているドイツである。Bは水力が4か国中最大で太陽光が0なので，水力資源に恵まれ，冬の日照時間に恵まれないスウェーデンである。Cは原子力が最大なので，原子力大国のフランスである。Dは4か国の

中で水力が目立って少ない。国土の4分の1が海面下で山地がないオランダである。

【4】問1　A　計帳　　B　延久　　C　太政大臣　　D　地券
問2　6歳　　問3　(1)　大仏造立の詔　　(2)　ウ　　問4　藤原良房
問5　(1)　諸国の御家人に朝廷を警護させる京都大番役の指揮・催促，謀叛人・殺害人の逮捕。　　(2)　本領安堵　　問6　関白になった豊臣秀吉が，天皇から日本全国の支配権をゆだねられたと称し，全国の戦国大名に停戦を命じ，その領国の確定を秀吉の裁定に任せることを強制したもの。　　問7　(1)　国立銀行条例　　(2)　満25歳以上の男性で，直接国税15円以上の納入者。　　問8　3パーセントから2.5パーセントに変更された。

〈解説〉問1　B　荘園整理令は902年の延喜の荘園整理令以後たびたび出されたが，後三条天皇の延久の荘園整理令が最も有名である。後三条天皇は記録荘園券契所を設けて荘園を大規模に整理したが，荘園増加の傾向は止まらなかった。　　D　地券には土地の所在や所有者，地価などが記載され，地価は地租を決める基準となった。1886年に登記法が実施されたのに伴い廃止された。　　問2　口分田は6歳以上の男女に与えられ，男性は2段，女性は男性の3分の2の面積であった。
問3　(2)　聖武天皇の在位は724〜749年。アは764年，イは754年，ウは729年，エは711年の出来事である。　　問5　(1)　頼朝以来の慣習として定まっていた大犯三箇条は，1232年の御成敗式目により成文化された。　　(2)　将軍から御家人への御恩は，本領安堵と新恩給与(功績に応じて新たに領地や地位を与えること)，朝廷への官職推挙などが主な内容である。　　問7　(1)　渋沢栄一らの努力で公布され，これにより第一国立銀行など多くの銀行ができ，兌換紙幣を発行した。
(2)　このときの有権者は全人口の約1%にすぎなかった。　　問8　この時の変更以降も1950年の地租廃止まで，軍備拡張や地価計算方法の見直しなどに伴い地租率は増減を繰り返したが，2.5%より引き下げられることはなかった。

【5】問1　A　宣統帝(溥儀)　　B　蔣介石　　C　毛沢東
問2　①　義和団　　②　光緒新政　　③　中国国民　　問3　(1)　下
関条約　　(2)　イギリス　　問4　ア　　問5　イ　　問6　辛亥革命
問7　ソ連と連携して共産主義を容認し，労働者と農民を助けること。
問8　秦

〈解説〉問1　A　宣統帝溥儀は3歳で清朝の皇帝に即位したが，7歳の時
に辛亥革命が起こり退位している。　問2　①　義和団は，山東半島
へのドイツの進出とキリスト教の布教に対する反感から，華北一帯の
貧農・流民・下層労働者に広まった。「扶清滅洋」は，清朝をたすけ
て外国勢力を駆逐するというスローガンである。　②　光緒新政は
1901〜08年にかけて行われ，この時に洋式陸軍(新軍)も編成された。
問3　(1)　下関条約は日清戦争の講和条約で，馬関条約とも呼ばれる。
朝鮮の独立の承認，遼東半島，台湾，澎湖諸島の日本への割譲，賠償
金の支払いなどが主な内容である。　(2)　1898年，ロシアの旅順・大
連租借に対抗して威海衛を租借したのは，イギリスである。イギリス
は，威海衛を東洋艦隊の基地とした。　問4　残りの6か国は，イギリ
ス，アメリカ，ドイツ，フランス，オーストリア，イタリアである。
問5　科挙が始まったのは隋の時代で，598年のことである。アは1066
年，イのグレゴリウス1世の在位は590〜604年，ウは330年，エは313
年の出来事である。　問7　「連ソ・容共・扶助工農」は，1923年の孫
文・ヨッフェ会談で確認され，1924年の国民党一全大会で決定された
方針である。ソ連との連携，共産党員の受け入れ，労働者，農民の援
助という意味である。三民主義(民族の独立・民権の伸長・民生の安
定)の新しい発展と考えられる。　問8　秦は中国を初めて統一したが，
その支配は短期間であった。始皇帝死後の混乱を経て，紀元前202年
に劉邦が漢を建国したことで，統一中国の基礎が固まったとされる。

【6】問1　A　国王　　B　保安隊　　C　議院内閣　　D　過半数
問2　ホッブズ　　問3　権利章典(権利の章典)　　問4　(1)　独立行政
法人　　(2)　国家公安委員会　　問5　朝鮮民主主義人民共和国，大

韓民国　　問6　相手から武力攻撃を受けたときに，初めて防衛力を行使し，その行使は，自衛のための必要最小限度にとどめ，また，保持する自衛力も自衛のための必要最小限度のものに限られるという受動的な防衛戦略の姿勢のこと。　　問7　(1)　10日以内に総辞職するか，衆議院を解散するかのいずれかを選択しなければならない。(2)　イ，エ

〈解説〉問1　A　絶対王政を正当化した，国王の権力は神から授かった絶対不可侵なものとする理論を王権神授説という。　C　責任内閣制とも呼ばれる。この制度下では，通常は下院(日本ならば衆議院)の多数党の党首が首相となる。また，下院は内閣不信任決議権を有する。D　半数未満ならば，議員でない者を国務大臣に任命してもよい。

問2　ホッブズによると，人々は生存のために自然権を行使しあうと，「万人の万人に対する闘争」におちいり，かえって生存が危うくなる。この矛盾を解消するために，人々は社会契約を結んで強大な権力を持つ国家を創設し，自然権を全譲渡して服従するのだという。

問3　名誉革命において，権利宣言の承認を条件にウィリアム三世とその妻メアリーは国王として迎え入れられた。この権利宣言を法律としたのが権利章典。現在もなお，イギリスの憲法の一部をなす。

問4　(1)　1990年代の橋本内閣による行政改革の一環で導入された制度。2000年代の小泉内閣による「聖域なき構造改革」の一環で，多くの特殊法人が独立行政法人になった。　問5　2国の成立後，1950年に北朝鮮が北緯38度線を越えて韓国に侵入したことから，朝鮮戦争が勃発した。1953年の休戦協定以降，朝鮮半島は北緯38度に設定された軍事境界線によって分断されたままとなっている。　問6　ただし，現代のミサイル攻撃に対しては受動的な防衛政策である専守防衛では不十分であり，先制的自衛として敵国のミサイル基地を先制攻撃する能力を持つべきとする見解もある。　問7　(1)　日本国憲法第69条の規定に基づく。ゆえに，内閣不信任決議が可決された場合に行われる衆議院の解散を，69条解散という。過去数例ある。　(2)　日本国憲法第73条の規定による。　ア・ウ　国会の権限である。　オ　アメリカ大

統領には法案拒否権があるが，日本の内閣にこのような権限はない。
カ　最高裁判所長官の任命は天皇の国事行為の1つ。内閣は指名を行う。内閣が任命するのはその他の裁判官。

【7】問1　①　農業基本　　②　環境基本　　③　ベバリッジ(ベヴァリッジ)　問2　農地法　　問3　国民所得は生産，分配，支出の面からとらえることができ，これら三面の額が等しいこと。　　問4　減反政策　　問5　WTO(世界貿易機関)　　問6　田中正造　　問7　水俣病，四日市ぜんそく，イタイイタイ病，新潟水俣病
問8　ビスマルク　　問9　(1)　イ　　(2)　年金支給のために必要な財源を，その時々の現役世代の保険料でまかなう方式のこと。

〈解説〉問1　①　農業基本法はかつて「農業界の憲法」と呼ばれた法律。現在は廃止され，食料・農業・農村基本法に引き継がれている。
②　1992年にリオデジャネイロ地球サミット(国連環境開発会議)が開催された。これを受けて環境基本法は制定され，公害対策基本法は同法に発展的に継承され，廃止された。　　③　ベバリッジ報告の正式名称は「社会保険と関連サービス」。「ゆりかごから墓場まで」の戦後のイギリスの社会保障政策の礎となった報告書である。　　問2　農地法により，農地の売買や宅地などへの転用は強い規制を受けている。ただし，規制緩和の一環で，近年は株式会社の農業参入が可能となるよう，農地法も改正されている。　　問3　生産された財は誰かに購入され，その対価は賃金や配当などの形で人々に分配されるわけだから，国民所得は生産・分配・支出の三面から見ることができ，これらは理屈の上では同額。GNI(国民総所得)も分配面から見たGDP(国民総生産)である。　　問4　高度経済成長期には，米が増産される一方で食生活の多様化が進んだことから，米余りが生じるようになった。ゆえに，生産調整のために1970年から減反政策が実施された。なお，減反制度は2018年度に廃止予定である。　　問5　ブレトンウッズ協定に基づき，国際貿易機関(ITO)の創設が画策されたものの頓挫。その代替で1947年にGATT(関税と貿易に関する一般協定)が締結された。だが，ウルグア

イ・ラウンドでの合意により，1995年に常設の国際機関としてWTOが設立された。　問7　水俣病や新潟水俣病は工場から排出された有機水銀が，イタイイタイ病は工場から排出されたカドミウムが，四日市ぜんそくは石油化学コンビナートから排出された亜硝酸ガスなどが原因物質とされた。　問8　ビスマルクは，プロイセン出身の政治家。ドイツ統一を実現し，軍国主義を推し進めたことで「鉄血宰相」と呼ばれた。世界初の社会保険となる疾病保険法や労災保険法，養老保険法を制定し，社会保障の整備に努めたことでも知られる。

問9　(2)　賦課方式は世代間扶助を制度化した年金である。ちなみに，積立方式では勤労者の時に支払った保険料が老後の年金の原資となる。

地 理・歴 史

【1】問1　プトレマイオス朝　　問2　(1)　ヘロドトス　　(2)　太陽暦
問3　アメンホテプ4世　　問4　サトラップ　　問5　オクタヴィアヌス(アウグストゥス)　　問6　(1)　エ　　(2)　アズハル学院
問7　カピチュレーション　　問8　(1)　ア　　(2)　イギリスとインドの連絡を断つため。　　問9　ウ

〈解説〉問1　プトレマイオス朝は，アレクサンドロス大王の部下プトレマイオスが建国した。古代エジプト最後の王朝となった。

問2　(2)　古代エジプト人は，ナイル川の氾濫と恒星シリウスの位置関係から1年を365日として，太陽年を基準とする太陽暦を考え出した。

問3　イクナートンとは，「アトンに愛されるもの」という意味である。新王国第18王朝のアメンホテプ4世は，多神教の主神であるアモン(アメン)神の神官の政治介入を排除するため，それまでの多神教から唯一神アトンの信仰を強制，みずからもイクナートンと改名した。

問5　カエサルの養子オクタヴィアヌスは，紀元前27年元老院からアウグストゥス(尊厳なるもの)という称号を得て，実質的な皇帝の地位

に就いた。彼の自称はプリンケプス(元首)で，元老院など共和政の伝統を名目上尊重し，実権はプリンケプスが握るという統治体制(事実上の帝政)を元首政という。　問6　(1)　ファーティマ朝は，シーア派のイスマーイール派がチュニジアに建国した王朝である。　(2)　マドラサとは，主にイスラーム法学を教育研究するための施設である。

問7　オスマン帝国は，外国人(主にキリスト教徒の西ヨーロッパ人)に，領事裁判権，租税免除，身体財産の安全を保障するなど一種の治外法権とも呼べる特権を与えた。これをカピチュレーションという。セリム2世が，フランス人に対し恩恵的措置として与えたのが始まりである。　問8　(1)　イはエーゲ文明で使用された線文字Bを解読したイギリス人建築家。ウはシュメール人の楔形文字を解読したイギリス人外交官。エはトロイア・ミケーネ遺跡を発掘したドイツ人考古学者。

問9　2度のエジプト＝トルコ戦争の結果，1度目にムハンマド＝アリーが得たのはシリアの統治権，2度目はエジプト総督の世襲権で，その時シリアの領有は放棄させられた。　ア　ギリシア独立戦争の結果である。　イ　ロシア＝トルコ戦争の結果である。　エ　ベルリン会議は，ロシア＝トルコ戦争の講和条約であるサン＝ステファノ条約に対するイギリス・オーストリアの反発から招いた国際危機を回避するために開催された。

【2】問1　元　　問2　鉄製農具の使用や牛耕が普及したから。
問3　耶律阿保機　　問4　カラコルム　　問5　(1)　ア　　(2)　パスパ文字　　問6　世界の記述(東方見聞録)　　問7　カトリックを布教するため。　　問8　内閣大学士　　問9　(1)　エ　　(2)　孫文
問10　ニクソン
〈解説〉問2　戦国時代には，鉄製農具(鋤・鍬・鎌など)が製造されて，かなり普及するようになった。また，牛に鼻環をつけて制御し，鉄製の犂をひかせる牛耕農法が発明された。これにより耕作ができなかった広大な土地，華北平原や黄土台地を農地に変えることが可能になり，農業生産が大いに高まった。　問4　第2代のオゴタイ＝ハンから第4

代のモンケ＝ハンまでの間，モンゴル帝国の首都はカラコルム(現在の
モンゴル中央部の都市)であった。　問5　(1)　イ　清朝第6代皇帝の
乾隆帝が行ったこと。　ウ　明朝第3代皇帝の永楽帝が行ったこと。
エ　オゴタイ＝ハンの命を受け，甥のバトゥが行ったことで，ワール
シュタットの戦いを指している。　(2)　フビライ＝ハンは，チベット
仏教の高僧パスパを国師とした。このパスパが，フビライ＝ハンの命
でモンゴル語を写すためにチベット文字をもとに作った文字を，パス
パ文字という。　問7　モンテ＝コルヴィノは，フランチェスコ会の
修道士である。1294年の大都入京以降，30年余りカトリックの布教に
努め，この地で没した。　問8　永楽帝の時代に設けられた政治の最
高機関を内閣という。　問9　(1)　1911年10月に四川暴動の制圧に行
った武昌の軍隊の中にいた革命派が蜂起し，これが辛亥革命の発端と
なった。　(2)　1912年2月に清朝が正式に滅亡すると，孫文は臨時大
総統就任から2か月あまりでその地位を袁世凱に譲った。袁世凱は翌
年第二革命を鎮圧後に正式な大総統に就き，独裁政治を進めた。

【3】問1　ア　　問2　富岡製糸場　　問3　イ　　問4　庸　　問5　ア
　　問6　ウ　　問7　ポルトガル商人が利益を独占することを排除するた
　　め。　　問8　イ　　問9　エ
〈解説〉問1　イとウは平安時代，エは鎌倉時代の成立。　問3　アは香川
　　県にある弥生時代中期後半の遺跡。ウは群馬県にある旧石器文化の遺
　　跡。エは静岡県にある弥生時代後期の遺跡。　問4　庸は男性にのみ
　　課せられた。京での労役(歳役)10日のかわりに，正丁に麻布2丈6尺を
　　出させた。　問5　イ　「今川義元」ではなく「武田勝頼」が正しい。
　　ウ　「尚巴志」は琉球王国を建国した人物。「李舜臣」が正しい。
エ　日本に鉄砲を伝えたのは，種子島に漂着したポルトガル人である。
なお，ザビエルはスペイン人宣教師である。　問6　河内の他には三
河，尾張，伊勢が木綿の産地として知られる。　問7　特定の商人に
糸割符仲間をつくらせ，輸入生糸を一括購入・販売した制度。当初は
ポルトガルが対象であったが，1631年に中国，1641年にオランダと，

適用を拡大していった。　問8　日本の産業革命は，日清戦争後に，まず紡績・製糸などの軽工業部門で大きく進展した。日清戦争は1894年勃発なので，この表は日清戦争の前後で輸出入品の上位品目を比べたものである。輸出産業の中心である製糸業では，1894年に器械製糸が座繰製糸をしのぎ，岡谷製糸などの大規模な会社ができた。紡績業については，紡績機械が発明され，1883年には渋沢栄一らの努力で大阪紡績会社が操業を開始し，大規模会社があいついで設立されて1897年には綿糸の輸出高が輸入高を超えた。日清戦争前には綿糸の輸入が1位だったが，日清戦争後には綿花を輸入して綿糸を輸出する形に変わっていった。　問9　エは第2次世界大戦敗戦後の経済再建時に行われた傾斜生産方式である。

【4】問1　1　学問　　2　八木　　3　国際連合　　問2　イ
　　問3　三世一身法　　問4　地頭などの地方在住の武士のこと。
　　問5　エ　　問6　ウ　　問7　参勤交代の江戸在府期間が短くなった。
　　問8　(1)　日韓基本条約　　(2)　佐藤栄作
〈解説〉問1　1　史料Cは禁中並公家諸法度である。天子(天皇)の第一の
　　努めを学問と規定した。　　2　史料Dは徳川吉宗が享保の改革で行った
　　上米に関するものである。「八木」とは米を指す。　　問2　史料Aは，
　　743年に出された墾田永年私財法である。当時は鎮護国家思想による
　　国家仏教がさかんで，741年に国分寺建立の詔，743年に大仏造立の詔
　　が出された。アは古墳時代と飛鳥時代の過渡期(527年)，ウとエは平安
　　時代前期の出来事である。　　問3　養老七年は723年を指す。
　　問4　史料Bは，山城の国一揆に関するものである。　　問5　「両陣」と
　　は，応仁の乱における東軍(細川方)と西軍(山名方)のことである。アは
　　1285年の霜月騒動，イは1350〜52年の観応の擾乱，ウは1536年の天文
　　法華の乱の説明である。　　問6　後水尾天皇は江戸幕府に抗議して退
　　位を強行し，女一宮に譲位した(明正天皇)。なお，イとエは江戸時代
　　末期の天皇である。　　問8　(1)　日韓基本条約は，日韓の外交関係の
　　再開，韓国併合条約などの失効，韓国政府を朝鮮半島にある唯一の合

法的な政府とすることの確認を主な内容とする。　(2)　韓国側は朴正熙政権が条約締結に当たった。

【5】問1　(1)　12海里　　(2)　排他的経済水域　　問2　ウ
問3　1国の経済が特定の一次産品の生産や輸出に依存する経済体制のこと。　問4　(1)　クルド人　　(2)　OPEC(石油輸出国機構)
問5　北方領土　　問6　ア　　問7　ケスタ　　問8　グローバル化
〈解説〉問1　(1)・(2)　領海，公海，排他的経済水域の範囲の違いを区別しておくこと。　問2　コートジボワールはカカオ豆の最大生産国である。　ア　3位にフィリピンが入るのでバナナである。　イ　上位3か国が東南アジアの国々なので，東南アジアを主産地とする天然ゴムである。　エ　ブラジルやコロンビアなどで多く栽培される品種のコーヒー豆はそのまま焙煎され飲用として供されることが多い一方，ベトナムやインドネシアなどで多く栽培される品種のコーヒー豆はインスタントコーヒーなどへの加工用に用いられることが多い。
問4　(1)　クルド人はトルコ，イラン，イラク，シリアなどにまたがるクルディスタンと呼ばれる地域に居住する。第一次世界大戦後に地域が分断されたことから，現在に至るまでそれぞれの国で分離・独立を目指す勢力として活動している。　(2)　アラブの産油諸国が石油戦略活動を共同で行うことを目的とするOAPEC(アラブ石油輸出国機構)と区別しておくこと。　問5　平成26年1月の高等学校学習指導要領解説地理歴史編(平成21年12月)一部改訂によって，領土に関する教育の充実が図られた。北方領土に関しては従前より記述されていたが，今回の改訂に関する通知の中で重ねて触れられており，重きを置かれていることがわかる。　問6　まず，日本が1月1日午前7時の時のグリニッジ標準時を求める。日本の標準子午線は東経135度なので，日本とグリニッジの経度差は135度である。時差は経度差15度ごとに1時間生じるので，135÷15＝9で9時間の時差である。グリニッジは日本から見て西側にあるので日本より9時間遅れており，日本が1月1日午前7時の時のグリニッジの時刻は12月31日午後10時である。そして，ドイツ

の時刻はグリニッジ標準時より1時間進んでいるので，12月31日午後11時である。　問7　ケスタは，急な斜面と緩やかな斜面が組み合わさった地形である。

【6】問1　アグリビジネス　　問2　(1)　ハドソン湾　　(2)　エ
問3　グレートプレーンズ　　問4　(1)　ヒスパニック　　(2)　多様な集団が，お互いの文化的な伝統を尊重しながら共生しようとする社会。
問5　ウ　　問6　(1)　エ，オ　　(2)　フロストベルト(スノーベルト)
(3)　ア　カナダ　　イ　メキシコ

〈解説〉問2　(2)　Yは北緯40度線付近の大陸西岸に伸びているので，中緯度地方の大陸西岸に分布するCs(地中海性気候)である。Csは亜熱帯高圧帯の影響で高温乾燥となり，冬は亜寒帯低圧帯や偏西風の影響で比較的降雨がある。夏の乾燥に耐えられる耐乾性のある硬葉樹(オレンジなどの柑橘類・オリーブ等)やブドウなどの果樹を栽培する地中海式農業が行われる。なお，アはサバナ気候，イは温暖湿潤気候，ウはステップ気候のこと。　問3　ロッキー山脈は，北アメリカ大陸西部を北西から南東にかけて走る大山脈である。グレートプレーンズは肥沃な土壌が広がり，灌漑によりトウモロコシや小麦が栽培されるほか，牛の大放牧地帯となっている。　問4　(1)　ヒスパニックの人口増加率は高く，アメリカ合衆国の総人口の約16%を占める。
問5　ア　「混合農業」ではなく「酪農」が盛んである。この地帯のことをデイリーベルトと呼ぶ。　イ　コーンベルトではトウモロコシや大豆を飼料として肉牛や豚を飼育する混合農業が盛ん。　エ　近年のフィードロットはグレートプレーンズが中心となっている。太平洋岸は園芸農業などが見られる。　問6　(1)　アのアトランタとウのデトロイトは自動車工業，イのシアトルは製材・製紙・パルプ工業が主な産業である。近年では，アトランタはIT・バイオ産業，シアトルは航空機工業も発達している。　(2)　フロストベルトは，鉄鋼や自動車工業の斜陽化など，産業構造の変化に伴って衰退している地域である。
(3)　アメリカ・カナダ・メキシコの3カ国は1994年にNAFTA(北米自由

貿易協定)を結成し，3国間の関税や輸入制限の撤廃，商品・労働力・資本の移動の自由化を目指しているため，当然3国間の貿易量も多い。

【7】① 諸資料　② 日本の歴史　③ 複合性　④ 主体的
　　⑤ 世界の歴史　⑥ 伝統　⑦ 歴史的背景

〈解説〉各科目の性格を確認した上で，目標および内容，留意事項等を理解したい。「A」が付されている科目は，身近な地理的・歴史的事項に着目するという視点から次第に視野を広げていくという傾向がある。一方，「B」が付されている科目は，地理的・歴史的事項を俯瞰的な視点で把握し，地理的・歴史的な見方や考え方を培っていくという傾向がある。

2016年度　実施問題

中 学 社 会

【1】次のⅠ～Ⅲは，現行の中学校学習指導要領「社会」の一部である。
　これを読んで，あとの[問1]～[問5]に答えよ。

Ⅰ

〔地理的分野〕

　1　目標

　　(2)　日本や世界の地域の諸事象を[　A　]や空間的な広がりとの
　　　かかわりでとらえ，それを地域の規模に応じてⓐ環境条件や人
　　　間の営みなどと関連付けて考察し，地域的特色や地域の課題を
　　　とらえさせる。

　　　　(略)

　　(4)　[　B　]など具体的な活動を通して地理的事象に対する関心
　　　を高め，ⓑ様々な資料を適切に選択，活用して地理的事象を多
　　　面的・多角的に考察し公正に判断するとともに適切に表現する
　　　能力や態度を育てる。

Ⅱ

〔歴史的分野〕

　1　目標

　　(3)　歴史に見られるⓒ国際関係や文化交流のあらましを理解さ
　　　せ，我が国と諸外国の歴史や文化が相互に深くかかわっている
　　　ことを考えさせるとともに，他民族の文化，生活などに関心を
　　　もたせ，[　C　]の精神を養う。

Ⅲ

〔公民的分野〕

1　目標

(1)　個人の尊厳と人権の尊重の意義，特に自由・権利と責任・義務の関係を広い視野から正しく認識させ，[　D　]に関する理解を深めるとともに，国民主権を担う公民として必要な基礎的教養を培う。

[問1]　文中の[　A　]～[　D　]にあてはまる語句を書け。

[問2]　下線部ⓐについて，平成26年1月に一部改訂された中学校学習指導要領解説　社会編(平成20年9月　文部科学省)に示されている2つの条件を書け。

[問3]　下線部ⓑに関し，地理的分野の学習で活用できる資料の中で，最も重要な役割を果たしているものとして，平成26年1月に一部改訂された中学校学習指導要領解説　社会編(平成20年9月　文部科学省)で示されているものは何か，書け。

[問4]　下線部ⓒに関し，次の文は平成26年1月に一部改訂された中学校学習指導要領解説　社会編(平成20年9月　文部科学省)の一部である。文中の(　①　)，(　②　)にあてはまる語句を書け。

〔歴史的分野〕

2　内容

(5)　近代の日本と世界

(略)

　　「領土の画定」では，ロシアとの領土の画定をはじめ，琉球の問題や北海道の開拓を扱う。その際，我が国が国際法上正当な根拠に基づき(　①　)，(　②　)を正式に領土に編入した経緯にも触れる。

(略)

[問5] 現行の中学校学習指導要領「社会」の「第3章 指導計画の作成と内容の取扱い」に関し、次の(1)、(2)に答えよ。

(1) 歴史的分野の履修と他の分野の履修の関連について、どのように記載されているか、履修させる学年も含めて簡潔に書け。

(2) 公民的分野に配当されている授業時数は何単位時間か、書け。ただし、1単位時間は50分とする。

(☆☆☆☆◎◎◎)

【2】次のA～Dの文を読んで、あとの[問1]～[問10]に答えよ。

A

日本列島は、ユーラシア大陸の東岸にある海溝に沿って、北東から南西に大きく弧を描くようにのびている。日本列島の中央部には⒜日本アルプスとよばれる3000m級の山々がならび、その東側にあるフォッサマグナとよばれる帯状の地溝帯が、日本列島を東北日本と西南日本に分けている。西南日本は、さらに(①)と呼ばれる断層によって内帯と外帯に分けられる。日本列島は火山も多く、ときには⒝噴火による災害も起こるが、火山活動でできた湖や温泉は、観光地にもなっている。

B

日本は世界の中でも人口の多い国であり、人口密度も世界有数の高い数値になっている。日本の人口は1940年代後半以降、増加し続け、高度経済成長期には、人口が集中する東京、大阪、名古屋の三大都市圏が形成された。

また、1970年代以降、⒞札幌、仙台、広島、福岡などの都市が各地方の中心都市として成長した。

その反面、⒟近畿地方の紀伊山地や中国山地などの山村などでは人口が減少し、過疎化が進んだ。

C

日本では、⒠稲作が全国的に行われている。特に、北日本では生産量が多く、日本の穀倉地帯となっている。

地形や気候が多様な日本では，地方ごとに特色ある農業が発達している。(f)野菜の栽培では，大消費地である大都市圏に近い地域で行う（　②　）農業や，西南日本の各地で行われている温暖な気候を利用した園芸農業が特徴的である。

D

(g)エネルギーは，日本やアメリカなどの先進工業国で多く消費されてきた。今日，開発途上国での人口増加や産業活動の活性化，自動車や電化製品の普及などにより，世界のエネルギー消費は大幅に増えている。また，鉱産資源の埋蔵量には限りがあるため(h)持続可能な社会を実現し，(i)限られた鉱産資源を有効に活用する取り組みが世界各地でさかんになっている。

[問1]　文中の（　①　），（　②　）にあてはまる語句を書け。

[問2]　下線部(a)を構成している山脈を3つ書け。

[問3]　下線部(b)に関し，2000年8月18日に水蒸気爆発による噴火が起こり，島全体が火山灰で覆われた伊豆諸島にある島名を書け。

[問4]　下線部(c)に関し，政令指定都市の中で，都市圏人口が100～200万人規模であり，中央官庁の出先機関が置かれるなど，地方の中心となる都市を何というか，書け。

[問5]　下線部(d)に関し，次の表は，近畿地方2府4県(三重県を除く)の人口(2013年)，面積(2013年)，人口密度(2013年)，人口増減率(2012年10月～2013年9月の1年間)をそれぞれ表している。京都府にあたるものを表中のア～カの中から1つ選び，その記号を書け。

	人口 （千人）	面積 （k㎡）	人口密度 （人/k㎡）	人口増減率 （％）
ア	979	4,726	207.2	-0.84
イ	5,558	8,396	661.9	-0.24
ウ	2,617	4,613	567.4	-0.29
エ	1,416	4,017	352.5	0.09
オ	8,849	1,901	4653.8	-0.08
カ	1,383	3,691	374.8	-0.46

（「日本国勢図会2014/15年版」から作成）

[問6]　下線部ⓔに関し，次の(1)，(2)に答えよ。

　(1)　高知県，鹿児島県や沖縄県などで行われている二期作とはどの
　　ような農業か，書け。

　(2)　次の表は，米の収穫量(水陸稲合計上位10県：2013年)を表した
　　ものである。表中のAにあたる県名を書け。

農産物名	米の産地：上位10県　　　　　(%)	収穫量 (全国計)
米	新潟(7.7)，北海道(7.3)，秋田(6.1)，A(4.8)，茨城(4.8)， 宮城(4.6)，福島(4.4)，栃木(4.2)，千葉(3.9)，青森(3.5)	8,607,000t

（「日本国勢図会2014/15年版」から作成）

[問7]　下線部ⓕに関し，次の表は，なす，トマト，ねぎ，だいこんの
　　生産量(上位4県：2012年)をそれぞれ表したものである。表中のA，
　　Bにあたる県名を書け。

農産物名	野菜の産地：上位4県　　　　　(%)	生産量 (全国計)
なす	高知(9.7)，A(9.3)，群馬(7.1)，福岡(6.3)	327,400t
トマト	A(14.4)，北海道(8.0)，茨城(6.7)，愛知(6.3)	722,400t
ねぎ	B(14.1)，埼玉(12.4)，茨城(9.7)，北海道(5.8)	480,900t
だいこん	北海道(11.6)，B(10.6)，青森(8.2)，鹿児島(7.1)	1,469,000t

（「日本国勢図会2014/15年版」から作成）

[問8]　下線部ⓖに関し，次の表は，日本の石炭，原油，液化天然ガス
　　の輸入額(2013年)上位4か国をそれぞれ表したものである。表中のA
　　〜Dにあてはまる国名を書け。

資源名	輸入先：上位4か国　　　　　(%)	輸入額
石炭	A(64.3)，B(16.0)，カナダ(6.6)，ロシア(6.0)	23,073億円
原油	C(31.7)，アラブ首長国(22.8)，D(12.5)，クウェート(7.2)	142,448億円
液化天然ガス	D(19.3)，A(19.2)，マレーシア(18.3)，ロシア(8.7)	70,590億円

（「日本国勢図会2014/15年版」から作成）

[問9]　下線部ⓗに関し，1997年の国際会議で，日本をはじめ先進国は，
　　二酸化炭素などの温室効果ガスの排出量について，法的拘束力のあ
　　る数値目標を設定した。この会議で採択されたものを何というか，
　　書け。

[問10]　下線部①に関し，循環型社会をめざす取り組みである「3R」とは何か，書け。

(☆☆☆◎◎◎)

【3】次の文を読んで，下の[問1]～[問7]に答えよ。

　　ⓐ中国の面積は，日本の約25倍であり，世界第4位の広さとなっている。ⓑ人口は世界最多であり，[　A　]民族が総人口の約92％を占めている。

　　中国政府は，社会主義体制のもと，産業の国営化と農業の集団化を進めてきたが，1970年代末から市場経済を取り入れ，経済改革・対外開放政策を行った。その結果，1980年代半ばには，ⓒ郷鎮企業が成長していった。また，沿海部にⓓ経済特区や経済技術開発区を設け，多数の外国企業を受け入れてきた結果，中国は，現在，ⓔ「世界の工場」となっている。

　　また，中国のⓕ農業は，日本に比べ地域差が大きく，[　B　]川とチンリン山脈の南側は稲作，北側は畑作が中心となっている。

[問1]　文中の[　A　]，[　B　]にあてはまる語句を書け。

[問2]　下線部ⓐに関し，現在の正式国名を書け。

[問3] 下線部ⓑに関し，次の(1)，(2)に答えよ。

 (1) 次の図は，世界人口の地域別割合を表したものである。図中の
　①，②にあてはまる地域名を，下のア～カの中からそれぞれ1つ
　選び，その記号を書け。

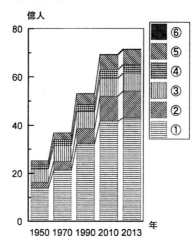

（「世界国勢図会2014/15年版」から作成）

　ア　ヨーロッパ　　イ　アジア　　　　ウ　オセアニア
　エ　アフリカ　　　オ　北アメリカ　　カ　ラテンアメリカ

 (2) 第二次世界大戦後，開発途上国を中心に，人口が短期間に急増
　した理由を，簡潔に説明せよ。

[問4] 下線部ⓒはどのような企業か，書け。

[問5] 下線部ⓓにあてはまるものを，次のア～エの中から1つ選び，
　その記号を書け。

　ア　ウーハン　　イ　チューハイ　　ウ　チョンチン
　エ　チンタオ

[問6]　下線部⑥に関し，次の表は，粗鋼(2013年)，アルミニウム(2012年)，化学繊維(2012年)，銅(2011年)の生産国(上位4か国・地域)をそれぞれ表したものである。表中のA～Dにあてはまる生産物を書け。

生産物名	生産国：上位4か国・地域　　(%)	生産量 (世界計)
A	中国(66.6)，インド(7.4)，台湾(3.8)，アメリカ合衆国(3.5)	5,418万t
B	中国(49.2)，日本(7.0)，アメリカ合衆国(5.5)，インド(5.1)	15.82億t
C	中国(26.8)，チリ(15.7)，日本(6.7)，アメリカ合衆国(5.2)	1,970万t
D	中国(44.2)，ロシア(8.4)，カナダ(6.1)，アメリカ合衆国(4.5)	4,590万t

（「世界国勢図会2014/15年版」から作成）

[問7]　下線部⑥に関し，次の(1)，(2)に答えよ。

(1)　乾燥地域で広く見られる，水や自然の草を求めて家畜とともに家族で移動していく牧畜を何というか，書け。

(2)　次の表は，小麦，とうもろこし，米，茶の生産量(上位4か国：2012年)をそれぞれ表したものである。表中のA～Dにあてはまる国名を，下のア～エの中からそれぞれ1つ選び，その記号を書け。

農産物名	生産国：上位4か国　　(%)	生産量 (世界計)
小麦	中国(18.0)，A(14.1)，B(9.2)，フランス(6.0)	6.71億t
とうもろこし	B(31.4)，中国(23.9)，ブラジル(8.1)，メキシコ(2.5)	8.72億t
米	中国(28.4)，A(21.2)，C(9.6)，ベトナム(6.1)	7.20億t
茶	中国(35.3)，A(20.8)，ケニア(7.7)，D(6.8)	482万t

（「世界国勢図会2014/15年版」から作成）

ア　アメリカ合衆国　　イ　インド　　ウ　インドネシア
エ　スリランカ

（☆☆☆◎◎◎◎）

【4】次のA～Eの文を読んで，あとの[問1]～[問10]に答えよ。

　A

　中大兄皇子は667年，都を近江の大津に移した。そして翌年，即位して天智天皇となった。天皇は法令の編纂を試み，670年には，はじめての全国的な戸籍である(　①　)をつくるなど国力を強める改革に力をそそいだ。天智天皇の死後，ⓐ<u>672年，大友皇子と大海人皇子の</u>

間で跡継ぎをめぐる争いが起こった。

B

桓武天皇は政治の立て直しをめざして，寺院勢力の強い奈良をはなれ，水陸交通に便利な淀川沿いの山背国への遷都を決めた。まず，784年に（　②　）京へ，ついで794年には，その北東の平安京に都を移した。このころ朝廷は，ⓑ律令制による支配を東北地方にも押しつけようとしたため，ⓒ東北地方の各地で蝦夷の反乱が起こった。

C

1156年，鳥羽法皇が亡くなると，崇徳上皇と後白河天皇の間で争いが起こった。源義朝，ⓓ平清盛らを味方につけてこの争いに勝利した後白河天皇は，上皇となりⓔ院政をはじめた。その後，後白河上皇の近臣の対立から，ⓕ1159年に藤原信頼が源義朝と結んで兵を挙げたが，平清盛の反撃にあって敗退した。

D

承久の乱後，鎌倉幕府は，3代執権ⓖ北条泰時の指導のもと，1225年に執権を補佐する（　③　）を設けた。ついで，御家人の中から評定衆を選び，執権などとともに，幕府の政務の処理や裁判にあたらせた。また，泰時の孫で5代執権となった（　④　）は，新たに引付の制度を設け，引付衆に御家人たちの所領に関する訴訟を専門的に担当させた。

E

管領の畠山・斯波両氏の相続争いと，ⓗ将軍足利義政の弟の義視と子の義尚との相続争い，細川氏と山名氏との対立が結びついて，1467年に応仁の乱へ発展した。その後，戦乱の中から自らの力で領国をつくり上げ，独自の支配をおこなうⓘ戦国大名が現れた。

[問1]　文中の（　①　）～（　④　）にあてはまる語句や人名を書け。

[問2]　下線部ⓐの争いを何というか，書け。

[問3]　下線部ⓑに関し，次の(1)，(2)に答えよ。

(1)　718年に藤原不比等らによりまとめられ，757年に施行された法典は何か，書け。

(2)　官位相当の制とはどのようなしくみか，簡潔に書け。

[問4]　下線部ⓒに関し，征夷大将軍に任じられ，蝦夷の族長である阿弓流為を服属させた人物は誰か，書け。

[問5]　下線部ⓓに関し，宋や高麗の商船が来航しやすいように修復された現在の神戸港西部にあたる港は，当時何とよばれていたか，書け。

[問6]　下線部ⓔに関し，次の(1)，(2)に答えよ。

(1)　院政とはどのような政治か，簡潔に書け。

(2)　白河上皇は，平氏などの武士を院の警護にあたらせた。これらの武士を何というか，書け。

[問7]　下線部ⓕの争いを何というか，書け。

[問8]　下線部ⓖに関し，次の(1)，(2)に答えよ。

(1)　紛争解決の基準や合議制に基づく政治方針を明確にするために，1232年に制定された最初の体系的な武家法典を何というか，書け。

(2)　北条氏の政治など，1180年から1266年に至る鎌倉幕府の歴史を編年体でしるした歴史書を何というか，書け。

[問9]　下線部ⓗに関し，次の(1)，(2)に答えよ。

(1)　義尚の母親で相続争いの原因をつくったと言われる人物は誰か，書け。

(2)　この頃の文化を象徴する建築物として，最も適切なものを次のア〜エの中から1つ選び，その記号を書け。

　　ア　円覚寺舎利殿　　　イ　慈照寺東求堂　　　ウ　桂離宮

　　エ　蓮華王院本堂

[問10]　下線部ⓘに関し，次の資料のように，戦国大名が領国を支配するためにつくったきまりを何というか，書け。

一　喧嘩の事，是非に及ばず成敗を加ふべし。但し，取り懸かると雖も，堪忍せしむるの輩に於ては，罪科に処すべからず。

(☆☆☆◎◎◎)

【5】次の文を読んで，下の[問1]〜[問8]に答えよ。

1492年，ⓐスペイン女王の援助を受けたコロンブスは，フィレンツェの天文・地理学者である[　A　]の地球球体説を信じ，大西洋を西行してインドに向かい，カリブ海の島に到達した。その後，現在のアメリカ大陸にも上陸した。1500年には，カブラルがブラジルに漂着し，ポルトガル領と宣言するなど，アメリカ大陸は，ヨーロッパ諸国の植民地となっていった。

北アメリカ東部のイギリスの植民地では，イギリス本国が定めた1765年の印紙法や，1773年のⓑ茶法に反発するなど，イギリス本国との関係が悪化していった。

1775年にマサチューセッツ植民地の(　①　)とコンコードで，イギリス本国側と植民地側の間で武力衝突が起こり，植民地側は[　B　]を総司令官として戦った。植民地側は，1776年にⓒ独立宣言を公布し，そして，1783年にはイギリス本国と(　②　)条約を結び，アメリカ合衆国の独立を認めさせた。独立を果たしたアメリカ合衆国は，1787年にフィラデルフィアで憲法制定会議を開き，1789年に[　B　]が初代大統領に就任した。

また，18世紀末に[　C　]が綿繰り機を発明したことにより，アメリカ合衆国南部のプランテーションが発展していた綿花栽培地域では，ⓓ奴隷制が急速に拡大していった。

しかし，アメリカ合衆国のⓔ西部への領土拡大により，北部と南部が対立し，1850年代に北部で奴隷制反対をとなえる共和党が結成されたことで，南部は危機意識を強めた。さらに，1860年の大統領選挙で共和党の[　D　]が当選した。

これに対して南部では，1861年にアメリカ連合国を結成し，ジェファソン＝デヴィスを大統領に選んだ。これに対して，アメリカ合衆国の大統領である[　D　]は，南部の分離を認めなかったため，ⓕ南北戦争がはじまった。

[問1]　文中の[　A　]〜[　D　]にあてはまる人物名を書け。

[問2]　文中の(　①　)，(　②　)にあてはまる地名を書け。

[問3]　下線部ⓐに関し，この人物は誰か，次のア～エの中から1つ選び，その記号を書け。
ア　エリザベスⅠ世　　イ　マリア＝テレジア　　ウ　メアリⅡ世
エ　イサベル

[問4]　下線部ⓑに関し，イギリスが東インド会社にアメリカの茶貿易の独占権を与えたため，1773年12月16日に，この法律に反対した植民地の人々が，東インド会社の船を襲い，積み荷を海に投げ捨てた。この事件を何というか，書け。

[問5]　下線部ⓒについて，次の文は，宣言文の一部である。文中の[　　]には，同じ語句が入る。[　　]にあてはまる語句を書け。
…われわれは，自明の真理として，すべての人は平等に造られ，創造主によって一定の譲ることができない権利を賦与されており，その権利には生存，自由，そして幸福の追求が含まれていることを信じる。これらの権利を確保するために，人は[　　]を組織し，その正当な権力は統治される者の同意に基づいている。そして，どのような形態の[　　]であれ，これらの目的を破壊するようになるときには，それを改変しあるいは廃止し，新しい[　　]を組織し，人民にとってその安全と幸福をもたらす可能性が最も高いと思われる仕方でその[　　]の基礎を設立し，その権力を組織することは，人民の権利である。

（アメリカ合衆国国務省国際情報プログラム局「アメリカ十三州合衆国の独立宣言」から抜粋）

[問6]　下線部ⓓに関し，「アンクル＝トムの小屋」を著し，奴隷制に反対した人物は誰か，書け。

[問7]　下線部ⓔに関し，1862年に定められた自営農地法（ホームステッド法）により，西部の開拓がすすんだ。この法律の内容を簡潔に説明せよ。

[問8]　下線部ⓕに関し，次の(1)，(2)に答えよ。

(1)　1863年にゲティスバーグの戦いがあった。この戦地は，次の地
図中のA～Dのどれか，その記号を書け。

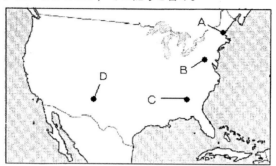

(2)　この戦争が行われていた頃の日本のできごととして，最も適切
なものを，次のア～エの中から1つ選び，その記号を書け。

ア　老中水野忠邦は，江戸に出稼ぎに来ていた人々の帰農を奨励
し，新たに農村から江戸への移住を禁止した。

イ　江戸幕府は，松前藩と蝦夷地を直轄地とした後，間宮林蔵に
樺太とその対岸を調査させた。

ウ　横浜郊外の生麦村で，島津久光の行列を横切ったイギリス人
を，薩摩藩士が殺傷した。

エ　西郷隆盛を中心に，明治政府に不満をもつ士族らが九州の南
部で西南戦争を起こした。

(☆☆☆◎◎◎)

【6】次のA，Bの文を読んで，あとの[問1]～[問6]に答えよ。

A

日本国憲法は，権力の分立について，立法権を国会に，行政権を内
閣に，司法権をⓐ裁判所に属させるⓑ三権分立制を定めている。三権
は，相互に抑制と均衡の関係にたっている。

権力分立制は，国家の権力作用をいくつかの国家機関に分担させ，
それら相互の抑制と均衡によって権力の濫用をふせぎ，ⓒ国民の権利

や自由を守ることを目的とした制度である。

B

　日本国憲法は，第8章で，地方自治を憲法上の制度として保障している。そして，第92条は，「ⓓ地方公共団体の組織及び運営に関する事項は，地方自治の本旨に基づいて，法律でこれを定める」と規定している。

　地方自治の本旨とは，地方自治の目指すべき理念を意味し，住民自治とⓔ団体自治の2つの原理から成っている。

　地方自治の目標は，地域住民のⓕ福祉の実現であり，これを行う機関が地方公共団体である。

[問1]　下線部ⓐに関し，次の(1)，(2)に答えよ。

(1)　最高裁判所に認められた，訴訟に関する手続き，弁護士，裁判所の内部規律及び司法事務処理に関する事項について定める権限を何というか，書け。

(2)　一切の法律，命令，規則，処分が，憲法に違反していないかどうかを判断する裁判所に与えられた権限を何というか，書け。

[問2]　下線部ⓑを，著書『法の精神』の中で主張した，フランスの啓蒙思想家は誰か，書け。

[問3]　下線部ⓒに関し，次の文中の[　A　]，[　B　]にあてはまる語句を書け。

　日本国憲法において，基本的人権を確保するための権利の1つとして認められている参政権は，選挙権や公務員の選定・罷免の権利(第15条)，[　A　]の国民審査(第79条)，地方自治体の長・議員の選挙権(第93条)，[　B　]の国民投票(第96条)などを保障している。

[問4]　下線部ⓓに関し，次の(1)，(2)に答えよ。

(1)　地方公共団体間の財政力の格差を是正するために，国が国税の一定割合を分配する財源のことを何というか，書け。

(2)　次の表は，地方自治の実現のために，住民に保障されている直接請求の手続きを表したものである。表中のア，イにあてはまる語句または数字を書け。

請求の種類	必要署名数	請求先
条例の制定・改廃	有権者の　ア　以上	首長
監査請求	有権者の　ア　以上	監査委員
議会の解散請求	有権者の3分の1以上	イ
議員・首長の解職請求	有権者の3分の1以上	イ
役員（副知事・副市長など）の解職請求	有権者の3分の1以上	首長

[問5]　下線部ⓔとは何か，簡潔に説明せよ。

[問6]　下線部ⓕに関し，福祉社会の実現のために充実が必要とされている社会保障制度の4つの柱をすべて書け。

(☆○○○)

【7】次の[問1]～[問7]に答えよ。

[問1]　日本の財政の役割について，次の(1)，(2)に答えよ。

(1)　次の文中の[　ア　]，[　イ　]にあてはまる語句を書け。

　　　財政には，今日，国民経済的な機能という観点から整理すると大きく分けて3つの役割がある。1つ目は[　ア　]の調整で，民間企業だけでは供給しきれない社会資本や公共サービスを提供する。2つ目は，所得の再分配である。これは，高額所得者にはより重く納税させるとともに，低額所得者には税負担を軽くして，所得分配の不平等を是正するために，[　イ　]制度が採用されている。3つ目は，景気の安定化をはかることである。

(2)　財政には本来，有効需要を安定的に保ち，景気変動を緩和する動きが組み込まれている。このしくみを何というか，書け。

[問2]　日本の税制について，次の(1)，(2)に答えよ。

(1)　日本の税制は，1949年に来日したアメリカの税制調査団が行った勧告により，所得税を中心とする直接税の比重が大きい制度に改革された。この勧告を何というか，書け。

(2)　次のア〜カのうち，国税にあたるものをすべて選び，その記号を書け。

　　ア　自動車税　　　イ　所得税　　ウ　法人税

　　エ　固定資産税　　オ　相続税　　カ　事業税

[問3]　1944年7月に締結されたブレトンウッズ協定に基づいて設立された国際機関を2つ書け。

[問4]　1962年にアメリカのケネディ大統領が提唱し，明確にした消費者の4つの権利をすべて書け。

[問5]　1992年に調印され，ヨーロッパ共同体(EC)をヨーロッパ連合(EU)に発展させ，通貨や政治の統合に道筋をつけた条約を何というか，書け。

[問6]　インターネットをはじめとした情報通信技術の発達により，自宅や小規模な事業所で仕事を行う事業形態がみられるようになった。この事業形態を何というか，アルファベット4字で書け。

[問7]　ODA(政府開発援助)とは何か，説明せよ。

(☆◎◎◎)

地　理・歴　史

【1】次の文を読み，[問1]〜[問9]に答えよ。

　　オーストリアが位置する地域には，すでに⑧先史時代に集落が形成され，紀元前後にはローマ帝国の属州となった。⑥民族大移動によるローマ帝国の崩壊後には，ⓒフランク王国が異民族の侵入などに備えて東方に辺境伯領を設置した。その地はやがて，ハプスブルク家の領土となり，神聖ローマ帝国を構成する領邦の1つとなった。ハプスブルク家は，15世紀半ばから神聖ローマ帝国の帝位を世襲し，巧みな婚姻政策によって領土を広げ，世界帝国を築きあげた。その後スペイン系とオーストリア系に分かれたが，オーストリア系ハプスブルク家は帝位を維持し，ⓓオスマン帝国による17世紀末の第2次ウィーン包囲

を退け，多くの民族と広大な領土を支配し続けた。

　しかし，マリア＝テレジアとその子⑥ヨーゼフ2世の近代国家をめざした改革は失敗し，19世紀初め，ナポレオンによる大陸支配が進む中，①神聖ローマ帝国は消滅した。ナポレオン戦争後の⑧ウィーン会議でも，神聖ローマ帝国の復活はなされなかった。その後，オーストリアはオーストリア＝ハンガリー帝国として再編されたが，⑪第一次世界大戦によって崩壊し，①第二次世界大戦を経て，1955年に永世中立国として独立した。

[問1]　下線⑧に関し，図1はオーストリアのヴィレンドルフ出土のものである。このような女性裸像は，どのようなことを願ってつくられたのか，簡潔に書け。

図1

[問2]　下線⑥に関し，西進してきたフン族におされて，あいついでローマ帝国に侵入してきた民族は何か，書け。

[問3]　下線⑥に関し，フランク族を統一し，メロヴィング朝を開いたのは誰か，書け。

[問4]　下線⑨の最盛期を築き，16世紀にウィーンを包囲したスルタンは誰か，書け。

[問5]　下線⑥に関し，次の(1)，(2)に答えよ。

(1)　彼のように，啓蒙主義をとなえ，自国の近代化を進めようとする指導者を何と呼ぶか，書け。

(2)　彼の妹で，フランス国王ルイ16世の王妃となったのは誰か，書け。

[問6]　下線⑥に関し，次の(1)，(2)に答えよ。

(1)　1648年に結ばれ，神聖ローマ帝国を有名無実化することになった条約を何と呼ぶか，書け。

(2)　ナポレオンが結成させ，名実ともに神聖ローマ帝国を解体させた組織を何と呼ぶか，書け。

[問7]　下線⑧に関し，次の(1)，(2)に答えよ。

(1)　この会議の議長をつとめたオーストリアの政治家は誰か，書け。

(2)　図2は，この会議の風刺画である。会議は諸国の利害が対立し，なかなか結論がでなかったため，何といって皮肉られたか，書け。

図2

[問8]　下線⑥に関し，次の(1)，(2)に答えよ。

(1)　1914年6月，オーストリア皇位継承者夫妻がセルビア人青年に暗殺された事件を何と呼ぶか，書け。

(2)　連合国とオーストリアとの講和条約を，次のア～エの中から1つ選び，その記号を書け。

　　ア　サン＝ジェルマン条約　　イ　セーヴル条約

　　ウ　トリアノン条約　　　　　エ　ヌイイ条約

[問9]　下線⑤後の10年間，オーストリアを共同管理していた4か国を
　　　書け。

(☆☆☆◎◎◎)

【2】次の文を読み，[問1]〜[問11]に答えよ。
　　隋が，ⓐ南北に分裂していた中国を統一したことで，秦漢時代以来
　の中華帝国が再建された。隋は積極的な対外政策をとる一方，運河の
　建設によって江南と華北を結び，ⓑ均田制を採用して広く農民に土地
　を与えようとした。しかし，外征と土木事業の負担は農民を疲弊させ，
　3次にわたる［　　］遠征が失敗に終わると各地で反乱がおこった。
　　隋を倒した唐は，隋の制度を受け継ぎ，律令を整備し，ⓒ三省と六
　部を中心とする中央官制を確立した。ⓓ高宗の時代には，唐の勢力は
　ⓔイスラーム世界と接するまでになった。対外交易が発展する中，
　ⓕ南海貿易も盛んになった。8世紀初めに即位したⓖ玄宗は，内政を
　整え，唐王朝の発展に努めたが，晩年におきたⓗ安史の乱以後，唐は，
　政治的にも経済的にも混乱し，滅亡への道を歩んでいった。
　　唐の滅亡後，ⓘ多くの国が乱立し，興亡をくりかえす混乱の時代を
　終わらせ，再び中国を統一したのは，ⓙ開封を都とした宋であった。

[問1]　［　　］にあてはまる国名を書け。
[問2]　下線ⓐに関し，建康(建業)を都とした王朝で花開いた，貴族主
　　　導の文化を何と呼ぶか，書け。
[問3]　下線ⓑを中国で最初に実施したとされる国はどこか，書け。
[問4]　下線ⓒのうち，六部を管轄して詔勅を実施する機関を何と呼ぶ
　　　か，書け。
[問5]　下線ⓓの皇后で，後に帝位につき，国号を周と称したのは誰か，
　　　書け。
[問6]　下線ⓔに関し，中国ではイスラーム教を何と呼んだか，次のア〜
　　　エの中から1つ選び，その記号を書け。
　　ア　道教　　イ　祆教　　ウ　景教　　エ　回教

[問7]　下線⑥に関し，広州に初めて設置された海上貿易を管理する役所を何と呼ぶか，書け。

[問8]　下線⑧に関し，このような善政を何と呼んだか，書け。

[問9]　下線⑪に関し，次の(1)，(2)に答えよ。

(1)　この乱を起こした3地域の節度使を兼任した武将は誰か，書け。

(2)　この乱の後に，楊炎の提言で実施された徴税制度を何と呼ぶか，書け。

[問10]　下線①に関し，これらの国々を総称して何と呼ぶか，書け。

[問11]　下線①を都とした理由を，簡潔に書け。

(☆☆☆◎◎◎)

【3】次の文を読み，[問1]〜[問8]に答えよ。

　奈良時代に⑧大宝律令が完成し，⑥律令制度による政治の仕組みがほぼ整った。大宝律令には犯罪の種類が非常に多く規定されているが，天皇や国家への反逆などは八虐として特に重く裁かれた。これには「見せしめ」の意図がはたらいている。⑥薬子の変で，藤原仲成が裁かれ，弓で射殺されたほか，⑥保元の乱では敗れた多くの武士が処刑されている。鎌倉幕府も⑥御成敗式目を制定したが，ここでも殺人の罪を犯した者は死刑または流罪とされている。戦国時代に入ると，より「見せしめ」の意図が強い刑罰が行われるようになった。大盗賊石川五右衛門が大釜に入れられて処刑されるという出来事があり，これは当時の人々に大きな影響を与え，後に歌舞伎や⑥浮世絵の題材にもとりあげられた。また，江戸時代に入っても⑧キリスト教徒に対する火あぶりなどが行われた。しかし，やがて武士以外の身分の者に対しては，罪を犯した者の改悛，つまり「更生」を重んじる傾向が出てきた。徳川吉宗が編纂させた［　　］にはこうした傾向が反映されているといわれている。

[問1]　［　　］にあてはまる語句を書け。

260

[問2]　下線ⓐを編纂した中心人物を，次のア～エの中から1つ選び，その記号を書け。

ア　藤原不比等　　イ　藤原仲麻呂　　ウ　藤原冬嗣

エ　藤原良房

[問3]　下線ⓑについて，正しく述べられている文を，次のア～エの中から1つ選び，その記号を書け。

ア　各地に直轄領としての屯倉や直轄民としての名代・子代の部を設けた。

イ　知行国制が定められ，知行国主は，知行国の国司推薦権や官物収得権を保有した。

ウ　郡司にはかつての国造など伝統的な地方豪族が任じられた。

エ　在位する天皇の直系尊属である太上天皇が，天皇に代わって政務を行った。

[問4]　下線ⓒに関し，嵯峨天皇が設けた令外官で，天皇の秘書官長の役割を果たした官職を何と呼ぶか，書け。

[問5]　下線ⓓに関し，次の(1)，(2)に答えよ。

(1)　この乱に天皇方として加わった人物は誰か，次のア～エの中から1つ選び，その記号を書け。

ア　源経基　　イ　源頼信　　ウ　源義家　　エ　源義朝

(2)　この頃の社会の様子を述べた文として，最も適切なものを，次のア～エの中から1つ選び，その記号を書け。

ア　田楽や猿楽などの芸能が，庶民のみならず貴族の間でも流行した。

イ　日本の伝統文化を代表する茶道や花道の基礎がつくられた。

ウ　黄表紙と呼ばれる風刺のきいた絵入りの小説が盛んにつくられた。

エ　空也が京の市で念仏往生の教えを説いた。

[問6]　下線ⓔは何を基準(根拠)としてつくられたものか，簡潔に書け。

[問7]　下線ⓕに関し，元禄期に活躍し，単なる挿絵でしかなかった浮世絵を芸術作品にまで高めたのは誰か，書け。

[問8]　下線⑧に関し，次のア～エを年代の古いものから順に並べ，その記号を書け。

ア　寺請制度が設けられた。　　　イ　バテレン追放令が出された。

ウ　島原の乱がおこった。　　　　エ　天正遣欧使節が派遣された。

(☆☆☆◎◎◎)

【4】次のA～Eの史料を読み，[問1]～[問6]に答えよ。

A　時に緒嗣，議して云く，「方今，天下の苦しむ所は軍事と⑧造作となり。此の両事を停めば百姓安んぜむ」と。真道，異議を確執して肯えて聴かず。⑤帝，緒嗣の議を善しとし，即ち停廃に従ふ。

『日本後紀』

B　九月　日，一天下の土民蜂起す。[　1　]と号し，⑥酒屋・土倉・寺院等を破却せしめ，雑物等恣にこれを取り，借銭等悉くこれを破る。官領これを成敗す。凡そ亡国の基，これに過ぐべからず。日本開白以来，土民蜂起是れ初めなり。

『大乗院日記目録』

C　一　文武[　2　]を励し，礼儀を正すべきの事。
　　一　養子は同姓相応の者を撰び，若之無きにおゐては，由緒を正し，存生の内言上致すべし。⑥五拾以上十七以下の輩末期に及び養子致すと雖も，吟味の上之を立つべし。

『御触書寛保集成』

D　露国皇帝陛下ノ政府ハ，日本ヨリ清国ニ向テ求メタル講和条件ヲ査閲スルニ，(中略)日本国政府ニ勧告スルニ，[　3　]ヲ確然領有スルコトヲ放棄スヘキコトヲ以テス。

『日本外交書』

E　彼等ハ常ニ口ヲ開ケバ直ニ忠愛ヲ唱ヘ，恰モ忠君愛国ハ自分ノ一
手専売ノ如ク唱ヘテアリマスルガ，其為ストコロヲ見レバ，常ニ玉
座ノ蔭ニ隠レテ，政敵ヲ狙撃スルガ如キ挙動ヲ執ッテ居ルノデアル。
(拍手起ル)彼等ハ玉座ヲ以テ胸壁トナシ，詔勅ヲ以テ弾丸ニ代ヘテ
政敵ヲ倒サントスルモノデハナイカ。

『帝国議会衆議院議事速記録』

[問1]　　［　1　］～［　3　］にあてはまる語句を書け。

[問2]　下線ⓐの内容として最も適切なものを，次のア～エの中から1
つ選び，その記号を書け。

ア　平安京の造営　　イ　多賀城の築造　　ウ　恭仁京の造営

エ　水城の築造

[問3]　下線ⓑの帝とは誰か，書け。

[問4]　下線ⓒが土倉・寺院とともに蜂起の対象となった理由を簡潔に
説明せよ。

[問5]　下線ⓓは牢人発生の原因となる大名の改易を減らすためにとら
れたものであるが，この政策は何か，書け。

[問6]　史料Eの演説に関し，次の(1)，(2)に答えよ。

(1)　この演説で弾劾された当時の首相は誰か，書け。

(2)　この演説はどのような政治運動の中で行われたものか，次のア
～エの中から1つ選び，その記号を書け。

ア　第一次護憲運動　　イ　五・四運動

ウ　三大事件建白運動　　エ　新体制運動

(☆☆☆◎◎◎)

【5】次の文を読み，[問1]～[問8]に答えよ。

生活文化には，自然環境の違いによって多様性がみられる。

住居には，材料として周辺で調達できるものが使われていることが
多く，その結果，自然環境をよく反映している。例えば，ⓐ熱帯地域
では豊富にある木を利用し，ⓑ乾燥地域では日干しレンガが用いられ
る。これは，発展途上国に限らず，ⓒ先進国でも同様である。南ヨー

ロッパでは石が，北ヨーロッパでは木がよく用いられる。また，⑥イ
ヌイットの雪や氷を材料とする［　　］と呼ばれる特殊な住居もある。
　食べ物や衣服に地域差があるのは，気候や⑥地形などの自然条件に
よって，栽培する作物や飼育する⑨家畜が限られてきたことが影響し
ている。例えば，高温で多湿な地域では，吸湿性のよい⑨綿や麻を用
いた衣服が着用されてきた。

[問1]　［　　］にあてはまる語句を書け。

[問2]　下線⑧に関し，南アメリカにおけるサバナの名称の正しい組み
　　合わせを，次のア〜カの中から2つ選び，その記号を書け。

　　ア　オリノコ川流域－リャノ
　　イ　オリノコ川流域－カンポ
　　ウ　パラグアイ－カンポ
　　エ　パラグアイ－グランチャコ
　　オ　ブラジル高原－リャノ
　　カ　ブラジル高原－グランチャコ

[問3]　下線⑥に関し，アメリカの乾燥地域などでみられる，図のよう
　　な灌漑農法を何と呼ぶか，書け。

図

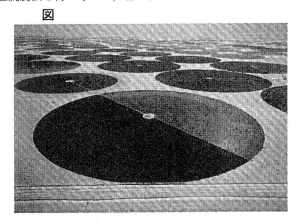

[問4]　下線ⓒに関し，荒廃したインナーシティが再開発され，建物が
リニューアルされることによって，比較的裕福な人が流入する現象
を何と呼ぶか，書け。

[問5]　下線ⓓに関し，1999年にイヌイットが大部分を占めるヌナブト
準州が設立された国はどこか，書け。

[問6]　下線ⓔに関し，次の(1)，(2)に答えよ。

　(1)　カルスト地形とはどのような地形か，簡潔に説明せよ。

　(2)　日本の河川の流域にみられる地形を，上流から下流に向けて並
べたものとして，正しいものはどれか，次のア～エの中から1つ
選び，その記号を書け。

　　ア　V字谷→扇状地→氾濫原→三角州

　　イ　V字谷→氾濫原→扇状地→三角州

　　ウ　扇状地→V字谷→氾濫原→三角州

　　エ　扇状地→氾濫原→V字谷→三角州

[問7]　下線ⓕに関し，次のア～エの文は，アルゼンチン，インド，ス
イス，ニュージーランドの畜産業の特徴についてそれぞれ述べてい
る。アルゼンチンにあてはまるものを1つ選び，その記号を書け。

　　ア　1850年代にメリノ種の羊が導入され，現在では人口に対して羊
の頭数が多く，牛の飼育地を含めた牧場・牧草地の広さは，国土
面積の約40％あまりにおよぶ。

　　イ　19世紀後半の冷凍技術の発達により遠隔の大消費地へ牛肉の輸
出が可能となり，ステップでの企業的牧畜による肉牛の生産が拡
大した。

　　ウ　冬の間，山麓の村で舎飼いされた乳牛や羊を，夏から秋にかけ
て高山放牧地に移動させる移牧が行われ，バターやチーズなどの
乳製品を生産している。

　　エ　牛や水牛の飼育頭数が多く，近年は経済成長により飲料のほか
各種乳製品の原料としてミルク生産が増加し，「白い革命」と呼
ばれている。

[問8]　下線⑧に関し，次の(1)，(2)に答えよ。

(1)　次のグラフは綿花の主要な生産国を表したものである。　□A□　にあてはまる国名を書け。

世界生産量 25955千t	中国 26.4%	A 20.5%	アメリカ 13.9%	パキスタン 8.5%	ブラジル 6.3%	その他 24.4%

グラフ

（『世界国勢図会2014/15年版』から作成）

(2)　綿花の栽培に適しており，「綿花土」とも呼ばれる土壌を，次のア～エの中から1つ選び，その記号を書け。

ア　テラロッサ　　イ　テラローシャ　　ウ　レグール

エ　レス

(☆☆☆○○○)

【6】次の文を読み，[問1]～[問6]に答えよ。

　　ⓐ西アジアと中央アジアは，どちらも年降水量が少ない乾燥した地域が多く，砂漠やステップが広がっている。しかし，ⓑ外来河川のユーフラテス川・ティグリス川流域では，農業，牧畜がともに発達し，砂漠に点在するオアシスでは，ⓒ地下水路によって水を耕地に導き，なつめやしや野菜などを栽培している。また，[　　]に流れ込むアムダリア川・シルダリア川の流域では，大規模な灌漑開発が行われている。

　　地形をみると，西アジアでは，イランからトルコにかけて，アルプス＝ヒマラヤ造山帯に属するⓓ新期造山帯が連なり，地震も多く発生する。一方，中央アジアでは，その大部分が古期造山帯やⓔ安定陸塊に属している。

[問1]　[　　]にあてはまる湖名を書け。

[問2]　下線ⓐに関し，下の(1)～(3)に答えよ。

図

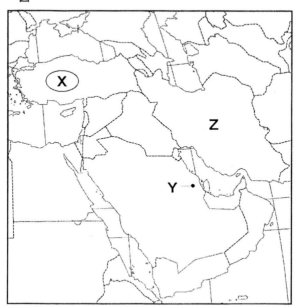

(1)　図中のXで示した高原を何と呼ぶか，書け。

(2)　図中のYで示した油田名を，次のア～エの中から1つ選び，その記号を書け。

　ア　チュメニ油田　　　　イ　ターチン油田
　ウ　プルドーベイ油田　　エ　ガワール油田

(3) 図中のZで示した国の国教に関し，あとの表は，信者が守るべ
き義務である五行についてまとめたものである。表中(ア)，(イ)
にあてはまる語句を書き，(ウ)にあてはまる内容を簡潔に書け。

表

五行	内　　容
（ア）	「アッラーのほかに神無く，ムハンマドは神の使徒である」という言葉をアラビア語で述べること。
礼拝	神への感謝を中心に1日5回、決まった時間に決まった作法で聖地メッカに向かって祈ること。
（イ）	ラマダーンの1か月間、毎日、日の出から日没まで水を含む一切のものを口にしないこと。
喜捨	（ウ）
巡礼	ズルヒシャの10日から13日に、聖地メッカのカーバ神殿に詣でること。

[問3]　下線ⓑを簡潔に説明せよ。

[問4]　下線ⓒに関し，アフガニスタンの乾燥地域にみられる地下水路
を何と呼ぶか，書け。

[問5]　下線ⓓに属する山脈はどれか，次のア～エの中から1つ選び，
その記号を書け。

　　ア　テンシャン山脈　　　イ　アパラチア山脈
　　ウ　アトラス山脈　　　　エ　ウラル山脈

[問6]　下線ⓔの地層には鉄鉱石が分布している。次の表は，鉄鉱石の
生産量と埋蔵量の上位5か国を表したものである。表中の　X
あてはまる国名を書け。

表

国　名	生産量（千t）	国　名	埋蔵量（百万t）
中国	412000	オーストラリア	17000
オーストラリア	277000	ブラジル	16000
ブラジル	248000	X	14000
インド	154000	中国	7200
X	60000	インド	4500

（『世界国勢図会2014/15年版』から作成）

（☆☆☆◎◎◎）

268

【7】 次の文は，現行の高等学校学習指導要領「地理歴史」の中に示され
ている「日本史A」及び「日本史B」の「内容の取扱い」からそれぞれ
抜粋したものである。文中の ［ ① ］ ～ ［ ⑦ ］ にあてはまる語
句を書け。

日本史A

(1) 内容の全体にわたって，次の事項に配慮するものとする。

ア 我が国の近現代の歴史の展開について国際環境や ［ ① ］ 条
件などと関連付け，世界の中の日本という視点から考察させるこ
と。

イ (省略)

ウ 年表，地図その他の資料を一層活用させるとともに，地域の
［ ② ］，博物館や資料館の調査・見学などを取り入れるよう工
夫すること。

エ 国民生活や文化の動向については，地域社会の様子などと関連
付けるとともに，［ ③ ］ や風習・信仰などの生活文化につい
ても扱うようにすること。

(2) この科目の指導に当たっては，客観的かつ公正な資料に基づいて，
事実の正確な理解に導くようにするとともに，多面的・ ［ ④ ］
に考察し公正に判断する能力を育成するようにする。その際，
［ ⑤ ］ などの脅威に着目させ，戦争を防止し，平和で民主的な
国際社会を実現することが重要な課題であることを認識させる。

日本史B

(1) 内容の全体にわたって，次の事項に配慮するものとする。

ア～ウ (省略)

エ 文化に関する指導に当たっては，各時代の文化とそれを生み出
した時代的背景との関連，外来の文化などとの接触や交流による
文化の変容や発展の過程などに着目させ，我が国の伝統と文化の
特色とそれを形成した様々な要因を総合的に考察させるようにす
ること。［ ③ ］ や風習・信仰などの生活文化についても，時
代の特色や地域社会の様子などと関連付け，［ ⑥ ］ や考古学

などの成果の活用を図りながら扱うようにすること。

オ　地域社会の歴史と文化について扱うようにするとともに，[　⑦　]が地域社会の向上と文化の創造や発展に努力したことを具体的に理解させ，それらを尊重する態度を育てるようにすること。

(☆☆☆◎◎◎)

解答・解説

中　学　社　会

【1】問1　A　位置　　B　地域調査　　C　国際協調　　D　民主主義
問2　・自然的条件(自然環境)　　・社会的条件(社会環境)
問3　地図　　問4　①　竹島　　②　尖閣諸島　　問5　(1)　第1，第2学年を通じて地理的分野と歴史的分野を並行して学習させることを原則とし，第3学年において歴史的分野及び公民的分野を学習させる。
(2)　100単位時間

〈解説〉問1　中学校学習指導要領(平成20年3月告示)に示された社会科の目標および各分野の目標・内容・内容の取扱いは十分把握しておきたい。社会科の最終的なねらいが「国際社会に生きる平和で民主的な国家・社会の形成者として必要な公民的資質の基礎を養う」ことであることはよく理解しておこう。　問2　2つの「環境条件」の意味や取扱いに偏りが生じないよう，多面的・多角的な考察に努める必要がある。問3　地理的分野の学習全般にわたって読図力，作図力などの地理的技能をしっかり身に付けさせるよう工夫することが求められる。
問4　平成26年1月に一部改訂された中学校学習指導要領解説　社会編(平成20年9月　文部科学省)では，我が国の領土に関する教育や自然災害における関係機関の役割等に関する教育の一層の充実が図られた。

これに関連した出題は増える傾向にあるので，改訂前後の記述の変化をおさえておこう。　問5　(1)で示されたような履修方法をとるのは，地理的分野および歴史的分野の基礎の上に公民的分野の学習をする社会科の基本的構造によるものである。

【2】問1　①　中央構造線(メディアンライン)　②　近郊
問2　飛騨山脈，木曽山脈，赤石山脈　　問3　三宅島　　問4　地方中枢都市　　問5　ウ　　問6　(1)　同じ耕地に1年に2度稲を栽培すること。　　(2)　山形県　　問7　A　熊本県　　B　千葉県
問8　A　オーストラリア　　B　インドネシア　　C　サウジアラビア　　D　カタール　　問9　京都議定書　　問10　ゴミの発生抑制(リデュース)，再使用(リユース)，再資源化(リサイクル)のこと。

〈解説〉問1　①　中央構造線は古い断層帯で，内帯は深成岩からなる高原が多く，外帯は堆積岩の険しい山地が続く。　②　近郊農業が行われている地域では，土地生産性が極めて高くなっている。
問2　飛騨山脈を北アルプス，木曽山脈を中央アルプス，赤石山脈を南アルプスとする。　問3　この時の噴火では，三宅島の全島民が5年に及ぶ避難生活を余儀なくされた。　問4　地方中枢都市は，いくつかの県を含む1つの地方で，行政，経済，文化などの中心となっている都市で，行政機関の出先機関のほか，大銀行や大企業の支店等が集中しそれぞれの地方の拠点となっている。　問5　人口が最も少ないアが和歌山県，面積が最も大きいイが兵庫県，唯一人口増減率が増加を示すエが滋賀県，人口密度が抜きん出ているオが大阪府，人口が和歌山県に次いで少ないカが奈良県で，残るウが京都府となる。
問6　(1)　二期作は水稲が一般的だが，とうもろこしやジャガイモなどでも行われるので，答案では稲に限定せず「農作物」としてもよいだろう。　(2)　日本の米の約30%は東北地方で収穫され，東北地方は北陸地方とともに日本の穀倉地帯といわれる。山形県は庄内平野や山形盆地などで稲作がさかんである。　問7　熊本県はトマト，すいか，夏ミカンなどの生産量が多い。千葉県は落花生，ねぎ，だいこんなど

271

の野菜のほか，卵の生産などの近郊農業がさかん。　問8　この3つの
エネルギー資源の生産量，世界全体の輸出量・額，我が国の輸入先の
統計資料は頻出である。直近の統計資料には必ず目を通して動向を把
握しておきたい。　問9「1997年開催の国際会議」とは，1992年にリ
オデジャネイロで開かれた国連環境開発会議(地球サミット)で調印さ
れた，温暖化防止のための気候変動枠組条約第3回締約国会議(COP3)
のことである。　問10　これら3Rにリフューズ(不要なものは買わな
い・断る)，リペア(修理して長く使う)を加えたものを5Rと呼ぶことも
おさえておきたい。

【3】問1　A　漢　　B　ホワイ　　　問2　中華人民共和国
　問3　(1)　①　イ　　②　エ　　(2)　出生率が高いまま，衛生状態の
改善や医療の普及によって死亡率が低くなったため。　　問4　中国
農村部にある町や村，個人が経営する会社。　　　問5　イ
　問6　A　化学繊維　　B　粗鋼　　C　銅　　D　アルミニウム
　問7　(1)　遊牧　　(2)　A　イ　　B　ア　　C　ウ　　D　エ
〈解説〉問1　A　中国には漢民族以外にも多数の少数民族がおり，言語
や宗教も多様である。　　B　ホワイ―チンリン線は年降水量800〜
1000mmの等降雨量線とほぼ一致することから，中国の農牧業地域を
考える際の指標の1つとなっている。　問2　1949年以降の国号である。
問3　(1)　おおまかな世界の州別人口の傾向はおさえておくこと。
③はア，④はカ，⑤はオ，⑥はウ。　　(2)　人口が短期間に急増するこ
とを人口爆発という。第二次世界大戦後のアジア，アフリカ，中南ア
メリカの発展途上国にみられた。　　問4　郷鎮企業は，人民公社が解
体された1980年代以降，農村の余剰労働力を吸収して急増した。
問5　チューハイの他，シェンチェン，スワトウ，アモイ，ハイナン
省の5地域が経済特区に指定された。　問6　A　繊維工業はアジアの
新興工業国でさかん。　　B　粗鋼の生産は，1990年代後半以降，中国
で急増している。　　C　チリは銅鉱の主要産出国だが，精製銅の生産
では世界第2位となっている。　　D　アルミニウムはボーキサイトを原

鉱とし一次加工のアルミナを経て精錬されるが，二次加工の際に大量
の電力を使う。そのため，アルミニウムの生産は，電力が安くて豊富
な中国，ロシア，カナダ，アメリカなどの国で多い。　問7　(1)　遊
牧は北極圏の寒冷地域でも見られる。　(2)　いずれの農産物において
も中国が生産国上位2位までに入っており，人口が多い分，国内での
需要が高いことが予想される。とうもろこしは，人間が食べるだけで
なく，家畜の飼料としても用いられる。

【4】問1　①　庚午年籍　　②　長岡　　③　連署　　④　北条時頼
問2　壬申の乱　　問3　(1)　養老律令　　(2)　家柄や能力に応じて位
階をそれぞれ与えられ，位に相当する官職に任じられるしくみ。
問4　坂上田村麻呂　　問5　大輪田泊　　問6　(1)　天皇の位を皇子
にゆずり，上皇や法皇として政治を行い続けること。　(2)　北面の
武士　　問7　平治の乱　　問8　(1)　御成敗式目(貞永式目)
(2)　吾妻鏡　　問9　(1)　日野富子　　(2)　イ　　問10　分国法(家
法)

〈解説〉問1　①　庚午年籍は現存せず，「日本書紀」にその存在が記され
　　ているのみである。　②　藤原京から平安京にいたるまでの都の変遷
　　は以下のようになる。694年持統天皇の時に藤原京→710年元明天皇の
　　時に平城京→741年聖武天皇の時に恭仁京→744年聖武天皇の時に難波
　　宮→744年聖武天皇の時に紫香楽宮→745年聖武天皇の時に平城京→
　　784年桓武天皇の時に長岡京→794年桓武天皇の時に平安京。
　　③　連署も執権同様，北条氏一門から任じられた。　④　北条時頼は，
　　有力御家人の三浦氏などを除いたり，摂家将軍を廃して皇族将軍を擁
　　立したりするなど，北条得宗家の権力強化を図った。　問2　この乱
　　の結果，大海人皇子が勝利して即位し天武天皇となった。乱後，有力
　　中央豪族が衰え，天皇の権力が強化され，律令制古代国家が確立した。
　　問3　(1)　養老律令施行時に政治の実権を握っていた藤原仲麻呂は，
　　藤原不比等の孫にあたる。　(2)　貴族層の固定化を招いた蔭位の制と
　　取り違えて覚えないように注意。　問4　坂上田村麻呂は東北地方に

複数の城柵を築き，蝦夷経営の拠点を大きく前進させた。

問5　日宋貿易による利潤は，平氏政権の重要な経済的基盤となった。

問6　(1)　当初，後白河上皇と平氏の関係は良好であったが，関係が悪化すると上皇は幽閉され一時的に院政は停止され，平清盛の死後に院政は再開された。　(2)　初めて院政を行った白河上皇(法皇)は，堀河，鳥羽，崇徳天皇の3代43年間にわたって「治天の君」として統治した。　問7　1156年の保元の乱と1159年の平治の乱を通して，武家の棟梁としての平清盛の地位と権力は急速に高まった。

問8　(1)　御成敗式目は，武家社会の先例・慣習・道理に基づき，51か条に成文化したもので，通用範囲は幕府の勢力範囲のみ，実際的で簡素なものだった。　(2)　編年体とは年代を追ってできごとを記述する歴史叙述法である。これに対し，1つの国や個人に関する情報をまとめて記述する叙述法は紀伝体という。　問9　(1)　正妻である日野富子との間に子がなかった足利義政は，弟である義視を後継としていたが，その後実子義尚が生まれたため，後継者をめぐる対立が生じた。(2)　アは鎌倉文化，ウは江戸時代初期，エは平安時代末期を象徴する建築物。　問10　資料は『甲州法度之次第』。後に『信玄家法』ともよばれた甲斐の武田信玄の分国法である。

【5】問1　A　トスカネリ　　B　ワシントン　　C　ホイットニー　D　リンカン　　問2　①　レキシントン　　②　パリ　　問3　エ　問4　ボストン茶会事件　　問5　政府　　問6　ストウ　　問7　西部の公有地で5年間定住し，開墾した者に一定の土地を与えるという法律。　問8　(1)　B　　(2)　ウ

〈解説〉問1　A　トスカネリは，大西洋西航がアジアへの最短ルートと記した書簡と自作の海図をコロンブスにおくっていた。　B　ワシントンはアメリカ合衆国建国の父として，現在も首都や州名などにその名を残している。　C　ホイットニーは小銃の大量生産を可能にした，部品の互換性生産法を推進したことでも知られる。　D　リンカンは当初，連邦の統一維持を優先させ，奴隷制を新領土へ拡大することだ

けに反対する穏健派であったが，南北戦争を通して，1863年に奴隷解放宣言を出すにいたった。　問2　1775年の武力衝突に始まるアメリカ独立戦争から，1783年のパリ条約でアメリカ合衆国の独立が承認されるまでの流れを把握しておきたい。　問3　アは統一令でイギリス国教会を確立するなどしてイギリス絶対王政を確立したイギリスの女王。イはオーストリアを強国に成長させたハプスブルグ家出身のオーストリア大公。ウは名誉革命後に権利の章典を承認して即位し，夫ウィリアム3世と共同統治を行ったイギリス王。　問4　茶法は，イギリス東インド会社の破産を救うことをねらいに安価な茶の販売で市場を独占させようと，13植民地で販売する茶を免税とした法律。
問5　独立宣言は，後のアメリカ第3代大統領トマス＝ジェファソンが起草。ロックの影響が強くみられる。　問6「アンクル＝トムの小屋」は，当初理解のある主人の下にいた黒人奴隷トムがたどった不幸な後半生を通し，奴隷制の悲惨さを描いている。　問7　南北戦争のさなかに出されたホームステッド法により，西部農民の北軍支持と，戦後の西部開拓が推進されることとなった。　問8　(1)　この地で行った演説でリンカンが述べた「人民の，人民による，人民のための政治」のことばは覚えておきたい。　(2)　南北戦争は1861〜65年。アは1841〜43年，イは1799〜1821年，ウは1862年，エは1877年のできごと。

【6】問1　(1)　規則制定権　(2)　違憲審査権(違憲法令審査権，違憲立法審査権)　問2　モンテスキュー　問3　A　最高裁判所裁判官　B　憲法改正　問4　(1)　地方交付税　または地方交付税交付金　(2)　ア　50分の1　イ　選挙管理委員会　問5　地方公共団体が，国などの指揮・監督を受けることなく，独立してその政治・行政を行うこと。　問6　社会保険，公的扶助，社会福祉，公衆衛生
〈解説〉問1　(1)　日本国憲法第77条の規定に基づく。国会中心立法の原則の例外である。　(2)　日本国憲法第81条は最高裁判所にしか違憲審査権を認めていないようにも読めるが，最高裁判所は終審で違憲審査を行うことを規定したものであり，下級裁判所でも違憲審査は行える

ので注意する。　問2　モンテスキューは，立法，執行(行政)，裁判(司法)に国家権力を分割し，これらを別々の国家機関に分有させれば，相互に抑制と均衡(チェック・アンド・バランス)が働き，国家権力の暴走は抑止されることを説いた。　問3　A　任命後初の衆議院議員選挙の際に国民審査を受け，審査から10年経過後に実施される衆議院議員選挙の際に再び国民審査を受ける。　B　憲法改正の国民投票の手続きを定めた法律として，国民投票法がある。　問4　(1)　財政力格差の緩和のために分配されるものなので，地方交付税交付金の使途に定めはない。　(2)　ア　地方自治法第74条(条例の制定・改廃)および第75条(監査請求)の規定による。　イ　選挙で選ばれた者の解職請求は，選挙管理委員会に対して行う。　問5　団体自治は地方自治の自由主義的な側面に関する原則。これに対して，住民自治とは地方自治の民主主義的な側面に関する原則であり，住民の意志に基づいて地方政治・行政が行われること。　問6　社会保険には，年金，医療保険，労災保険，雇用保険，介護保険がある。また，公的扶助として行われるのが生活保護で，児童や母子家庭，障害者，高齢者などを支援するのが社会福祉。公衆衛生としては，たとえば予防接種などの感染症予防対策が実施されている。

【7】問1　(1)　ア　資源配分　イ　累進課税　(2)　ビルト・イン・スタビライザー　問2　(1)　シャウプ勧告　(2)　イ，ウ，オ　問3　IMF(または国際通貨基金)　IBRD，国際復興開発銀行(または世界銀行)　問4　・安全を求める権利　・正確な情報を知る権利　・商品を選ぶ権利　・意見を反映させる権利　問5　マーストリヒト条約(欧州連合条約)　問6　SOHO　問7　政府によって供与されるもので，開発途上国の経済・社会の発展や福祉の向上に役立つために行う資金・技術提供による公的資金を用いた協力のこと。

〈解説〉問1　(1)　ア　公共財は非競合性，非排除性を持つので，市場では供給されない。「市場の失敗」の1つである。　イ　相続税にも累進課税制度が導入されている。　問2　(1)　シャウプ勧告により，従来

の日本の税制は直接税中心だったが，所得税は高齢化に伴い納税者が減り，また景気に税収が左右されやすい。ゆえに現在では間接税(消費税)の比率が高められている。　(2)　アとカは都道府県税，エは市町村税である。　問3　IMFは通貨価値の安定化のために設立された。また，IBRDは戦後復興の援助のために設立され，現在も世界銀行グループの中核をなし，発展途上国への融資を実施している。

問4　ケネディが特別教書で提唱した「消費者の4つの権利」は，日本の消費者基本法にも明記されるなど，世界の消費者政策に影響を与えた。また，後年フォードが提唱した「消費者教育を受ける権利」を加えて「消費者の5つの権利」と言われることもある。　問5　マーストリヒト条約は，その後アムステルダム条約やニース条約によって修正が加えられた。さらにはリスボン条約の発効(2009年)によってEU大統領などの役職が設置されるなど，EUの政治統合が進められた。

問6　SOHOと同義で用いられる用語で，情報通信技術を用いて時間や場所にとらわれない労働のあり方をテレワークという。情報通信技術の発達に伴い，こうしたことが可能になっている。　問7　ODAは発展途上国への援助のうち，グラントエレメント(GE)が25％以上のものをいう。無償の贈与や有償の借款，技術支援などがある。また，2国間援助もあれば，IBRDなどの国際機関への出資という形での援助もある。

地 理 ・ 歴 史

【1】問1　多産豊穣を願ってつくられた。　問2　ゲルマン人(民族)　問3　クローヴィス　問4　スレイマン1世　問5　(1)　啓蒙専制(絶対)君主　(2)　マリ＝アントワネット　問6　(1)　ウェストファリア条約　(2)　ライン同盟(ライン連邦)　問7　(1)　メッテルニヒ　(2)　会議はおどる，されど進まず。　問8　(1)　サライェヴォ事件　(2)　ア　問9　アメリカ，イギリス，ソ連，フランス

〈解説〉問1　女性の胸部や臀部が強調されていることが特徴である。
問2　375年，西進してきたフン人の圧迫により「ゲルマン人の大移動」
が起こった。西ヨーロッパが混乱する中，476年にゲルマン人傭兵隊
長オドアケルによって西ローマ帝国は滅ぼされた。　問3　当時，ゲ
ルマン人の多くは異端であるアリウス派キリスト教を信仰していた
が，メロヴィング朝のクローヴィスはローマ人の支持を得るためにア
タナシウス派キリスト教へ改宗した。以降，多数派のローマ人を支配
層に取り入れ勢力を拡大していった。　問4　オスマン帝国の最盛期
を築いたスレイマン1世は頻出である。1529年のウィーン包囲の他，
1538年にはプレヴェザの海戦でスペイン・ヴェネツィア艦隊を破り，
地中海の制海権を獲得した。　問5　(1)　ヨーゼフ2世は，宗教への寛
容政策や農奴解放により自国の近代化を目指した。啓蒙専制君主に関
しては，よく出題されるプロイセン王フリードリヒ2世の業績も正確
におさえておきたい。　(2)　フランス革命により混乱する中，マリ＝
アントワネットは夫ルイ16世とともにオーストリアに逃亡を図るも失
敗に終わる(ヴァレンヌ逃亡事件)。これを機に国王の信用は失墜し，
国王夫妻は処刑された。　問6　(1)　三十年戦争の講和条約であるウ
ェストファリア条約では，神聖ローマ帝国の実質的解体がなされた他，
オランダとスイスの独立が承認された。また，アウクスブルクの和議
が再確認されるなど，非常に重要な条約となった。　(2)　ライン同盟
は1806年，ナポレオン1世を盟主としてドイツ諸邦を支配下に入れる
ため西南ドイツ16領邦で結成された。　問7　(1)　メッテルニヒはウ
ィーン会議で形成されたウィーン体制の維持を図ったが，1848年のウ
ィーン三月革命により失脚した。　(2)　ナポレオンが及ぼした影響お
よび戦後処理の討議が進まないことを，会議の円満な進行を目指して
オーストリア政府が開催した舞踏会や宴会にたとえて風刺したこと
ば。ウィーン会議では，フランス外相タレーランが正統主義を主張し
たこともおさえておきたい。　問8　(1)　1914年6月に起こったサライ
ェヴォ事件の翌月，オーストリアはセルビアに宣戦を布告し，第一次
世界大戦が始まった。　(2)　連合国はオーストリアとアの条約を結び，

この条約によりチェコスロヴァキア等の独立が承認された。また，ブルガリアとエ，ハンガリーとウ，オスマン帝国とイの条約を順次結んでいった。　問9　ドイツにより併合されていたオーストリアは連合国により共同管理されることとなる。米ソの対立により，オーストリアの完全な主権回復は1955年のオーストリア国家条約まで待たれることとなった。

【2】問1　高句麗　　問2　六朝文化　　問3　北魏　　問4　尚書省　問5　則天武后(武則天)　　問6　エ　　問7　市舶司　　問8　開元の治　　問9　(1)　安禄山　　(2)　両税法　　問10　五代十国　問11　水路を通じて，中国の東西南北を結びつける商業網の中枢としての位置にあったから。

〈解説〉問1　612〜614年にかけて行った高句麗遠征の失敗と大運河の建設が相まって，農民・豪族の反乱を招き，隋は618年に滅びた。

問2　六朝とは，建業に都を置いた呉，東晋，宋，斉，梁，陳を指す。清談が流行し，詩や書画に優れた作品が多く残された。　問3　均田制とは北魏の孝文帝により実施された制度である。自営農民を創設したことで税収を確保した。隋は均田制，租庸調制，府兵制を六朝から受け継いで実施していた。　問4　三省とは，中書省，門下省，尚書省を指す。皇帝の詔勅の立案・起草を担当するのが中書省，詔勅の審議を行うのは門下省，そして詔勅を実行する機関が尚書省である。

問5　則天武后は中国史上唯一の女性皇帝である。国号を周と改めたことで，一時国内が混乱することとなったが，晩年に子の中宗が復位したことで周は一代で終わった。　問6　アは漢末期に道家の思想に様々な民間信仰や仏教の影響などが合わさって形成された宗教。イはゾロアスター教，ウはネストリウス派キリスト教の中国名である。

問7　市舶司は唐の皇帝玄宗により広州に設置されたことが始まりである。その後，明州や泉州などにも設置された。　問8　開元の治と呼ばれる善政を行った玄宗だが，晩年，楊貴妃を寵愛したことから政治を怠り安史の乱を招くこととなる。また，「貞観の治」と称された

唐の太宗(李世民)の治世と混同しないよう留意したい。

問9　(1)　3地域の節度使を兼任した安禄山は，楊貴妃の一族が実権を握る唐体制に反発し，反乱を起こした。安史の乱の名称は，安禄山と，ともに戦った史思明の名に由来する。　(2)　財産に対する戸税と耕地面積に応じての地税を中心として，夏と秋の2回徴収する制度である。

問10　後梁・後唐・後晋・後漢・後周を五代とし，前蜀・後蜀・呉・南唐・荊南・呉越・閩・楚・南漢・北漢を十国とする。　問11　隋の煬帝が建設した大運河の拠点とされ，黄河流域の華北と長江流域の江南を結ぶ交通拠点として重要な役割を果たした。後唐を除く五代の都となった。

【3】問1　公事方御定書　　問2　ア　　問3　ウ　　問4　蔵人頭

問5　(1)　エ　　(2)　ア　　問6　源頼朝以来の先例や武家社会の道理。　　問7　菱川師宣　　問8　エ→イ→ウ→ア

〈解説〉問1　公事方御定書は1742年に完成した，徳川吉宗以降の江戸幕府の基本法典である。上巻は司法警察関係の重要法令，下巻は刑法・訴訟法などに関する規定をおさめた。　問2　大宝律令は，701年に刑部親王・藤原不比等らが中心となって編集した法令集である。757年の養老律令施行まで国の基本法典となった。　問3　ア　ヤマト政権の支配の仕組みである。　イ　院政期に始まったものである。エ　院政についての説明である。　問4　809年に譲位した平城上皇は，藤原仲成・薬子の兄妹らと結びかなりの勢力をもって嵯峨天皇に対抗していた。嵯峨天皇はこの上皇の策動を封じるため，令制の機関によらず，藤原冬嗣，巨勢野足の2人を蔵人頭に任命し，天皇直属の機関として機密文書の保管にあたらせた。　問5　(1)　ア，イ，ウは源義朝以前の時代の人物。なお，アが清和源氏の祖である。　(2)　保元の乱は平安時代後期の1156年に起こった。イは室町時代，ウは江戸時代中期，エは平安時代中期の社会の様子。　問6　御成敗式目は貞永式目ともよばれ，以後の武家法の規範となった。　問7　菱川師宣は江戸時代前期の画家で，浮世絵の祖とされる。代表作は「見返り美人図」。

問8　エ(1582〜90年)→イ(1587年)→ウ(1637〜38年)という流れで，ア
は島原の乱以降にキリスト教に対する監視の一環として設けられた。

【4】問1　1　徳政　　2　忠孝　　3　遼東半島　　問2　ア
　　問3　桓武天皇　　問4　酒屋が高利貸を営んでおり，土民がその債務
　　に苦しんでいたから。　　問5　末期養子の禁の緩和
　　問6　(1)　桂太郎　　(2)　ア
〈解説〉問1　1　史料Bは，1428年の正長の土一揆に関して書かれた部分
　　である。徳政とは，鎌倉，室町時代には債権，債務破棄の政策を意味
　　した。　　2　史料Cは，1683年に出された武家諸法度の天和令である。
　　文治主義をすすめた徳川綱吉は，第1条を従来の「文武弓馬の道，専
　　ら相嗜むべきこと」を「文武忠孝を励し，礼儀を正すべきこと」に改
　　めた。　　3　史料Dは，三国干渉に関するものである。三国干渉とは，
　　1895年の下関条約締結後，ロシア・フランス・ドイツの3国が日本に
　　干渉を加え，条約で日本が得た遼東半島を清国に返還させた事件のこ
　　とである。　　問2　桓武天皇は，軍事と造作という2大事業に力を費や
　　した。軍事とは，律令制による支配を拡大する戦いで，具体的には蝦
　　夷との戦いのことである。造作とは，新しい都作り，つまり長岡京と
　　平安京の造営のことである。　　問3　史料Aは，徳政相論に関するもの
　　である。桓武天皇は805年，腹心の藤原緒嗣と菅野真道に2大制作の継
　　続を議論させ，これを裁定して蝦夷経営と造都事業を打ち切った。
　　問4　土倉・酒屋は室町時代の高利貸し業者のことである。鎌倉時代
　　には借上と称したが，質物保管のため土倉を建てたところから，南北
　　朝期から土倉の名称が一般化した。酒屋などの富裕な商工業者が兼業
　　するものが多かった。　　問5　末期養子とは，跡継ぎのない武家の当
　　主が死に際して急に養子を願い出ることである。江戸時代初期，幕府
　　は大名勢力削減のためにこれを禁止した。しかし，改易による牢人の
　　発生は社会不安の要因となり，1651年の由井正雪の乱を機に幕府は制
　　限つきで末期養子を認めるようになった。　　問6　(1)　史料Eは，尾崎
　　行雄による桂内閣弾劾演説である。1913年第3次桂太郎内閣は憲政擁

護の民衆運動により打倒された。これは大正政変とよばれる。
　(2)　イは1919年，ウは1887年，エは1940年のできごとである。

【5】問1　イグルー　　問2　ア，エ　　問3　センターピボット(方式)
　問4　ジェントリフィケーション(現象)　　問5　カナダ
　問6　(1)　石灰岩などの炭酸塩岩の地域で，溶食作用によって形成される地形。　　(2)　ア　　問7　イ　　問8　(1)　インド　　(2)　ウ
〈解説〉問1　カナダのハドソン湾沿岸やラブラドル半島などに住むイヌイットが，冬につくるドーム型の氷の住居。一時的な使用が中心であり，半地下式で外の寒気や風を防ぐため，見た目とは裏腹に暖かい。
　問2　熱帯のサバナ気候(Aw)に分布するバオバブ，アカシアなどの疎林と長草の草原をサバナという。ブラジル高原ではカンポと呼ぶ。
　問3　井戸を中心に半径数百mの灌漑用アームが回転し，中心の井戸からディーゼルエンジンなどで地下水をくみ上げる新しい灌漑農法である。こうした技術は海外にも輸出されているが，投下エネルギーの割に生産量が少ない，地下水が枯渇する，土壌の塩性化が進むなどの批判もある。　問4　アメリカのニューヨーク，ソーホー地区が好例である。アメリカやヨーロッパにおいて，行政当局が老朽化・貧困化したインナーシティの再開発を図るとき，まず芸術や文化をきっかけとしたジェントリフィケーション戦略をとることが多い。
　問5　ヌナブトとは，イヌイットの言葉で「我が大地」を意味する。古くから自分たちの土地と文化の保護を訴えてきたイヌイットは，カナダ政府との交渉により1993年にヌナブト協定を締結した。これにより，元のノースウエスト準州の東側一帯に新しい準州の創設，イヌイットの狩猟権と広大な土地所有権の確保，補償金の支払いなどが決定し，1999年にカナダ3つ目の準州となるヌナブト準州が誕生した。
　問6　(1)　もとはスロベニアの石灰岩地域を示す言葉として用いられていたのが，広く石灰岩地域での溶食地形を示すようになった。日本では山口県の秋吉台や福岡県の平尾台が有名である。　(2)　日本の平野の多くは，完新世に形成された堆積平野である。河川の上流では，

傾斜が大きく流れが速いため，河川の浸食力，特に下に削り込む力が大きい。この作用によって，山地では幅の狭いV字状の深い谷が刻まれることが多い。河川が山地から平野に出てくる山麓では河川の勾配が急に緩くなり，川幅が広がって水深も浅くなるため，運搬力が小さくなって土砂が堆積し，扇状地を形成する。氾濫原は河川の氾濫により形成された低平地のことで，中・下流に位置する。三角州は河川が海や湖に流入するところに形成された低平地のことで，河口部に位置する。　問7　アはニュージーランド，ウはスイス，エはインドを示している。　問8　(1)　綿花は温暖で開花後よく乾燥する気候に適しており，華北平原，中央アジア，アメリカ南部，デカン高原などが主要な産地になっている。種子に密生する綿毛が繊維原料となり，摘み取り作業には多くの労働力を用いる。　(2)　玄武岩の風化土壌であるレグールは，主にデカン高原に分布している。有機物に富み肥沃で，綿花の栽培に適している。なお，アは果樹栽培に利用されることが多い。イはコーヒーの栽培に適している。エは中国では黄土と呼ばれ，春先に日本に飛来する黄砂の原因となっている。

【6】問1　アラル海　　問2　(1)　アナトリア高原　　(2)　エ
(3)　(ア)　信仰告白　　(イ)　断食　　(ウ)　貧しい人や恵まれない人に施しを行うこと。　　問3　湿潤地域に水源があり，乾燥地域を流れる河川のこと。　　問4　カレーズ　　問5　ウ　　問6　ロシア
〈解説〉問1　アラル海は，カザフスタンとウズベキスタンにまたがる塩湖である。1960年代から旧ソ連がこの地域の農地開発を進めるために灌漑用水路を整備し，綿花を栽培してきた。しかし，灌漑地で水が蒸発してしまい，アラル海に流れ込む水量が極端に減り，アラル海は縮小した。一方で，土壌の塩類集積のために放棄される農地が増加している。　問2　(1)　トルコの大部分を占めるアナトリア高原では，南東アナトリア開発計画(GAP)が進められ，ユーフラテス川上流に巨大なアタチュルクダムが建設された。　(2)　サウジアラビアのガワール油田は，世界最大級の油田である。アはロシア，イは中国東北部，ウ

はアメリカ合衆国アラスカ北部に位置する。　(3)　図中のZのイランではイスラム教を国教としているが，少数派のシーア派が国民のほとんどを占めている点が特徴である。イスラム教の経典『クルアーン』には，イスラム教徒の義務として六信五行が示されている。六信についても確認しておこう。　問3　ナイル川，インダス川，ティグリス川などが代表的な外来河川である。また，タリム川，アムダリア川などの海洋に注がない河川を内陸河川という。　問4　砂漠気候が広がる中央・西アジアでは，蒸発を防ぐため山麓に湧きだす地下水を，地下水路によって集落に導いている。地下水路は，イランではカナート，アフガニスタンやパキスタンではカレーズ，北アフリカではフォガラと呼ばれる。　問5　新期造山帯とは，中生代から新生代の造山運動によって形成された山地のことで，環太平洋造山帯やアルプス・ヒマラヤ造山帯がこれにあたる。アトラス山脈はアルプス・ヒマラヤ造山帯の西端である。　問6　鉄鉱石は広く地球上に豊富に存在するが，採掘が容易で採算性の高い鉱山は先カンブリア時代の地層が露出した安定陸塊の楯状地に多い。ブラジルのイタビラやカラジャス，オーストラリア西部の台地，中国のアンシャンやターイエなどが主要な産地だが，中国は自国の鉄鉱石の品質が低く，世界最大の輸入国になっている。

【7】①　地理的　　②　文化遺産　　③　衣食住　　④　多角的
　　⑤　核兵器　　⑥　民俗学　　⑦　祖先
〈解説〉「日本史A」は，我が国の歴史の展開について，特に近代社会が成立し発展する過程に重点をおいて考察し，世界史的視野に立って理解させることをねらいとしているのに対し，「日本史B」は，我が国の歴史の展開について，世界史的視野に立って各時代の特色及び変遷を総合的に考察させ，我が国の伝統と文化についての認識を深めさせることを科目の基本的な性格としている。また，標準単位数は前者が2単位，後者が4単位という違いもある。

2015年度　実施問題

中　学　社　会

【1】次の資料Aは，中学校学習指導要領解説　社会編(平成20年9月　文部科学省)，資料B，Cは現行の中学校学習指導要領「社会」の一部である。これを読んで，あとの[問1]〜[問3]に答えよ。

A

第1章　総説

　3　社会科改訂の要点

　(2)　各分野の改訂の要点

　〔地理的分野〕

　　イ　内容構成についての見直し

　　　　(略)

　　　　二つの大項目はそれぞれ，<u>まず世界と日本の地理的認識の座標軸を形成するべく世界又は日本の地域構成に関する学習を行い，次に世界各地の人々の生活の多様性を理解又は日本全体を大観して，その後に世界，日本それぞれの諸地域の地域的特色について学び，最後に調べ学習を行う構成</u>となっている。

　　　　(略)

B

〔歴史的分野〕

　2　内容

　(6)　現代の日本と世界

　　ア　冷戦，我が国の民主化と再建の過程，<u>国際社会への復帰</u>などを通して，第二次世界大戦後の諸改革の特色を考えさせ，世界の動きの中で新しい日本の建設が進められたことを理解させる。

C

〔公民的分野〕

1　目標

(4)　現代の社会的事象に対する関心を高め，様々な資料を適切に[　A　]，[　B　]して多面的・多角的に考察し，事実を正確にとらえ，公正に判断するとともに適切に表現する能力と態度を育てる。

[問1]　下線部aについて，このような構成とした理由を，中学校学習指導要領解説　社会編では，どのように記載しているか，書け。

[問2]　下線部bについて，授業で取り扱う内容を，中学校学習指導要領解説　社会編では，どのように記載しているか，書け。

[問3]　文中の[　A　]，[　B　]にあてはまる語句を書け。

(☆☆☆◎◎◎)

【2】次のA〜Eの文を読んで，あとの[問1]〜[問8]に答えよ。

A

日本の国土は，南北で気候が大きく異なり，北海道は亜寒帯(冷帯)，小笠原諸島や南西諸島は，a亜熱帯の気候となっている。また，ほとんどの地域が温帯に属する本州でも，太平洋側と日本海側では降水量などに違いが見られる。

B

b九州にある阿蘇山は，大規模な噴火で噴出物がふきだしたあとが巨大なくぼちになっており，この地形は(　①　)とよばれている。また，関東平野西部にある武蔵野台地などには，周辺の火山から噴出した火山灰が長い年月をかけて積もってできた(　②　)とよばれる地層が広がっている。

C

(　③　)とは，地域ぐるみで自然環境や歴史文化など，地域固有の魅力を観光客に伝えることにより，その価値や大切さの理解を図り，保全につながることをめざす観光のあり方である。代表的な例

286

として，c世界遺産に登録されている屋久島がある。また，国においては，2007年に「（　③　）推進法」が制定された。

D

日本の工業は大都市を中心に発展し，工業地帯を形成したが，高度経済成長期に公害や d過密が問題になった。反面，地方では， e農業の後継者不足や高齢化などの問題が生じてきた。

E

北九州市は，戦前から f鉄鋼業を中心に工業が発達した。しかし，大気汚染や洞海湾の水質汚濁などの公害が大きな問題となったため，市民，企業，行政が協力して環境改善に取り組んだ。現在，北九州市は国から承認を得て， g先進的な環境調和型まちづくりに取り組んでいる。

[問1]　文中の①〜③にあてはまる語句を書け。

[問2]　下線部aに関し，亜熱帯(中緯度)高圧帯から亜寒帯(高緯度)低圧帯に向かって吹く恒常風を何というか，書け。

[問3]　下線部bに関し，次の表は，福岡県，長崎県，大分県，鹿児島県の農業産出額，海面漁業漁獲量(養殖業は含まない。)，製造品出荷額等をそれぞれ表したものである。表中のア〜エにあてはまる県名を書け。

表　　　　　　　　　　　　　　　　　　　　　　　　　(2012年)

県名	農業産出額(億円)	海面漁業漁獲量(百t)	製造品出荷額等(億円)
ア	1,422	2,454	17,859
イ	4,054	879	17,850
ウ	2,265	463	83,781
エ	1,312	405	42,719

(「日本国勢図会2014/15年版」から作成)

[問4]　下線部cに関し，1993年に日本で最初の世界遺産(自然遺産)として登録された世界的なブナの原生林が広がる山地を何というか，書け。

[問5]　下線部dに関し，次の(1)，(2)に答えよ。

(1)　大都市において，アスファルト舗装やビルの増加，自動車や冷房による熱の放出，緑地の減少などによって，地面や下層の空気が熱せられやすくなることで，周辺地域より都心の気温が高くなる現象を何というか，書け。

(2)　ドーナツ化現象を，簡潔に説明せよ。

[問6]　下線部eの経営形態の1つである施設園芸農業を，簡潔に説明せよ。

[問7]　下線部fに関し，日清戦争後の軍備拡張・製鋼業振興政策により，現在の北九州市に建設され，1901年から操業された官営製鉄所を何というか，書け。

[問8]　下線部gに関し，環境省と経済産業省は，地域の産業蓄積などを活かした環境産業の振興を通じた地域振興，および地域の独自性を踏まえた廃棄物の発生抑制・リサイクル推進を通じた資源循環型経済社会の構築を目的とした事業に取り組んでいる。北九州市は，1997年にこの事業の承認を受けた。この事業を何というか，書け。

(☆☆☆☆◎◎◎)

【3】次の文を読んで，あとの[問1]～[問9]に答えよ。

　アメリカ合衆国は，民族や文化が多様である。ヨーロッパからの移民は，大西洋岸に植民地を建設し，建国と発展の原動力となり，政治・経済・文化に主導的な役割を果たしてきた。

　今日，アメリカ合衆国は，大型トラクターや航空機などを使用し，広大な土地で_a農業を行い，世界最大の穀物輸出国になっている。

　工業では，_bメガロポリスから五大湖周辺にかけて重工業が発達した。20世紀後半になると，[　　　]線の南側のサンベルトとよばれる地域に，新しい_c先端技術産業地域が形成された。資源の埋蔵量にも恵まれ，_dエネルギー資源の供給では，国際的な影響力を持っている。

　また，_e経済協定を結んだアメリカ合衆国，カナダ，_fメキシコの3国は，_gEUや東・東南アジアと並んで，_h世界経済の三極構造の一角をなしている。

[問1]　文中の[　　]にあてはまる緯度を，次のア～エの中から1つ選び，その記号を書け。

ア　北緯27度　　イ　北緯37度　　ウ　北緯47度　　エ　北緯57度

[問2]　下線部aに関し，次の(1)，(2)に答えよ。

(1)　フード・マイレージは，輸入農産物が環境に与える負荷を数値化するために考えられた指標である。その数値の算出方法を，簡潔に説明せよ。

(2)　次の表は，とうもろこし，大豆，小麦，砂糖きびの生産量(上位4か国：2011年)をそれぞれ表したものである。表中のA～Dにあてはまる農作物名を書け。

表　　　　　　　　　　　　　　　　　　　　　　　　　　　　(2011年)

農産物名	生産国：上位4か国　(%)	生産量(世界計)
A	中国(16.7)，インド(12.3)，ロシア(8.0)，アメリカ合衆国(7.7)	7.04億t
B	アメリカ合衆国(35.5)，中国(21.8)，ブラジル(6.3)，アルゼンチン(2.7)	8.83億t
C	アメリカ合衆国(31.9)，ブラジル(28.7)，アルゼンチン(18.7)，中国(5.6)	2.61億t
D	ブラジル(40.9)，インド(19.1)，中国(6.4)，タイ(5.3)	17.9億t

(「世界国勢図会2013/14版」から作成)

[問3]　下線部bについて，次の語句を使って簡潔に説明せよ。

連続

[問4]　下線部cに関し，ダラス，ヒューストンなどのアメリカ合衆国テキサス州にある集積回路，航空・宇宙産業などの先端技術産業が集積している地域を何というか，書け。

[問5]　下線部dに関し，次の表は，石炭(2009年)，原油(2012年)，天然ガス(2010年)，ウラン(2010年)の生産国(上位4か国)をそれぞれ表したものである。表中のA～Dにあてはまる国名を，あとのア～エの中から1つずつ選び，その記号を書け。

表

資源名	生産国：上位4か国　(%)	生産量(世界計)
石炭	A(54.2)，インド(9.7)，B(8.6)，D(5.4)	54.81億t
原油	C(13.9)，サウジアラビア(13.1)，B(8.5)，A(5.5)	43.58億kL
天然ガス	C(19.9)，B(18.2)，カナダ(4.9)，イラン(4.5)	126,529PJ
ウラン	カザフスタン(32.6)，カナダ(17.9)，D(10.8)，ナミビア(8.2)	54,670t

(「世界国勢図会2013/14版」から作成)

　　ア　アメリカ合衆国　　イ　中国　　ウ　オーストラリア
　　エ　ロシア

[問6]　下線部eに関し，アメリカ合衆国，カナダ，メキシコの3か国が関税の撤廃，金融や投資の自由化などを目指して，1994年に発効させた経済協定を何というか，書け。

[問7]　下線部fに関し，ヒスパニックを簡潔に説明せよ。

[問8]　下線部gについて，適切に述べているものを，次のア～エの中から1つ選び，その記号を書け。

　　ア　すべての加盟国で関税が廃止されている。
　　イ　ヨーロッパ州のすべての国が加盟国となっている。
　　ウ　すべての加盟国が単一通貨としてユーロを採用している。
　　エ　すべての加盟国に入国審査なしで自由に移動することができる。

[問9]　下線部hに関し，次の円グラフは，GDP(国内総生産)の多い国を表したものである。A～Dの国名の組み合わせとして正しいものを，下のア～エの中から1つ選び，その記号を書け。

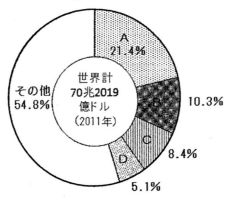

（「世界国勢図会2013/14年版」から作成)

　ア　A　中国　　　　　　　B　アメリカ合衆国
　　　　C　ドイツ　　　　　　D　日本
　イ　A　中国　　　　　　　B　日本

```
        C  アメリカ合衆国      D  ドイツ
   ウ  A  アメリカ合衆国      B  中国
        C  日本              D  ドイツ
   エ  A  アメリカ合衆国      B  日本
        C  ドイツ            D  中国
```

(☆☆☆☆◎◎◎)

【4】次のA～Eの文を読んで，あとの[問1]～[問9]に答えよ。

A

　　_a室町幕府は，3代将軍足利義満の時代に公武を統一した全国政権となった。しかし，応仁の乱以降は著しく弱体化し，戦国大名が割拠した。その後，織田信長，豊臣秀吉による統一事業を経て，_b江戸幕府による支配が確立した。

B

　　10代将軍徳川家治の時代に，老中の_c田沼意次は，商工業者の力を利用して幕府の財政を立て直そうとした。しかし，田沼は将軍家治が死去した後，すぐに老中を罷免された。そして，（　①　）が老中に就任し，_d11代将軍徳川家斉の補佐として囲米の制度や棄捐令を出すなどの改革を行った。

C

　　12代将軍徳川家慶のもとで，老中の水野忠邦は，風紀や出版を統制し，ぜいたくを禁じたほか，株仲間を解散させ，_e人返しの法を出した。さらに，_f江戸・大阪の周辺などを幕府の直接の支配地にしようとしたが，強い反対にあって失敗した。

D

　　幕府の大老となった（　②　）は，勅許を得ないまま日米修好通商条約の調印を強行した。（　②　）が暗殺され，その後，幕府の権威が衰えていく中，1867年に15代将軍徳川慶喜は，天皇に政権の返上を申し出た。一方，岩倉具視たちは，朝廷の実権をにぎって王政復古の大号令を出し，天皇を中心とする_g新政府を樹立した。

E
　　日本の産業革命は，<u>日清戦争前後</u>に繊維などの軽工業の分野で，
そして日露戦争前後に鉄鋼など重工業の分野で進行した。その後，
第一次世界大戦をきっかけとして，日本経済は，飛躍的に成長した。

[問1]　文中の①，②にあてはまる人物名を書け。

[問2]　下線部aにおいて，将軍を補佐する管領として，交代で任命さ
れた守護大名を，次のア～クからすべて選び，その記号を書け。
　　ア　畠山　　イ　新田　　ウ　斯波　　エ　今川　　オ　島津
　　カ　北条　　キ　藤原　　ク　細川

[問3]　下線部bに関し，次の(1)，(2)に答えよ。
　(1)　全国を支配するために確立した幕藩体制について，簡潔に説明
　　せよ。
　(2)　次のア～エは，江戸時代の後半に起こった出来事である。年代
　　の古い順に記号を並べよ。
　　ア　幕府は，漂流民返還と通商交渉のために来航したアメリカ商
　　　船モリソン号を，異国船打ち払い令にもとづいて，浦賀で砲撃
　　　した。
　　イ　シーボルトは，帰国の際，持ち出し禁止の日本地図を高橋景
　　　保から入手したことが発覚し，国外追放の処罰を受けた。
　　ウ　林子平は，「海国兵談」や「三国通覧図説」などをあらわし，
　　　海防の重要性を説いたが，人心を惑わせたとして処罰された。
　　エ　幕府は，蛮学社中の渡辺崋山と高野長英が幕府の対外政策を
　　　批判したとして，きびしく処罰した。

[問4]　下線部cが，株仲間を奨励した目的を，次の語句を使って簡潔
に説明せよ。
　　運上　　冥加

[問5]　下線部dの頃に栄えた化政文化の説明として，適切なものを次
のア～エの中から1つ選び，その記号を書け。
　　ア　文学では竹田出雲が，絵画では鈴木春信や円山応挙が活躍した。
　　イ　文学では井原西鶴や近松門左衛門が，絵画では尾形光琳が活躍

した。

　ウ　文学では坪内逍遙が，絵画では黒田清輝や狩野芳崖が活躍した。

　エ　文学では式亭三馬や十返舎一九が，絵画では司馬江漢が活躍した。

[問6]　下線部eについて，簡潔に説明せよ。

[問7]　下線部fに関し，江戸・大阪の周辺などを幕府の直接の支配地にして，財政の安定や海防に備えようとした法令を何というか，書け。

[問8]　下線部gに関し，次の資料を読んで，下の(1)，(2)に答えよ。

　…凡ソ天地ノ間一事一物トシテ税アラサルハナシ。以テ国用ニ充ツ。然ラハ則チ人タルモノ固ヨリ心力ヲ尽シ国ニ報セサルヘカラス。西人之ヲ称シテ血税ト云フ。＜略＞全国四民男児二十歳ニ至ル者ハ尽ク兵籍ニ編入シ，以テ緩急ノ用ニ備フヘシ。

（「法令全書」）

　(1)　この資料を何というか，書け。

　(2)　この資料が出された年に起こった出来事を，次のア～エの中から1つ選び，その記号を書け。

　ア　新政府軍は，函館の五稜郭にたてこもっていた旧幕府軍を降伏させた。

　イ　フランスの学区制にならい，全国を8大学区に分けるなど，近代的学校制度を定めた学制が公布された。

　ウ　新政府は，ロシアと樺太・千島交換条約を結び，樺太に持っていた権利をロシアにゆずり，そのかわりに千島全島を領有することになった。

　エ　埼玉県秩父地方で，農民たちが急増する負債の減免を求めて蜂起し，高利貸や警察，郡役所などをおそった。

[問9]　下線部hに関し，この頃，待遇改善や賃金引き上げを要求する工場労働者のストライキが始まり，1897年には全国で40件余り発生した。同年に，高野房太郎や片山潜らが労働組合の促進を目的に結成した組織を何というか，書け。

（☆☆☆◎◎◎）

【5】次の文を読んで，下の[問1]～[問7]に答えよ。

　　ₐ西アジアでは，紀元前6世紀の中頃に，アケメネス朝がおこり，第3代王のᵦダレイオスⅠ世の頃には，エーゲ海・エジプトからインダス川にいたる領域を支配した。しかし，紀元前330年，マケドニア王国の[　Ａ　]大王の東方遠征によって滅ぼされた。

　　6世紀中頃から7世紀の初頭にかけて，ササン朝と(　①　)帝国が抗争を繰り返していたため，紅海を経由して陸伝いに東地中海沿岸のシリアにいたる交易路が重要になり，メッカが商業都市として栄えた。メッカ出身のᵥムハンマドは，ムスリム(イスラーム教徒)のウンマ(共同体)を組織し，630年にメッカを征服してまもなくアラビア半島を統一した。

　　11世紀の中頃，(　②　)朝のトゥグリル＝ベクがブワイフ朝を倒しバグダードに入城した。そして，アッバース朝からスルタン(統治者)の称号を与えられ，西アジア一帯を支配した。その後，13世紀末にアナトリアに建国されたオスマン朝は，バルカン半島に進出し，1453年に(　①　)帝国を滅ぼした。さらに，1526年に当時スルタンであった[　Ｂ　]の時，ハンガリーを征服するなど，オスマン帝国として最盛期を迎えた。

　　しかし，ₔ第一次世界大戦に同盟国側として参戦したため，戦後，領土を削減されるなど，連合国による占領・半植民地の状態になった。そして，1919年から始まった(　③　)革命により，オスマン帝国が消滅した。ₑ第二次世界大戦の末期である1945年に，アラブ諸国の連帯を目的にアラブ連盟が結成された。

[問1]　文中の[　Ａ　]，[　Ｂ　]にあてはまる人物名を書け。

[問2]　文中の①～③にあてはまる語句を答えよ。

[問3]　下線部ₐに関し，紀元前12世紀頃，優れた造船・航海技術を生かして地中海交易を独占したのはどの民族か，次のア～エの中から1つ選び，その記号を書け。

　　ア　ヒッタイト人　　イ　アッカド人　　ウ　フェニキア人

　　エ　アラム人

[問4]　下線部bが首都スサを中心に整備した幹線道路を何というか，書け。

[問5]　下線部cにアッラーからくだされた啓示をまとめたものを何というか，書け。

[問6]　下線部dに関し，次の(1)〜(3)に答えよ。

(1)　1882年に締結された三国同盟の中で，大戦中に同盟から離脱した国はどこか，書け。

(2)　ドイツがおこなった3B政策について，ビザンティウムの位置を，次の地図中のA〜Dの中から1つ選び，その記号を書け。

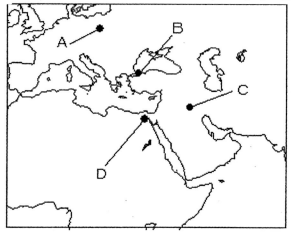

(3)　第一次世界大戦のきっかけとなったサライェヴォ事件を，簡潔に説明せよ。

[問7]　下線部eに関し，次のア〜エは，その大戦後の出来事を表している。年代の古い順に記号を並べよ。

ア　アジア・アフリカ会議(バンドン会議)が開催される。

イ　サンフランシスコ平和条約が結ばれる。

ウ　中ソ友好同盟相互援助条約が結ばれる。

エ　ニュルンベルク軍事裁判が始まる。

(☆☆☆◎◎◎)

【6】 次の文は，日本国憲法前文の一部である。これを読んで，下の[問1]〜[問5]に答えよ。

　　日本国民は，正当に_a選挙された_b国会における代表者を通じて行動し，われらとわれらの子孫のために，諸国民との協和による成果と，わが国全土にわたつて自由のもたらす恵沢を確保し，政府の行為によつて再び戦争の惨禍が起ることのないやうにすることを決意し，ここに主権が国民に存することを宣言し，この_c憲法を確定する。そもそも国政は，国民の[　A　]によるものであつて，その権威は国民に由来し，その権力は国民の代表者がこれを行使し，その福利は国民がこれを享受する。これは[　B　]であり，この憲法は，かかる原理に基くものである。われらは，これに反する一切の憲法，法令及び_d詔勅を排除する。

　　　(略)

[問1]　文中の[　A　]，[　B　]にあてはまる語句を書け。

[問2]　下線部aに関し，次の(1)，(2)に答えよ。

　(1)　2001年の参議院議員選挙の比例代表制から導入されたもので，ドント方式により各政党に割り当てられた議席数に対して，各政党の当選者が個人得票の多い順で決まる方式を何というか，書け。

　(2)　選挙運動統括責任者，出納責任者などが買収などの罪を犯して刑に処せられた場合は，候補者の当選が無効になる。この制度を何というか，書け。

[問3]　下線部bに関し，次の(1)〜(3)に答えよ。

　(1)　予算の議決が，衆議院と参議院で異なった場合，両院協議会が開かれるが，それでも意見が一致しなかった場合，予算の議決はどうなるか，簡潔に説明せよ。

　(2)　衆議院と参議院は，それぞれ総議員の3分の1以上の出席があれば，議事を開き議決することができる。この時，必要な議員の出席者数のことを何というか，書け。

　(3)　日本国憲法第54条第1項では，衆議院が解散された場合，解散の日から何日以内に総選挙を行うことと規定されているか，その

　　日数を書け。
　[問4]　下線部cに関し，次の(1)，(2)に答えよ。
　　(1)　大日本帝国憲法(明治憲法)の草案を審議し，憲法制定後は，天
　　　皇の最高諮問機関となった機関を何というか，書け。
　　(2)　次の文は，日本国憲法第3条である。文中の(　①　)，(　②　)
　　　にあてはまる語句を書け。
　　　　天皇の国事に関するすべての行為には，内閣の(　①　)を必要
　　　とし，内閣が，その(　②　)を負ふ。
　[問5]　下線部dを簡潔に説明せよ。

　　　　　　　　　　　　　　　　　　　　　　　　　　　(☆☆☆◎◎◎)

【7】次の[問1]～[問8]に答えよ。
　[問1]　1971年にイランで開かれた国際会議で採択された，水鳥の生息
　　　地として国際的に重要な湿地や沼に生息する動植物を保護するため
　　　の条約を何というか，書け。
　[問2]　雇用形態について，次の(1)，(2)に答えよ。
　　(1)　ワークシェアリングを簡潔に説明せよ。
　　(2)　労働者が，週40時間の労働時間を超えない範囲で，始業・終業
　　　時間を自由に決めることができる制度を何というか，書け。
　[問3]　職務遂行能力に応じて支払われる給与制度を何というか，書け。
　[問4]　アダム・スミスの考え方を発展させて，比較生産費説によって
　　　国際分業による自由貿易の促進を主張したイギリスの古典派の経済
　　　学者は誰か，書け。
　[問5]　中東諸国の石油やスリランカの茶など，国の経済が単一，また
　　　は少数の一次産品の生産や輸出に依存する経済体制を何というか，
　　　書け。
　[問6]　労働者の権利について，次の(1)，(2)に答えよ。
　　(1)　次の文は，労働基準法第34条第1項である。文中の(　①　)～
　　　(　⑤　)にあてはまる数字や語句を書け。
　　　　使用者は，労働時間が(　①　)時間を超える場合においては少

なくとも（　②　）分，（　③　）時間を超える場合においては少なくとも（　④　）時間の休憩時間を労働時間の（　⑤　）に与えなければならない。

(2)　日本国憲法第28条に定められている労働三権をすべて書け。

[問7]　男女雇用機会均等法及び労働基準法の改正により，1999年以降，女性の深夜労働は何歳以上であれば可能になったか，次のア～エの中から1つ選び，その記号を書け。

ア　16歳以上　　　イ　18歳以上　　　ウ　20歳以上　　　エ　22歳以上

[問8]　ノーマライゼイションを簡潔に説明せよ。

(☆☆☆◎◎◎)

地 理・歴 史

【1】次の文を読み，[問1]～[問10]に答えよ。

　イェルサレムは，3つの大きな宗教の聖地とされている。この地を最初に聖地としたのはユダヤ教である。唯一神ヤハウェを信じたヘブライ人の王国は，ダヴィデ王とそれにつづく[　A　]王の時代にイェルサレムを中心に繁栄した。[　A　]王の死後，王国はイスラエルとユダの2王国に分裂し，イスラエルはアッシリアに，ユダは新バビロニアによって征服され，住民の多くが強制移住を強いられた。特にb新バビロニアへの強制移住は長く後世に記憶されることになる。

　その後，イェルサレムは，アケメネス朝ペルシアやcアレクサンドロス大王などの支配を受け，やがてローマ帝国の属州となった。イエスがイェルサレムで属州総督によって十字架刑に処せられ，復活したとされることから，dキリスト教にとっても，この地は聖地とされることになる。

　e東ローマ帝国の衰退にともないイェルサレムは，イスラーム勢力の支配を受けることになった。イスラーム教にとってもイェルサレムは，fメッカ，メディナにつぐ聖地とされている。

19世紀，ヨーロッパで_g排外的なナショナリズムや反ユダヤ主義が台頭する中，シオニズムが提唱されはじめた。_h第一次世界大戦中，イギリスがシオニズムへの援助を示したことにより，しだいにユダヤ人のパレスティナへの移住が進んだ。世界各地に離散していたユダヤ人の中には，_i迫害や差別を乗り越えて科学・文化面で活躍した人物が多くいる。

[問1] [　A　]にあてはまる人物名を書け。

[問2] 下線aの滅亡後，オリエントには4王国が分立した。4王国のうち新バビロニア以外の3つの国名を書け。

[問3] 下線bを何と呼ぶか，書け。

[問4] 下線cに関し，次の(1)，(2)に答えよ。

(1) アレクサンドロス大王の東方遠征からプトレマイオス朝エジプトの滅亡までの約300年間を何時代と呼ぶか，書け。

(2) アレクサンドロス大王の東方遠征により，ギリシアやオリエントの共通語となったギリシア語を何と呼ぶか，書け。

[問5] 下線dに関し，ローマ帝国でキリスト教が国教化されていく過程を，次の語句をすべて用いて，50字以内で書け。

　　　コンスタンティヌス帝　　テオドシウス帝　　ミラノ勅令

[問6] 下線eに関し，次の(1)，(2)に答えよ。

(1) 旧ローマ帝国領の大半を回復した皇帝は誰か，書け。

(2) 異民族の侵入に備えて採用された軍管区制を何と呼ぶか，書け。

[問7] 下線fに関し，622年ムハンマドが迫害を避けメッカからメディナに移住したことを何と呼ぶか，次のア～エの中から1つ選び，その記号を書け。

　　　ア　ジズヤ　　イ　ジハード　　ウ　ハラージュ

　　　エ　ヒジュラ

[問8] 下線gに関し，フランスで起きたユダヤ系軍人に対するスパイ容疑事件を何と呼ぶか，書け。

[問9] 下線hに関し，次の(1)，(2)に答えよ。

(1) 1917年に出された宣言を何と呼ぶか，書け。

(2)　パレスティナについて，1915年，イギリスは，アラブ人にトルコからの独立を約束した。この協定を何と呼ぶか，書け。

[問10]　下線iに関し，相対性理論を発表した物理学者で，ナチスの迫害を避けてアメリカに亡命した人物は誰か，書け。

(☆☆☆◎◎◎)

【2】次の文を読み，[問1]～[問9]に答えよ。

殷王朝を滅ぼした周王朝は，一族や功臣のほか，有力氏族の首長を世襲の諸侯とし，a封土を与え統治をまかせる支配体制をつくりあげた。また周王は天子と称し，殷王と同じく天帝の権威のもとに諸侯を従わせた。

東周の時代になると，天子の権威は急速に衰え，諸侯が自立しはじめた。諸侯たちは，氏姓制にとらわれず実力ある者を官僚に登用していった。b春秋戦国時代，政治や社会のあり方をめぐる多彩な思想が生まれ，c諸子百家と呼ばれる思想家たちがあらわれた。

西方の後進地域にあった秦は，[　　]の商鞅を登用して富国強兵のための改革を断行し，戦国の七雄の一つに成長し，政王のとき，中国を統一した。政王は，d始皇帝と称し，郡県制を全国に施行し，貨幣や文字の統一をはかり，e焚書・坑儒による思想統制をおこなうなど，皇帝権力の絶対化と中央集権化をおしすすめた。しかし，始皇帝の死後まもなくf中国史上最初の農民反乱などがおこり，秦は統一後わずか15年で滅亡した。

秦末の動乱の中，農民出身のg劉邦が中国を統一し，長安を都として漢王朝を成立させた。その後，第7代h武帝の時代，漢は最盛期をむかえた。

[問1]　[　　]にあてはまる諸子百家の学派名を書け。

[問2]　下線aの支配体制を何と呼ぶか，書け。

[問3]　下線bに関し，春秋時代と戦国時代の諸侯たちの周王室に対する考え方の違いを簡潔に書け。

[問4]　下線cに関し，儒家の祖は誰か，書け。

[問5]　下線dの陵の墓域に埋められた数千体の陶製の人馬像を何と呼ぶか，書け。

[問6]　下線eを簡潔に説明せよ。

[問7]　下線fに関し，次の(1)，(2)に答えよ。

(1)　この農民反乱を何と呼ぶか，書け。

(2)　この農民反乱の指導者が述べたとされる言葉を，次のア～エの中から1つ選び，その記号を書け。

　　ア　朕は国家なり

　　イ　代表なくして課税なし

　　ウ　王侯将相いずくんぞ種あらんや

　　エ　上品に寒門なく，下品に勢族なし

[問8]　下線gと覇権を争い敗れた楚の武将は誰か，書け。

[問9]　下線hに関し，次の(1)，(2)に答えよ。

(1)　地方長官が有徳者を中央に推薦して官吏とする制度を何と呼ぶか，書け。

(2)　物価低落時に余剰商品を政府が購入して，物価高騰時に売り出し，政府収入の増大と物価の維持を図った法を何と呼ぶか，書け。

(☆☆☆◎◎◎)

【3】次の文を読み，[問1]～[問10]に答えよ。

　592年，推古天皇が即位し，蘇我馬子や推古天皇の甥の[　1　]らと協力して国家組織の形成を進めた。中国との外交も再開され，607年には_a遣隋使を派遣，その後_b隋が滅んで唐がおこり，強大な帝国をきずくと，倭は遣唐使を派遣し，東アジアの動向に応じて中央集権体制の確立を目指した。

　13世紀には，フビライ＝ハーンが，日本に対してたびたび朝貢を強要し，鎌倉幕府の執権[　2　]がこれを拒否したので，元は2回にわたり九州北部にせまった。_c鎌倉幕府は元の襲来に備えて九州北部の要地の警備を強化した。

　1641年，徳川幕府はオランダ商館を長崎の出島に移し，オランダ人

301

と日本人との自由な交流を禁じ，以後日本は200年余りの間，オランダ，中国，d朝鮮，e琉球王国以外の諸国との交渉を閉ざすことになった。しかし，徳川幕府は1854年に日米和親条約を結び，鎖国政策を転換した。1858年，大老f井伊直弼はg日米修好通商条約の調印を断行し，徳川幕府はオランダ，イギリス，フランス，[　3　]とも同様の条約を結んだ。

[問1]　[　1　]にあてはまる人物名を書け。

[問2]　[　2　]にあてはまる執権は誰か，次のア〜エの中から1つ選び，その記号を書け。

　　ア　北条時政　　イ　北条義時　　ウ　北条泰時　　エ　北条時宗

[問3]　[　3　]にあてはまる国名を書け。

[問4]　下線aに同行した留学生で，のちに国博士に登用されたのは誰か，1人書け。

[問5]　下線bに関し，答礼使として裴世清を日本へ派遣した皇帝は誰か，書け。

[問6]　下線cのために，おもに九州地方の御家人に課せられた番役を何と呼ぶか，書け。

[問7]　下線dが将軍就任の慶賀のため徳川幕府に派遣した使節を何と呼ぶか，書け。

[問8]　下線eが国王の就任を感謝するため徳川幕府に派遣した使節を何と呼ぶか，書け。

[問9]　下線fが暗殺された事件を何と呼ぶか，書け。

[問10]　下線gについて，正しく述べられている文を，次のア〜エの中から1つ選び，その記号を書け。

　　ア　日本に滞在する条約締結国民への領事裁判権については認められなかった。

　　イ　関税については相互で協定して決める協定関税を定めた。

　　ウ　開港場に居留地を設け，一般外国人の国内旅行についても認められた。

　　エ　神奈川，長崎，新潟，兵庫の開港が定められ，新潟を除く港が

実際に開港された。

(☆☆☆◎◎)

【4】次のA～Eの史料を読み，[問1]～[問8]に答えよ。

A　定　安土山下町中

一，当所中[　1　]として仰せ付けらるるの上は，諸座・諸役・諸公事等，ことごとく免許の事。

一，普請免除の事。

一，分国中徳政これを行うといえども，当所中免除の事。

(近江八幡市共有文書，原漢文)

B　一，近年 _a御府内 江入り込み，裏店等借請居り候者の内ニハ妻子等も之無く，一期住み同様のものも之有るべし。左様の類ハ早々村方 江呼戻し申すべき事。

『牧民金鑑』

C　第一条　支那国政府ハ独逸国カ[　2　]省ニ関シ条約其他ニ依リ支那国ニ対シテ有スル一切ノ権利利益譲与等ノ処分ニ付日本国政府カ独逸国政府ト協定スヘキ一切ノ事項ヲ承認スヘキコトヲ約ス

『日本外交年表竝主要文書』

D　_b現内閣ハ _c一銀行一商店ノ救済ニ熱心ナルモ，支那方面ノ我ガ居留民及対支貿易ニ付テハ何等施ス所ナク，唯々我等ノ耳ニ達スルモノハ，其ノ惨憺タル暴状ト，而シテ政府ガ弾圧手段ヲ用ヒテ，之等ノ報道ヲ新聞ニ掲載スルコトヲ禁止シタルコトナリ。

『伯爵伊東巳代治』

E　第一条　本法ニ於テ[　3　]トハ戦時ニ際シ国防目的ノ達成ノ為，国ノ全力ヲ最モ有効ニ発揮セシムル様，人的及物的資源ヲ統制運用スルヲ謂フ

『官報』

[問1]　[　1　]～[　3　]にあてはまる語句を書け。

[問2]　史料Aの令を1577年に安土城下町に出したのは誰か，書け。

[問3]　下線aの都市はどこか，次のア～エの中から1つ選び，その記号を書け。

　　ア　京都　　イ　大坂　　ウ　江戸　　エ　博多

[問4]　史料Bの政策を実施した老中は誰か，書け。

[問5]　史料Cを袁世凱政府に要求した時の内閣総理大臣は誰か，書け。

[問6]　下線bの内閣はどれか，次のア～エの中から1つ選び，その記号を書け。

　　ア　田中義一内閣　　イ　加藤高明内閣　　ウ　若槻礼次郎内閣

　　エ　原敬内閣

[問7]　下線cの銀行はどれか，次のア～エの中から1つ選び，その記号を書け。

　　ア　東京渡辺銀行　　イ　台湾銀行　　ウ　安田銀行

　　エ　第一銀行

[問8]　史料Eにもとづき1939年に平沼騏一郎内閣が制定した法令を，次のア～エの中から1つ選び，その記号を書け。

　　ア　小作料統制令　　　　イ　軍需工業動員法

　　ウ　輸出入品等臨時措置法　　エ　国民徴用令

(☆☆☆◎◎◎)

【5】次の文を読み，[問1]～[問7]に答えよ。

　資源には，水，a食料，b木材など多くの種類があり，それらを消費することで，私たちの生活は支えられている。

　鉱産資源は，エネルギー資源，c金属資源，非金属資源に大別され，エネルギー資源とは，熱，光，動力などの源となるdエネルギーを供給する資源のことである。産業革命以前は，木材を用いた薪や炭，風力，水力など，おもに再生可能な資源が用いられていたが，産業革命以後は石炭がエネルギー資源の中心となり，1960年代後半には，eエネルギー資源の中心は石炭から石油に変化した。その後は石油がエネルギー資源の中心を担ってきたが，f石油を取り巻くさまざまな問題から，近年は省エネルギーやg石油代替エネルギーの開発が求められて

いる。

[問1]　下線aに関し，次の(1)，(2)に答えよ。

(1)　品種改良や栽培技術の改善を行って高収量の農産物を生産し，発展途上地域の食糧問題の解消を図ろうとする技術革新のことを何と呼ぶか，書け。

(2)　先進国が発展途上国の農産物などを適正な価格で購入し，発展途上国が自立することをめざす貿易を何と呼ぶか，書け。

[問2]　下線bに関し，次のグラフは2012年の木材の主要輸出国を表したものである。Ａにあてはまる国を，下のア〜エの中から1つ選び，その記号を書け。

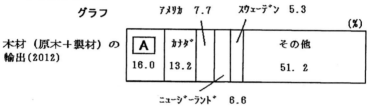

(『データブック　オブ・ザ・ワールド2014』から作成)

ア　ブラジル　　イ　ロシア　　ウ　中国　　エ　インド

[問3]　下線cに関し，正しく述べられている文を，次のア〜エの中から1つ選び，その記号を書け。

ア　良質の鉄鉱石は，安定陸塊に多く分布し，ブラジル，オーストラリア，アメリカの3か国で世界の産出量の約6割を占めている。

イ　コンゴ民主共和国とザンビアの国境地帯は，カッパーベルトと呼ばれる銅鉱の産出地帯である。

ウ　中国，インドネシアで多く産出されるすずを精錬してアルミニウムをつくるには，大量の電力が必要である。

エ　ニッケルやクロム，コバルトなどは，流通量，資源量の少ない希少な金属で，レアアースと呼ばれている。

[問4]　下線dに関し，次の表は，ブラジル，中国，ドイツ，日本における火力，水力，原子力，風力，太陽光の発電量を表している。表中のア〜エのうち，ドイツはどれか，その記号を書け。

表　　　　　　　　　　　　　　　　　　　　　　(億kWh)

国名	火力	水力	原子力	風力	太陽光
ア	33319	7222	739	446	346
イ	7299	907	2882	40	38
ウ	4116	274	1406	378	117
エ	980	4033	145	－	－

(『データブック　オブ・ザ・ワールド2014』から作成)

[問5]　下線eを何と呼ぶか，書け。また，このように変化した理由を，輸送方法に着目して簡潔に書け。

[問6]　下線fに関し，次の(1)，(2)に答えよ。

(1)　1997年，石油などの化石燃料を大量に消費することにより発生する二酸化炭素など，温室効果ガスの具体的な削減目標を定めた国際会議が開催された都市はどこか，書け。

(2)　発展途上国などにみられる，自国内の石油などの天然資源に対する主権の確立や，それらをもとに自国の経済発展を図ろうとする動きのことを何と呼ぶか，書け。

[問7]　下線gの1つで，「燃える氷」と呼ばれているものを，次のア～エの中から1つ選び，その記号を書け。

ア　オイルサンド　　　　　イ　シェールガス
ウ　メタンハイドレート　　エ　バイオエタノール

(☆☆☆◎◎◎)

【6】次の文を読み，[問1]～[問7]に答えよ。

　東南アジアの国々は，多くの民族が混在する_a多民族国家となっている。インドシナ半島を中心とする大陸部の平原地帯では，古くから_b稲作がさかんに行われてきた。また，19世紀以降，欧米諸国による植民地支配のもとで_cプランテーションが数多く開かれてきた。

　1970年代からは，外国企業を積極的に誘致し，_d輸出加工区を設置するなど，輸出指向型の工業化を進めた。特に，シンガポールは積極的に工業化政策を進め，_eアジアNIEsの一員にまで成長した。シンガ

ポール南西部には東南アジア最大の[　　　]工業地区がある。

[問1]　[　　　]にあてはまる語句を書け。

[問2]　下線aの1つであるマレーシアが行っている，ブミプトラ政策を簡潔に説明せよ。

[問3]　下線bに関し，次の(1)，(2)に答えよ。

(1)　減水期に直播きされ，水位が上昇するにつれ穂先を水面から出して生長する稲を何と呼ぶか，書け。

(2)　次の表は，米の生産量と輸出量の上位5か国を表したものである。表中の[　ア　]，[　イ　]にあてはまる国名を書け。

表

生産国	単位(千t)	輸出国	単位(千t)
[　ア　]	202667	[　イ　]	8940
インド	155700	ベトナム	6886
インドネシア	65741	パキスタン	4180
バングラデシュ	50627	アメリカ合衆国	3783
ベトナム	42332	インド	2225

（『世界国勢図会2013/14』から作成）

[問4]　下線cに関し，次のグラフはある農産物の主な輸出国を表したものである。この農産物は何か，下のア〜エの中から1つ選び，その記号を書け。

グラフ

世界生産量 3532万 t	インドネシア 46.1%	マレーシア 41.7%	その他 12.2%

（『世界国勢図会2013/14』から作成）

ア　パーム油　　イ　コーヒー豆　　ウ　茶　　エ　キャッサバ

[問5]　下線dを簡潔に説明せよ。

[問6]　下線eに関し，次の表はアジアNIEsの国・地域における国内総生産と1人あたりの国内総生産を表したものである。表中のア〜エのうち，香港はどれか，その記号を書け。

表

国・地域	国内総生産(百万ドル)	1人あたりの国内総生産(ドル)
ア	1116247	23067
イ	259850	50087
ウ	464009	20006
エ	243302	34161

(『世界国勢図会2013/14』から作成)

[問7] 次の(1)，(2)に答えよ。

(1) 図中のXで示した海峡を何と呼ぶか，書け。

(2) 次のⅠ～Ⅲの文にあてはまる国を，図中のA～Fからそれぞれ1つずつ選び，その記号を書け。

Ⅰ ミンダナオ島を中心に，イスラム教徒のモロ民族が，独立を目指し，武力闘争を続けている。

Ⅱ ドイモイ政策をもとに国づくりを推進し，社会主義型市場経済を目指している。

Ⅲ 19世紀以降，周辺諸国が欧米の植民地となる中で緩衝国として独立を保ち続けた。

図

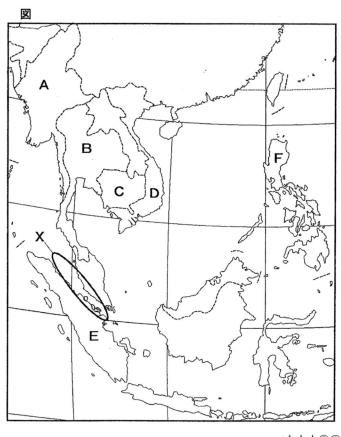

(☆☆☆○○○)

【7】次の文は，平成26年1月に一部改訂された高等学校学習指導要領解
説　地理歴史編(平成22年6月　文部科学省)に示されている，(内容の
取扱い)の一部である。文中の[　①　]~[　⑧　]にあてはまる語句を
書け。

日本史B

　　我が国の領土がロシアなどとの間で国際的に画定されたことを考
　察させるとともに，我が国が国際法上正当な根拠に基づき[　①　]，

[　②　]を正式に領土に編入した経緯も取り上げる。

地理Ａ

　　我が国が当面する領土問題については，[　③　]や[　①　]は我が国の[　④　]であるが，それぞれ現在ロシア連邦と韓国によって不法に占拠されているため，[　③　]についてはロシア連邦にその返還を求めていること，[　①　]については韓国に対して累次にわたり抗議を行っていることなどについて，我が国が正当に主張している立場を踏まえ，理解を深めさせることが必要である。なお，[　②　]については，我が国の[　④　]であり，また現に我が国がこれを有効に支配しており，解決すべき領有権の問題は存在していないことについて理解を深めさせることが必要である。

地理Ｂ

　　自然豊かな我が国は，その表裏をなす自然災害の猛威に苛まれることも多く，[　⑤　]という未曾有の試練を経験した今日，自然との共生を図りつつ将来の日本の国土像を生徒自らが探究することが大切である。例えば自然災害については，[　⑥　]対策にとどまらず，災害時の対応や復旧，復興を見据えた視点からの取扱いも大切である。その際，消防，警察，[　⑦　]，自衛隊をはじめとする国や地方公共団体の諸機関や担当部局，地域の人々や[　⑧　]などが連携して，災害情報の提供，被災者への救援や救助，緊急避難場所の設営などを行い，地域の人々の生命や安全の確保のために活動していることなどにも触れることが必要である。このような学習を通して，日本の将来への夢と希望を抱き，安全で平和な国土を形成する資質や能力を育成することが大切である。

（☆☆☆◎◎◎）

解答・解説

中　学　社　会

【1】問1　習得－活用－探究の考え方を基にしながら，学習内容や学習活動を段階的に発展，深化できるようにするため　問2　我が国が独立を回復して国際連合に加盟したこと　問3　A　収集　B　選択

〈解説〉問1　本問で問われているのは，地理の学習内容の構成について，3つの大項目から，「世界の様々な地域」「日本の様々な地域」の2つの大項目で再構成したことについての意義である。すなわち，世界と日本を地理的に認識していくための座標軸を形成するために，まず世界と日本の地域構成に関する学習を行うこと，次に世界各地の人々の生活の多様性を理解し，または日本全体を大観すること，その後に世界と日本のそれぞれの諸地域の地域的特色について学ぶこと，最後に調べ学習を行うことで構成されている。　問2　本問で問われている「国際社会への復帰」とは，1951年に我が国と連合国とのあいだで結ばれた「サンフランシスコ平和条約」による独立の回復と，1956年の「国際連合」への加盟による国際社会への復帰を意味していることを正確に答えたい。　問3　ITの急速な普及と進展による社会の高度情報化を背景に，社会科教育のあり方において，情報リテラシー能力の育成が問われている。情報リテラシー能力とは，情報機器の操作のみならず，情報収集にあたって主体的に情報源とそこから得られる情報の取捨選択をおこない，それらを処理し，活用できる能力をいう。

【2】問1　①　カルデラ　②　関東ローム　③　エコツーリズム　問2　偏西風　問3　ア　長崎県　イ　鹿児島県　ウ　福岡県　エ　大分県　問4　白神山地　問5　(1)　ヒートアイランド現象　(2)　都市中心部の人口が，生活環境の悪化や地価の高騰により減少し，

都市周辺部の人口が増加する現象　　問6　ガラス温室やビニルハウスなどの加温，保温施設を使って行われる農業　　問7　八幡製鉄所　問8　エコタウン事業

〈解説〉問1　①　阿蘇山と同じ陥没によるカルデラ火山はほかに箱根山が，爆発によるものは三原山と磐梯山がある。　②　関東平野で赤褐色の粘土質の火山灰土である関東ローム層が広がる台地には，武蔵野台地・多摩丘陵・相模原・常総台地がある。　③　「エコツーリズム推進法」の基本理念は「自然環境の保全」「観光振興」「地域振興」「環境教育の場としての活用」である。　問2　偏西風は，両半球ともに西寄りの風となる。偏西風のなかで，特に強い帯状の気流をジェット気流という。　問3　4県の中でもっとも漁業が盛んであるアは長崎県で，北海道に次いで第2位である(2010年)。農業産出額が最も大きいイは鹿児島県で，全国で第4位である(2012年)。4県の中でもっとも工業が発展しているウは福岡県である。大分県は九州では福岡県に次ぐ工業地域で，近年は自動車や半導体産業の集積が進んでいる。

問4　日本で世界自然遺産に登録されている地域は白神山地(青森・秋田，1993年)，屋久島(鹿児島，1993年)，知床(北海道，2005年)，小笠原諸島(東京都，2011年)である。　問5　(1)　ヒートアイランド現象とは，高温域が都市を中心に島の形状に分布すること。猛暑日や熱帯夜が増加するなど，生活環境の変化や健康被害などの悪影響を引き起こしている。人為的に引き起こされた気温上昇である点は地球温暖化と共通するが，そのメカニズムや規模は異なる。　問6　温暖な地方や都市近郊でみられる。資金や労力を多く必要とするが，促成栽培や抑制栽培などによって端境期にも出荷できるため，収益性は高い。

問8　エコタウン事業は，資源循環型経済社会の構築を目的として，地方自治体が地域住民や地域産業と連携しつつ取り組む先進的な環境調和型まちづくりを支援するものである。北九州市は制度が創設された1997年に，長野県飯田市，川崎市，岐阜県とともに承認された。

【3】問1　イ　　問2　(1)　農産物の量(t)に食料の生産地から食卓までの輸送距離(km)をかけたもの　　(2)　A　小麦　　B　とうもろこし　C　大豆　　D　砂糖きび　　問3　大都市とその間の多数の中小都市が様々な機能で結びついた連続した帯状の大都市群　　問4　シリコンプレーン　　問5　A　イ　　B　ア　　C　エ　　D　ウ　問6　NAFTA(北米自由貿易協定)　　問7　メキシコなどの中南米から，アメリカに移り住んだスペイン語を話す人々　　問8　ア　問9　ウ

〈解説〉問1　一方，かつて工業の中心地であったメガロポリスから五大湖周辺にかけてはスノーベルトとよばれる。　問2　(1)　食料の輸入を見直し，地産地消(その地域で生産された農産物をその地域内で消費すること)の必要性を考えさせるものである。　(2)　A　20年前の4か国の小麦生産量を比較すると，アメリカは中国に次いで世界第2位であったが，現在はインドとロシアに追い抜かれている。しかし，貿易面でみれば，アメリカは世界第1位の小麦輸出国で20％以上を占めている。　B　アメリカはとうもろこしの世界第1位の生産国であり，輸出国(約42％)でもある。　C　アメリカは大豆の世界第1位の生産国であり，輸出国(約38％)でもある。中国は第4位の生産国ではあるが，第1位の輸入国(約60％)でもある。　D　砂糖きびの生産は南アメリカがもっとも大きい割合(約46％)を占めるが，そのうちほとんどがブラジル産である。　問3　メガロポリスは巨帯都市ともいう。この呼称は，古代ギリシアの都市国家の名前にちなんだもの。メガロポリスは人口の集積のみならず，政治・経済・産業・文化の中枢としての機能をもっており，交通・通信網の発達は国内外を結んでその発展に寄与している。　問4　アメリカの先端技術産業の集積地は，それぞれの地域の風土的な特徴を生かした名称でよばれている。たとえば，サンフランシスコ郊外のサンノゼなどの工業都市はシリコンヴァレー(谷)，シアトルなどが位置するオレゴン州の森林地帯の工業都市はシリコンフォレスト，コロラド州デンバーはシリコンマウンテンほか，いろいろな種類がある。　問5　石炭は1990年代から，生産国第1位の中国が圧

倒的なシェアを占め続けている。アメリカは第2位の生産国であったが，近年インドに追い抜かれて第3位となった。ロシアは原油と天然ガスともに世界第1位の生産国である。原油についてロシアはサウジアラビアに次ぐ第2位の生産国であったが，近年は第1位となっている。しかし，貿易については依然としてサウジアラビアがロシアを上回っており，世界第1位の輸出国である。天然ガスについては1990年ごろにはすでにロシアは第1位の生産国であり，また貿易についても同じく第1位の輸出国であって2位の国との格差も大きい。アメリカは天然ガスの生産についてロシアとほぼ拮抗しているが，輸出量はそれほど大きくない。オーストラリアはウランの生産が世界第3位である。石炭については，生産量はそれほど大きくないが，輸出については世界シェアの約27％を占めて第1位である。　問6　加盟国間の関税障壁などを撤廃して自由貿易圏を形成し，財・サービス・人・資金の移動もすべて自由化しようとする地域経済統合のひとつである。1989年にアメリカとカナダのあいだで結ばれた自由貿易協定にメキシコが加わって1994年に発効された。　問7　歴史的には欧州系移民が多かったが，1960年以降，中南米系とアジア系の移民が増え，とくに近年はヒスパニック系の人口が急速に増大し，最大の少数民族グループとなった(2010年全米人口の16.3％)。2050年には4人に1人はヒスパニック系になるといわれている。　問8　イ　アイスランド・ノルウェー・スイス・ロシア・ベラルーシ・ウクライナ・モルドバなどの欧州諸国は非加盟である。　ウ　EU加盟28か国のうち，ユーロを導入しているのは18か国である。そのほか，アンドラ・モンテネグロ・コソボの3か国は法定通貨ではないが実質的に通貨として流通させている。イギリス・デンマーク・スウェーデンなどはユーロを導入していない。

エ　EU加盟28か国の内22か国と欧州自由貿易協定(EFTA)加盟4か国(スイス・リヒテンシュタイン・ノルウェー・アイスランド)の26か国は「シェンゲン圏」という領域を形成し，EU市民であるかEU域外国人であるかにかかわらず，旅券検査などの出入国審査が廃止されている。問9　2010年に中国は日本を抜いてGDP世界第2位となった。日本の

GDPは低成長が続いているが，中国は高い成長率を示している(OECD
の試算によれば，日本の2014年の実質GDP成長率は前年比1.2％，中国
は7.4％)。

【4】問1　①　松平定信　　②　井伊直弼　　問2　ア，ウ，ク
　問3　(1)　幕府が諸藩を従え，幕府と藩の力で全国の土地と人民を支
配する政治制度のこと　　(2)　ウ→イ→ア→エ　　問4　株仲間に営
業を独占させるかわりに，運上や冥加などを納めさせるため
　問5　エ　　問6　農民の江戸への流入を禁止し，江戸に流入した農民
も長年商売をし妻子を持ち，江戸人別帳に記載された者以外は帰農さ
せた法　　問7　上知令　　問8　(1)　徴兵告諭　　(2)　イ
　問9　労働組合期成会
〈解説〉問1　①　松平定信の「寛政の改革」は，江戸幕府三大改革の一
　つで，祖父にあたる8代将軍徳川吉宗の「享保の改革」を模範に，田
　沼時代の政治の粛正を図り，倹約令や棄捐令(御家人の借金救済)，旧
　里帰農令(都市政策)，囲米(穀物の備蓄)，七分積金制(貧民救済策)，人
　足寄場(授産所)設置などの施策によって幕藩体制の立て直しに努めた。
　思想面では儒学を振興し，湯島聖堂の学問所における朱子学以外の学
　派の講義・研究を禁じる「寛政異学の禁」を発布した。　②　井伊直
　弼は，一橋派や尊王・攘夷派の反対にもかかわらず，将軍継嗣決定や
　アメリカの総領事ハリスと初めての不平等条約である日米修好通商条
　約の締結，さらに安政の大獄による反対派の弾圧などにおいて強硬な
　独裁路線をとった。　問2　三管領とよばれ，有力守護大名である畠
　山・斯波・細川の各家から交代して就任した。管領に次ぐ要職の侍所
　の所司に就任した守護大名は，山名・赤松・一色・京極の各氏である
　ことも知っておきたい。　問3　(1)　幕藩体制の理解の要点となるの
　は，将軍と大名の安定した主従関係の構築である。土地と人民を村請
　制(村を単位として年貢や諸役納入を村の責任でおこなう制度)を通じ
　て，各々の藩ごとに大名に支配させて地方政権を確立し，それを中央
　の将軍が統治する仕組みは，250年余りの長期にわたる幕政を支えた。

(2)　ア　1837年のできごとである。この事件を批判した蘭学者に対する弾圧として，蛮社の獄が起こった。　イ　1828年のできごとである。高橋景保は天文学者で幕府天文方の役人。ここでいう日本地図とは高橋が完成させた伊能図とよばれる「大日本沿海輿地全図」である。
ウ　1792年のできごとである。兵学書「海国兵談」とはロシアの南下を警告し外国に対して防備の必要性を唱えて，軍備と戦術を図説したもの。「三国通覧図説」とは朝鮮・琉球・蝦夷地の三国と小笠原諸島について，海防の観点から図説したものである。　エ　1839年のできごとである。蘭学者の弾圧事件である蛮社の獄である。蘭学者の集団の蛮学社中の渡辺崋山と高野長英らが処罰された。　問4　株仲間とは，幕府や藩公認の商人・職人の独占的な組合のこと。運上・冥加を納めるかわりに，株とよばれる特定の職業・営業集団の成員としての権利の数を制限したり，組合外の営業を禁止したりした。運上(金)とは商工鉱業・漁業・運送業などに対する定率の営業税のこと。冥加(金)とは営業免許税のことで，本来は献金であったが，しだいに定率上納の運上に類するものになった。　問5　化政文化は，11代家斉将軍の治世の文化・文政期(1804～30)に栄えた江戸後期の町人文化。それまでの文化の中心地であった京・大坂に代わって，文芸・演芸・演劇・絵画などのあらゆる分野で江戸が中心となって新しい流行を生み出し，文化の大衆化が全国に広まっていった。　問6　松平定信の「寛政の改革」の旧里帰農令と区別しておきたい。いずれも同じ江戸人口の削減を図る都市政策と農村復興政策であるが，旧里帰農令が奨励にとどまったのに対し，人返し令は強制的な措置であった。
問7　上知令は「天保の改革」を実施した水野忠邦の幕政再建策のひとつ。全国に分散する幕領の集中による財政再建と海防強化を目的として，江戸・大坂の周辺の大名・旗本の知行地を没収して直轄領とし，そのために替地を命じられた大名・旗本の反対にあって失敗した。
問8　(1)　明治維新によって推し進められた近代化政策のうちの一つに，徴兵令に基づく国民皆兵の軍隊の創設がある。徴兵国論とは，1873年の徴兵令に先立つ72年に，全国徴兵の詔に続いて太政官から布

告された全国徴兵の告諭を指す。これは，武士階級の特権を廃止し，四民平等の理念の下で，国防を国民全体の義務として定めたものである。　(2)　アは1868年の戊辰戦争の最後の戦いである五稜郭の戦い，イは1872年に近代的な学校制度を定めた学制の公布，ウは1875年の樺太・千島交換条約，エは1884年の秩父事件である。　問9　労働組合期成会は1897年に，高野房太郎・片山潜らが職工義友会(アメリカから帰国した高野らが東京で結成)を改組して，労働組合の育成のために結成した。鉄工組合や日本鉄道矯正会などの結成を指導した。

【5】問1　A　アレクサンドロス　　B　スレイマンⅠ世
　問2　①　ビザンツ　　②　セルジューク　　③　トルコ　　問3　ウ
　問4　王の道　　問5　コーラン　　問6　(1)　イタリア　　(2)　B
　(3)　サライェヴォで，オーストリア皇位継承者夫妻が，セルビア系住民の青年に暗殺された事件　　問7　エ→ウ→イ→ア
〈解説〉問1　A　アレクサンドロス大王については，その父フィリッポス2世の時代のヘレニズム世界におけるマケドニア王国の隆盛，東方遠征によるペルシア，ギリシア，エジプトの制圧と大帝国の建設，少年期にアリストテレスに師事したこと等をおさえておくべきである。
　B　スレイマンⅠ世については，オスマン帝国最盛期の大帝であり，ハンガリーの支配やウィーン包囲，イラン・イラク遠征，バグダード攻略，北アフリカ進出，プレヴェザの海戦勝利と地中海制覇などをおさえておくべきである。　問2　①　ビザンツ(東ローマ)帝国はユスティニアヌス帝の治世にその領土を最大化し，最盛期を迎えた。このころササン朝ペルシアとの抗争が繰り返された結果，東西交易路のうち絹の道(シルクロード)とペルシア湾ルートは途絶した。　②　セルジューク朝はトルコ系スンナ派のイスラーム王朝である。スルタンとは，スンナ派イスラーム王朝の世俗君主の称号で，トゥグリル＝ベクがアッバース朝カリフ(イスラーム共同体指導者)より受けて最初に用いて以後，スンナ派王朝で使用された。　③　トルコ革命は，第一次世界大戦後の1919年から23年にかけての祖国解放運動である。

問3　フェニキア人は地中海沿岸にシドン，ティルスなどの都市国家を築き，クレタやミケーネが衰退した後は地中海貿易を独占し，カルタゴをはじめとする多くの植民市を建設した。前12世紀から前9世紀にかけての全盛期にはその交易範囲はイスパニアやイングランドそしてインド洋まで及んだ。　問4　王の道とは，イラン西南部スサから小アジア西部のサルデスに至る長距離の国道。100を超える宿駅が設けられて駅伝制も整備された。首都と地方が直結されたことで，経済・軍事・治安維持などに役立つばかりでなく，エーゲ海進出の要ともなった。　問5　コーランはイスラーム教の聖典で「読誦されるべきもの」の意。第3代カリフのウスマーン時代に集録された。信仰にかかわることのみならず，日常生活全般にわたる規制が記されている。
問6　(1)　三国同盟は，ドイツがフランスに対抗するために，1882年にイタリアとオーストリアのあいだで締結された。　(2)　3B政策とは，19世紀末から第一次世界大戦期までのドイツ帝国主義の植民地分割を目指した軍事力・経済力の中東地域への拡張計画を指す。ベルリン・ビザンティウム(イスタンブル)・バグダードの頭文字をとっている。ロシアの南下政策，イギリスの3C政策(カイロ・ケープタウン・カルカッタ)と対抗して，第一次世界大戦を前にして国際情勢に危機を招いた。なお，Aはベルリン，Cはバグダード，Dはカイロである。
(3)　サライェヴォ事件に関連して，オーストリアの背景にはドイツがあり，セルビアの背景にはロシアがあり，さらに三国同盟と三国協商の体制があったため，2国間の対立は世界大戦に発展する可能性を十分に内在していた。　問7　ア　1955年のできごとである。インドネシアのバンドンで開かれた。植民地主義反対と平和共存・基本的人権・国連憲章の尊重・人種と国家の平等などを訴えた平和十原則を採択した会議である。　イ　1951年のできごとである。アメリカをはじめとする48か国との平和条約であり，日本はこれを機に主権を回復した。ソ連ほか共産圏諸国は締結していない。　ウ　1950年のできごとである。中国とソ連が結んだ日本やアメリカを敵国視しての軍事同盟であった。1980年に解消された。　エ　1945年のできごとである。連

合国によるナチス＝ドイツの中心的指導者を裁いた国際軍事裁判を指す。

【6】問1　A　厳粛な信託　　B　人類普遍の原理　　問2　(1)　非拘束名簿式　　(2)　連座制　　問3　(1)　衆議院の議決が国会の議決となる　　(2)　定足数　　(3)　40日　　問4　(1)　枢密院　　(2)　①　助言と承認　　②　責任　　問5　天皇の意思を伝える文書

〈解説〉問1　憲法前文は出題が多いので，全文暗記しておくのが望ましい。本問では「国民主権」を謳った箇所であり，日本が間接民主主義を採用していることを示したものでもある。　問2　(1)　現在，参議院議員選挙で採用されている非拘束名簿式は，名簿では当選順位は決められておらず，有権者が候補者名または政党名のいずれかを記載して投票するので，有権者は当選させたい候補者を選ぶことができる。政党の総得票数は，候補者個人の得票と政党名の得票を合算したものとなる。　問3　(1)　衆議院の優越に関する規定である。予算の議決(日本国憲法第60条第2項)・条約の承認(第61条)・内閣総理大臣の指名(第67条第2項)に関して衆参両議院の議決が異なり，両院協議会でも意見が一致しないときは，衆議院の議決をもって国会の議決とする。(2)　衆参両議院で議事を開き議決するための定足数は，各議院の総議員の3分の1以上であり(日本国憲法第56条第1項)，出席議員の過半数をもって議決する(同条第2項)。ただし，憲法改正の発議については各議院の総議員の3分の2以上の賛成を必要とし(第96条1項)，あるいは法律案の衆議院での再議決は衆議院の出席議員の3分の2以上の賛成を必要とする(第59条第2項)など，特別の議決についての定めがある。(3)　衆議院解散の日から40日以内に総選挙を行い，総選挙の日から30日以内に特別国会を召集しなければならない(日本国憲法第54条第1項)。　問4　(1)　枢密院は，天皇の最高諮問機関として，重要国務を審議する合議体のこと。伊藤博文らがプロシア憲法を参考に起草した憲法草案は，枢密院での憲法制定会議における審議を経て発布・施行された。　(2)　天皇の国事行為には，政治(統治)に関係のない「認証」

「接受」「儀式」のように，それ自体が形式的・儀礼的行為であるもの
と，行為の実質的決定権が他の国家機関にあること(たとえば国会の召
集や衆議院の解散を内閣が決定すること)の結果として形式的・儀礼的
行為になるものとがある。　問5　詔勅は詔書，勅書，勅語の総称で，
詔書とは明治憲法下では，皇室の大事および大権の施行に関する勅旨
を一般に宣布する文書。勅書とは，臨時尋常の小事に用いられた天皇
の大命を布告する文書で，一般に宣布されず，皇室内部において発せ
られた文書的勅旨のこと。勅語とは明治憲法下で，天皇が直接に親し
く臣民(国民)に対して発表した意思表示である。

【7】問1　ラムサール条約(特に水鳥の生息地として国際的に重要な湿地
　に関する条約)　問2　(1)　労働者一人あたりの労働時間を短縮し
　て，より多くの人の雇用を生み出すこと。　(2)　フレックスタイム制
　問3　職能給　問4　リカード　問5　モノカルチャー経済
　問6　(1)　①　6　　②　45　　③　8　　④　1　　⑤　　途中
　(2)　団結権，団体交渉権，団体行動権(争議権)　　問7　イ
　問8　障害者や高齢者を含むすべての人が，家庭や地域社会の中でと
　もに普通の生活を送ることができる社会が正常な社会であるという考
　え方。
〈解説〉問1　湿地には国境をまたぐものがあり，また水鳥の多くは国境
　に関係なく渡りをすることから，干拓や埋め立て等の開発や破壊から
　守る国際的な取組みが求められている。1971年にイランのラムサール
　で開催された「湿地及び水鳥の保全のための国際会議」において，国
　際的に重要な湿地およびそこに生息・生育する動植物の保全を促し，
　湿地の適正な利用を進めることを目的として，ラムサール条約が採択
　された(1975年発効)。　問2　(1)　「雇用の分かち合い」ともいえるワ
　ークシェアリングは，厳しい雇用状況や働き方の多様化など雇用情勢
　の変化を背景に，雇用の維持，雇用の創出の手段として関心を集めて
　いる。　(2)　フレックスタイム制は，労働者の価値観やライフスタイ
　ルの多様化によって，労働者が生活と仕事の調和を図りながらより柔

軟で自律的な働き方への志向が強まっていることを背景に，より自律的かつ効率的な働き方に応じた労働時間管理(労働時間短縮)を進めていくために1988年から導入された。　問3　職能給とは，従業員が保有する職務遂行能力に応じて賃金が決定される給与制度である。これに対して，勤続年数に応じて賃金が決定されるわが国の伝統的な年功賃金体系(年功給)や，職務の困難度や重要度など職務の価値に応じて賃金が決定される職務給などの制度がある。　問4　比較生産費説とは，相対価格を比較して，比較優位をもつ商品が輸出され，比較劣位にある商品が輸入されることによって，貿易の利益が生じることを指す。　問5　モノカルチャー経済とは，特定の一次産品の生産や輸出に依存している経済体制のことで，発展途上国に多くみられる。

問6　(2)　労働三権は，雇用者である使用者と，使用者に対して弱い立場にある勤労者(労働者)の関係を対等なものにするための法的な手立てである。団結権は，労働者が労働条件の改善など自分たちの利益の擁護を要求するために労働組合(団体)を組織する権利。団体交渉権は，労働者が労働組合などを通じて使用者と労働条件などの労働関係上の諸問題に関して団体交渉する権利。団体行動権(争議権)は，団体交渉が決裂したときに，要求の貫徹や抗議目的などのために集団的に就労を拒否したり，事業の正常な運営を妨げたりする争議行為をおこなう権利である。　問7　深夜業とは，午後10時から午前5時まで(特定の地域または期間においては午後11時から午前6時まで)の間における業務を指す。女性の就労に関して，従来は労働基準法により女性が深夜業に就くことが禁止されていたが，男女雇用機会均等法の施行や，女性の職域拡大などを経て，1999年より女性の深夜業就労制限が原則廃止された。ただし，労働基準法によって，満18歳に満たない者を深夜業に就労させることは原則禁止されている。　問8　類似した考えに「バリアフリー」「ユニバーサルデザイン」がある。混同に気をつけよう。

地　理・歴　史

【１】問1　ソロモン　　問2　エジプト，メディア，リディア
問3　バビロン捕囚　　問4　(1)　ヘレニズム時代　　(2)　コイネー
問5　コンスタンティヌス帝はミラノ勅令によってキリスト教を公認
し，テオドシウス帝は他宗教を禁じ国教化した。　　問6　(1)　ユス
ティニアヌス帝　　(2)　テマ制　　問7　エ　　問8　ドレフュス事件
問9　(1)　バルフォア宣言　　(2)　フサイン(フセイン)＝マクマホン
協定　　問10　アインシュタイン

〈解説〉問1　ヘブライ人の王国の王と言えば，ダヴィデ王とその子ソロ
モン王の二人が知られる。ソロモン王は王国に繁栄をもたらしたもの
の，ソロモン王による神殿建設などの事業により，民衆が不満をもち，
ソロモン王の死後に王国が分裂する事になる。　　問2　アッシリアは
新バビロニアとメディアの攻撃により前612年に滅びた。エジプトは
その際に再分立した。メディアからは後のアケメネス朝ペルシアが出
現し，リディアでは世界初の貨幣が鋳造されていたことも重要である。
問3　ユダ王国は前586年に新バビロニアのネブカドネザル2世に支配
され，住民はバビロニアへと強制移住させられた。これを「バビロン
捕囚」と呼ぶ。強制移住から解放されたのは前538年にアケメネス朝
ペルシアのキュロス2世がバビロニアを占領したときである。
問4　(1)　「ヘレニズム」の語源は，ギリシア人が他民族(バルバロイ)
と区別して自称していた「ヘレネス」という語である。アレクサンド
ロス大王の東方遠征により，ギリシア人とギリシア文化が東方に広が
ることになったため，近代において「ヘレニズム」と称されるように
なった。　　(2)　ギリシアのアテネを中心とするアッティカ地方におけ
る方言が，アレクサンドロス大王による東方遠征により東方へと広ま
ることで，他の方言が混ざりコイネーとなった。当時，このコイネー
で書かれていた代表的書物は『新約聖書』である。　　問5　語句とし
て挙げられている二人の皇帝のキリスト教への態度に注目。313年に
コンスタンティヌス帝によってキリスト教が公認され(ミラノ勅令)，

392年にテオドシウス帝により国教化されたという流れは頭に入れておくこと。それまではネロ帝やディオクレティアヌス帝に代表されるように，迫害の歴史だった。　問6　(1)　初期ビザンツ帝国の最盛期を築いた人物であるため，確実に押さえておきたい。当時ゲルマン民族により建国されていたヴァンダル王国・東ゴート王国を滅ぼし，西ゴート王国の領土を奪ったことで，旧ローマ帝国領の大半を回復することに成功した。　(2)　イスラームに対する防衛力の強化のために打ち出されたのが，屯田兵制と軍管区制(テマ制)である。帝国の行政制度を地域的にいくつかの軍管区(テマ)に再編成し，軍事・行政の司令官を配置した。この軍管区においてコロヌスやスラブ人に土地を与え，その代償に兵役義務を課すという形で屯田兵制を敷いた。　問7　ヒジュラは「聖遷」のことで，622年にムハンマドがメディナに移住したことを指す。イスラーム暦はヒジュラのあった622年を元年とする。アは人頭税，ウは地租を指しており，イスラームの財政基盤となっていた税制を指している。イは，ここではイスラームの征服戦争のことを指す。　問8　「ユダヤ系軍人に対するスパイ容疑事件」という記述から，ドレフュス事件を連想。この事件は，ユダヤ人将校のドレフュスがドイツのスパイだとされ，流刑に処せられた冤罪事件をきっかけとする事件である。国民の反ユダヤ主義とドイツに対する普仏戦争の敗北に起因する排外ナショナリズムが結びついたものとされている。出題頻度は低くやや難問だが，国際情勢に関する知識として覚えておきたい。　問9　(1)　バルフォア宣言とは，1917年にイギリス外相バルフォアがパレスティナにユダヤ人の国を建設することを認めた宣言である。しかし，この宣言ではパレスティナに住むアラブ人のことは考慮されていなかった。第一次世界大戦におけるイギリスの二枚舌外交の代表例である。　(2)　アラブ民族運動のリーダーの一人であるフセイン(フサイン)とイギリスの外交官のマクマホンとの協定で，アラブ人の独立国家の建設を約束した。しかしバルフォア宣言とは矛盾しており，現代のパレスティナ問題の原因となっている。　問10　「相対性理論」というキーワードから連想すればよい問題ではあるが，ア

インシュタインがユダヤ人であり，ナチスから逃れた経緯についても頭に入れておきたい。

【２】問1　法家　　問2　封建制　　問3　春秋時代の諸侯は，周王室を尊んでいたのに対し，戦国時代には，自らを王と称する諸侯が増え，周王室を無視した。　　問4　孔子　　問5　兵馬俑　　問6　農業，医薬，占いに関する書物を除いて，民間の書物すべてを没収し焼き捨てること　　問7　(1)　陳勝・呉広の乱　　(2)　ウ　　問8　項羽　問9　(1)　郷挙里選　　(2)　平準法

〈解説〉問1　法家とは商鞅や韓非に代表される，法によって民衆を統制し，国内を統一することを掲げた法治主義を根本とした学派である。秦は商鞅を用いて富国強兵のための改革を行い法治国家の基礎を築き，中国統一後には法家の李斯の意見にもとづいて中央集権的な統一体制を築いた。　　問2　封土を与え，その見返りとして諸侯に効能・軍事奉仕の義務を負わせる統治の方法を一般に「封建制」という。同じ封建制でも，ヨーロッパのような契約による主従関係ではなく，周では血縁を重視した氏族的なシステムを用いていたことに注意。

問3　春秋時代の有力諸侯はあくまで周王を天子と仰いで「尊王攘夷」を唱え，他の諸侯と同盟を結び，その盟主となることにより「覇者」として勢力をふるおうとした。対して，戦国時代では下剋上の開始により周王室の権威は無視され，諸侯は王を自称して実力抗争を行うようになった。これにより国家の形態が，邑の集合体から領域全体を支配する領土国家に変化したことも覚えておきたい。　　問4　孔子は道徳的な心情「仁」を基本思想とし，家族倫理の実践により仁の完成を目指した。また，日常生活から政治に至るまでの社会の規範である「礼」を実践することで，理想の社会と天下泰平を実現できるとした。問5　始皇帝の陵墓と言えば「兵馬俑」がすぐ連想されるだろう。「俑」とは副葬された人形のことを指すが，そのうち兵馬をかたどったものを兵馬俑と呼んでいた。　　問6　焚書・坑儒ともに思想統制策である。焚書とは，儒家が周の封建制を復活させようとしている旨を李斯が皇

帝に進言し，それを防ぐために思想・言論を封じた策である。ただし，すべての書物を没収したわけではないことに注意。また，坑儒とは，儒家のうちに皇帝を中傷したものがいたため，咸陽に居住していた儒家たちを捕えて生き埋めにしたことである。　問7　(1)　法治主義による急激で厳格な統治や，度重なる遠征，長城の修復，宮殿などの建設のための大土木工事により，民衆の生活が圧迫されていた。これらのことを背景として，始皇帝が病死し2代目皇帝が即位した翌年の前209年に陳勝・呉広の乱がおきた。　(2)　アは17世紀のフランス王ルイ14世が，自身の支配権が神からもたらされたものだとする王権神授説をもとに発した言葉。絶対王政の象徴である。イは植民地アメリカにおいて，1765年のイギリスの印紙法に対し，植民地側が本国議会に代表を送っておらず，課税への同意がないためにイギリス臣民の権利と自由に反するとし，述べられた言葉である。エは魏の官吏登用制度の九品中正についての言葉。官吏を推薦する中正官も地方の豪族だったため，有力な豪族の子弟を推薦することになり，有力な豪族が主要な官職を独占していた。　問8　劉邦と項羽はセットで覚えておきたい。項羽は楚の名門の家に生まれ，劉邦が農民出身であるという対比も重要である。項羽は，四方を敵に囲まれる状態を指した故事成語の「四面楚歌」でも有名な人物である。　問9　(1)　漢において行われたのは郷挙里選である。地方長官の推薦による官吏の任用という形を取ったが，魏の時代の九品中正と同様に，地方の実力ある豪族が官僚となって権力を握り，豪族の勢力が高まってしまった。　(2)　「均輸・平準法」としてセットで扱われることが多いが，ここでは平準法のみが正解となる。各地の特産物を輸送し，不足している地域に売却して物価の調整と政府の利益を確保する「均輸法」と区別すること。

【3】問1　**厩戸王(聖徳太子)**　　問2　エ　　問3　ロシア　　問4　高向玄理，旻のうち1人　　問5　煬帝　　問6　異国警固番役　　問7　通信使　　問8　謝恩使　　問9　桜田門外の変　　問10　イ
〈解説〉問1　推古天皇の甥である**厩戸王(聖徳太子)**は，推古天皇や蘇我

氏と協力し，国家組織を整えた。603年の冠位十二階と604年の憲法十七条によって中央集権国家体制を敷き，隋を中心とした東アジア地域での国際的な優位性を確立しようとした。　問2　アは源頼家から訴訟の裁決権を取り上げた13人の宿老の一人で，他勢力との争いに勝って北条氏の権力を確立した。イは北条時政の次の執権であり，1213(建保元)年の和田合戦や1221(承久3)年の承久の乱に対応した。ウは合議を重視する行政組織の構築のため，1225(嘉禄元)年に連署と評定衆を設け，1232(貞永元)年には武家諸法度を定めた。　問3　安政の五カ国条約と呼ばれる，アメリカ，オランダ，イギリス，フランス，ロシアの5か国と結んだ不平等条約についての設問である。ロシアからも1792(寛政4)年にラクスマン，1804(文化元)年にレザノフが通商を求めた上に，1853(嘉永6)年にはプチャーチンが長崎に来航し，開国と北方の領土の確定を要求していた。　問4　他に南淵請安が同行していたが，彼は国博士にはなっていない。国博士になった人物は高向玄理，旻の2人である。また，後の時代に「遣唐使」として派遣された阿倍仲麻呂や吉備真備などと混同しないように注意が必要。　問5　隋の皇帝は2人しかいないが，607年には2代目の煬帝が皇帝であった。『隋書』倭国伝において遣隋使の記録が記されている。「日出ずる処の天子」に始まる倭国からの手紙に対し，裴世清を倭国に派遣した。

問6　北条時宗は文永の役の後，元から派遣された使者である杜世忠の一行を切り捨て，日本国の態度を明確にした。そして，元の侵略を防ぐために異国警固番役をおき，博多湾沿いに防塁を構築し，侵攻に対する万全の体制を敷いた。　問7　「慶賀」と書いてあるが，慶賀使は琉球の使節であり，問題に合致しない。朝鮮の場合考えるべきは「回答兼刷還使」と「通信使」の2つ。前者は朝鮮からの12回の使節のうちの3回目までを指し，日本からの国書に朝鮮国王が回答し，文禄・慶長の役で日本に連行されていた朝鮮人捕虜の返還を行った。4回目から12回目までは通信使と呼び，日本と朝鮮との友好関係を築くことを目的としていた。　問8　「慶賀使」と混同しないように注意。琉球の中山王が即位するたびに，江戸幕府にその即位を感謝するとい

う意味での「謝恩」である。慶賀使，謝恩使はともに日本と琉球における冊封体制を表しているため，重要である。　問9　井伊直弼が暗殺された事件と言えば「桜田門外の変」である。井伊直弼が勅許を得ないまま日米修好通商条約に調印したことについて，その反対派を弾圧した。しかし，水戸藩の武士の一部はこの弾圧を快く思わず，井伊直弼は水戸藩を脱藩した浪士たちに1860(万延元)年，桜田門外で暗殺された。　問10　協定関税とは，関税自主権が認められず，アメリカと相互に協定して決める必要があったという意味である。　ア　領事裁判権が認められていたため，アメリカ人の犯罪を日本側で裁判を行えないという不平等な条約だった。　ウ　居留地は設けられていたが，一般外国人の日本国内の旅行は禁じられた。　エ　新潟は改修によって開港は遅れたが最終的には開港された。神奈川と兵庫はそれぞれ横浜，神戸へと変更されていた。

【4】問1　1　楽市　　2　山東　　3　国家総動員　　問2　織田信長
　　問3　ウ　　問4　水野忠邦　　問5　大隈重信　　問6　ウ
　　問7　イ　　問8　エ

〈解説〉問1　1　「安土山下町」と書かれてあることから，安土城下町における法令だと読み解ける。そして法令の内容から，「楽市令」であることが推測できる。織田信長は安土城下町における座を廃止し，商人達に自由な市場を提供することにより，経済の活性化を図っていた。2　「支那国」と「独逸国」というキーワードから，中国大陸におけるドイツとの勢力範囲がテーマだと推測できる。ここで，第一次世界大戦後，パリ講和会議において，ドイツの持っていた山東省の権益を日本が引き継ぐことを認めさせたことが連想できる。　3　「戦時ニ際シ」や「国ノ全力ヲ最モ有効ニ発揮セシムル様」，「人的及物的資源ヲ統制運用」という文言から，第二次世界大戦における国家総動員体制に関する条文であることが推測できる。　問2　楽市令そのものは織田信長だけではなく，六角氏などの他の戦国武将も，自身の城下町に出していたことに注意する。　問3　史料Bは天保の改革における「人返し

の法」について述べている。当時，江戸の人口を減らして農村の人口をいかに増やすかということが課題となっていた。その解決策として出されたのがこの「人返しの法」である。寛政の改革のころに出された，江戸に流入した人々に旅費や補助金を与えて農村に帰ることを勧めた「旧里帰農令」と混同しないようにしよう。　問4　史料Bの「人返しの法」を出すなど天保の改革を行った江戸幕府の老中は水野忠邦である。寛政の改革を行った老中松平定信と混同しないように注意。

問5　史料Cは，日本が第一次世界大戦中に中華民国に突きつけた「二十一カ条の要求」のうちの一つである。「二十一カ条の要求」が出された1915(大正4)年の内閣総理大臣は大隈重信である。

問6・問7　「一銀行一商店ノ救済」という言葉から，政府が銀行に対して救済を試みた出来事を想起すると，史料Dは1927(昭和2)年の若槻礼次郎内閣の緊急勅令であると推測できる。これは大企業の鈴木商店に対する巨額の不良債権を抱えた台湾銀行に対し救済を図ろうとしたものだが，枢密院に反対された。　問8　平沼騏一郎内閣は1939(昭和14)年1〜8月にかけて政権を担った。アは1939(昭和14)年12月に阿部信行内閣下で制定された。イは1918(大正7)年3月に寺内正毅内閣下で制定された。強制力の弱い法律だったため，1937(昭和12)年9月の「軍需工業動員法の適用に関する法律」を経て，1938(昭和13)年3月にはより強制力の強い国家総動員法が制定された。ウは1937(昭和12)年9月に近衛文麿内閣下で制定された。

【5】問1　(1)　緑の革命　　(2)　フェアトレード　　問2　イ
問3　イ　　問4　ウ　　問5　名称…エネルギー革命　　理由…固体の石炭に比べ，石油は液体であるため，輸送費の安い大型タンカーやパイプラインで大量に運ぶことができるから。　　問6　(1)　京都
(2)　資源ナショナリズム　　問7　ウ
〈解説〉問1　(1)　第二次世界大戦後，発展途上地域の人口爆発により，食糧問題が生じた。これに対応するために，米やトウモロコシ，麦など高収量の品種を導入するなどした一連の技術革新を緑の革命とい

う。　(2)　先進国と発展途上国との貿易では，先進国側に価格決定権があるため，先進国側が商品を安く購入し，発展途上国側の生産者に利益がほとんど回ってこなかった。それを是正するためにとり入れられたのがフェアトレードである。　問2　ロシアのシベリアで産出される北洋材が，主に中国へと輸出されている。ウの中国は木材生産こそ多いが，同時に国内消費量も多いため，輸出量は少なくなる。エのインドには乾燥地域が多く，木材の生産には不向きである。

問3　アはアメリカではなく中華人民共和国。鉄鉱石は中国とオーストラリア，ブラジルで全世界の産出量の60%以上を産出している。ウについて，すずは中国とインドネシアで多く産出され，合金の材料として用いられる。また，精錬してアルミニウムになるのはボーキサイト。エはレアアースではなく，レアメタル。レアアースはレアメタルのうち，特定の元素を指すが，問題文に書かれている三種類の金属はこれに該当しない。　問4　それぞれの国の発電の特徴を整理する。ブラジルは水力発電の比率が非常に高い。中国は石炭の主要産出国であるため，火力発電の割合が大きい。ドイツは偏西風帯にあるため，風力発電が盛んとなっている。日本は水力発電の割合が低く，火力・原子力発電が多くを占めるが，風力発電の割合は少なくなる。よって，アは中国，イは日本，ウはドイツ，エはブラジルとなる。　問5　石炭よりも石油のほうが発熱量が高く，1960年代に油田開発が進んだことにより，石炭から石油へと取って代わられるようになったのがエネルギー革命である。理由の記述については，石炭と石油の輸送における石油の優位点を記述する。　問6　(1)　「温室効果ガスの具体的な削減目標」という言葉から，京都議定書を連想できるようにする。1997年に京都市で「気候変動枠組み条約」の第3回締約国会議が開かれ，温室効果ガス削減の具体的な数値目標が決められた。このとき採択されたのが京都議定書であり，先進国全体で2008〜2012年までの温室効果ガスの排出量を，1990年より平均5.2%削減することを目指した。(2)　資源ナショナリズムは，アメリカ，イギリス，フランス，オランダの巨大石油企業である国際石油資本が油田の開発や石油の流通など

を支配していたことに対し，産油国が自分たちの利権を守ろうとした動きから生まれたものである。　問7　メタンハイドレートとはメタンの水和物のことを指し，触ると冷たい感触がするため「燃える氷」と呼ばれている。アのオイルサンドは「油砂」と呼ばれ，一般の原油よりも粘性が大きいのが特徴。イのシェールガスは天然ガスの一種で，近年世界的に需要が高まっている。エのバイオエタノールはサトウキビやトウモロコシなどの生物資源から作られたアルコール燃料のことを指す。

【6】問1　ジュロン　　問2　経済的な実権を持つ中国系住民(華人)に対し，マレー人の政治的，経済的，社会的地位の向上を目指すための優遇政策のこと　　問3　(1)　浮稲　　(2)　ア　中国　　イ　タイ　問4　ア　　問5　再輸出を条件として，輸入原料や部品・輸出製品を免税にする地区のこと　　問6　エ　　問7　(1)　マラッカ海峡
(2)　Ⅰ　F　　Ⅱ　D　　Ⅲ　B
〈解説〉問1　シンガポールの工業地区と言えばジュロン工業地区である。電気機械や石油化学，IT産業などの工業が発達し，シンガポールの輸出指向型工業を支えている。また，日本をはじめとして世界的な企業も進出している。　問2　「多民族国家」という記述を踏まえて，マレー系住民のみの記述ではなく，中国系住民についても記述すること。マレーシアに居住する民族の中で最も力を持つのは中国系であり，多数を占めるマレー系の住民の不満が溜まっていた。この状態を是正するために打ち出されたのがブミプトラ政策である。なお，ブミプトラとは「土地の子」という意味である。　問3　(1)　浮稲はチャオプラヤ川など，東南アジアの主要河川のデルタ地帯で古くから栽培されていた。しかし，生産性が低く，近年では作付面積が減少している。(2)　中国やインドは人口が多いため，必然的に米の栽培が盛んとなる。タイやベトナムは生産量が国内での消費量を上回っており，米の輸出が盛んとなっている。　問4　インドネシアとマレーシアの共通の主要農作物は，パーム油の原料となる油ヤシである。インドネシアでは

植民地時代から栽培され，マレーシアでは天然ゴムの生産性が低下したことで油ヤシへの転作が行われた。イのコーヒー豆はエチオピアが主な輸出国。ウの茶はアジアでの生産が多い。エのキャッサバは南アメリカのアマゾン盆地が原産地である。　問5　東南アジアの国々では，外貨の獲得や雇用の拡大，技術の導入などを進める為に，外国資本の誘致を進め，自国の安価な労働力を利用し，工業製品の生産と輸出を行った。その効率的な手段として，再輸出を条件として輸入原料や輸出製品を免税にする輸出加工区を設置した。ジュロン工業地区やフィリピンのバタアン半島，ベトナムのハノイなどが知られる。

問6　アジアNIEsとはアジアにおける発展途上地域の中で，工業製品の輸出を中心に急速に工業化が進んでいる韓国，シンガポール，台湾，香港の4つの国・地域を指す。アは国内総生産が非常に大きいことから韓国，イは国内総生産と1人あたりの国内総生産の比からシンガポール，ウは国内総生産がアに次いで多いことから台湾だと推測できる。

問7　(1)　マラッカ海峡はマレー半島とスマトラ島に挟まれた海峡である。公海と公海を結ぶ国際海峡の一つで，様々な国の船舶がこの海峡を通過しており，貿易の航路として非常に重要な海峡である。

(2)　Ⅰ　ミンダナオ島はフィリピン南部の島。フィリピンは16世紀にスペインの植民地となったため，住人の多くはカトリック教徒が占めている。イスラム教はフィリピンにおいては少数派であり，比較的教徒の割合が多いミンダナオ島を中心に分離独立を目指す武力衝突が続いている。　Ⅱ　ドイモイ政策はベトナムにおける，社会主義体制を維持しつつ市場経済の導入と対外経済開放を行うという政策である。集団農業から個々の農家を経営単位とする制度になったことで，農民の生産意欲が高まり，農産物の生産量が増加した。　Ⅲ　19世紀以降においても植民地にならなかった東南アジアの国はタイのみである。タイは，インド・ミャンマーなどのイギリス勢力と，インドシナ(現在のベトナム・ラオス・カンボジア)のフランス勢力の間に位置しており，緩衝国として機能することで植民地化を免れた。

【7】①　竹島　　②　尖閣諸島　　③　北方領土　　④　固有の領土
　　⑤　東日本大震災　　⑥　防災　　⑦　海上保安庁　　⑧　ボランティア

〈解説〉高等学校学習指導要領解説　地理歴史編(平成22年6月　文部科学省)が平成26(2014)年1月に一部改訂されたことを受けて出題された問題である。日本史Bと地理Aの抜粋部分は，現在の領土問題に関する記述である。また，地理Bの抜粋部分は，平成23(2011)年に発生した東日本大震災を受けて改訂された部分である。　①　地理Aの抜粋部分の2つ目の空欄①の直後に「韓国」が登場しているため，「竹島」の問題であることが推測できる。　②　①の竹島や③の北方領土が「不法に占拠されている」ことを前提にしているのに対し，尖閣諸島は日本が「有効に支配しており，解決すべき領有権の問題は存在していない」としている違いに注意すること。　③　地理Aの抜粋部分の2つ目の空欄③の直後に，「ロシア連邦にその返還を求めている」とあるため，北方領土と推測できる。北方領土問題は第二次世界大戦の終結直後にソビエト連邦に占領され，ソビエト連邦解体後の現在でもロシア連邦は返還に応じていない。　④　単に「領土」と答えても正答にならないので注意する。我が国の領土問題において竹島や北方領土，尖閣諸島を取りあげるとき，政府や官公庁では統一的に「固有の領土」という表現をしており，これは文部科学省が告示している学習指導要領においても同じである。　⑤　「自然災害」や「未曾有の試練」などの言葉から，東日本大震災が連想できればよい。なお，「東日本大震災」は東北地方太平洋沖地震等によって引き起こされた災害を指す名称であり，地震動そのものは「平成23年(2011年)東北地方太平洋沖地震」と呼ばれるので注意する。　⑥　ここで示されているのは，災害に対する事前，発生中，事後の対応のことである。空欄⑥はそのうち「事前」に対応するものなので「防災」対策である。　⑦　空欄⑦の前後であげられている消防，警察，自衛隊は「国や地方公共団体の諸機関」とまとめられている。⑦の答えも国や地方公共団体の諸機関の一つであると考えればよい。海上保安庁も国の機関の一つである。

⑧ 「地域の人々」という言葉と並列で語られていることに注目しよう。そして，その後に続く「災害情報の提供，被災者への救援や救助，緊急避難場所の設営など」を行うことが求められていることが読み取れるので，ボランティアがあてはまる。

●書籍内容の訂正等について

　弊社では教員採用試験対策シリーズ（参考書，過去問，全国まるごと過去問題集），公務員試験対策シリーズ，公立幼稚園・保育士試験対策シリーズ，会社別就職試験対策シリーズについて，正誤表をホームページ（https://www.kyodo-s.jp）に掲載いたします。内容に訂正等，疑問点がございましたら，まずホームページをご確認ください。もし，正誤表に掲載されていない訂正等，疑問点がございましたら，下記項目をご記入の上，以下の送付先までお送りいただくようお願いいたします。

> ① **書籍名，都道府県（学校）名，年度**
>   （例：教員採用試験過去問シリーズ　小学校教諭 過去問　2025年度版）
> ② **ページ数**（書籍に記載されているページ数をご記入ください。）
> ③ **訂正等，疑問点**（内容は具体的にご記入ください。）
>   （例：問題文では"ア～オの中から選べ"とあるが，選択肢はエまでしかない）

〔ご注意〕

○ 電話での質問や相談等につきましては，受付けておりません。ご注意ください。

○ 正誤表の更新は適宜行います。

○ いただいた疑問点につきましては，当社編集制作部で検討の上，正誤表への反映を決定させていただきます（個別回答は，原則行いませんのであしからずご了承ください）。

●情報提供のお願い

　協同教育研究会では，これから教員採用試験を受験される方々に，より正確な問題を，より多くご提供できるよう情報の収集を行っております。つきましては，教員採用試験に関する次の項目の情報を，以下の送付先までお送りいただけますと幸いでございます。お送りいただきました方には謝礼を差し上げます。

（情報量があまりに少ない場合は，謝礼をご用意できかねる場合があります）。

◆あなたの受験された面接試験，論作文試験の実施方法や質問内容

◆教員採用試験の受験体験記

送付先	○電子メール：edit@kyodo-s.jp
	○FAX：03-3233-1233（協同出版株式会社　編集制作部 行）
	○郵送：〒101-0054　東京都千代田区神田錦町2-5
	協同出版株式会社　編集制作部 行
	○HP：https://kyodo-s.jp/provision（右記のQRコードからもアクセスできます）

※謝礼をお送りする関係から，いずれの方法でお送りいただく際にも，「お名前」「ご住所」は，必ず明記いただきますよう，よろしくお願い申し上げます。

教員採用試験「過去問」シリーズ

和歌山県の
社会科 過去問

編　集　　Ⓒ 協同教育研究会
発　行　　令和5年11月25日
発行者　　小貫　輝雄
発行所　　協同出版株式会社
　　　　　〒101-0054　東京都千代田区神田錦町2 - 5
　　　　　電話　03－3295－1341
　　　　　振替　東京00190－4－94061
印刷所　　協同出版・POD工場

落丁・乱丁はお取り替えいたします。
